年報・死刑廃止2022

加藤智大さんの死刑執行

インパクト出版会

目次

巻頭座談会
戦争で死刑が露出してきた……005
綿井健陽・井田香奈子・安田好弘・岩井 信（司会）

特集◉加藤智大さんの死刑執行

死刑囚表現展の中の加藤智大さん……太田昌国……026
あまりにも無意味な死刑執行——変化への一歩を踏み出したところで……香山リカ……038
ロスジェネ世代の死刑執行……雨宮処凛 聞き手＝岡本真菜……042
加藤さんを執行してもなに一つ変わらない……安田好弘……048
「お弁当」。抄……加藤智大……055
表現展への応募が唯一の生きがい……加藤智大……068

池田浩士　死刑囚の表現を前にして　私は何をしたのか？……072

二〇二一―二〇二二年 死刑をめぐる状況

死刑執行と抗議行動……092

二〇二一年一二月二一日の執行

無法状態下の死刑をなくそう・安田好弘……092／執行された藤城さんとの交流・片岡 健……097／私の関わった死刑裁判・村木一郎……102／奪われる、いのちを守る権利・岩井 信……107

宇野裕明　再審請求中の死刑執行国賠……113

永井美由紀　告知当日の死刑執行は違憲国賠訴訟傍聴記……120

小川原優之　死刑廃止をめざす日本弁護士連合会の活動報告……124

太田昌国　この一年で四人が亡くなった「死刑囚の表現」が語るもの……128
第17回死刑囚表現展を終えて

太田昌国　『免田栄さんを知っていますか?』開催に当たって……136
第11回死刑映画週間

可知亮　ゲストのトークから……138

前田朗　死刑関連文献案内二〇二二……142

中川英明　死刑に直面する人の権利の保障を……164
死刑廃止に向けた国際的動向

菊地さよ子　死刑判決・無期懲役判決一覧……190

死刑廃止運動にアクセスする……203

死刑を宣告された人たち……216

法務大臣別死刑執行記録……245

死刑廃止年表二〇二一……252

巻頭座談会

年報・死刑廃止

戦争で死刑が露出してきた

綿井健陽（ジャーナリスト、映像作家）
井田香奈子（朝日新聞論説委員）
安田好弘（弁護士、年報・死刑廃止編集委員）

司会
岩井 信（弁護士、年報・死刑廃止編集委員）

ウクライナ戦争が勃発し、空爆等による人の死が日々報道されつつも、戦争や「死」に対する感覚が日々麻痺していき、「戦況」の報道を当たり前のように受け止めはじめています。

戦争犯罪を追求する国際刑事裁判所の動向が注目されていますが、国際刑事裁判所の規程には刑罰としての死刑はありません。

その一方で、三月一六には、欧州評議会がロシアを追放し、「追放に伴い、ロシア国民は民主化弾圧などの人権侵害を評議会が併設する欧州人権裁判所に訴えることができなくなる。ロシア政界ではこれを機に事実上廃止されていた死刑復活を目指す動きも出ている」と報道されています（東京新聞三月一九日付）。

また親ロシア派武装勢力「ドネック人民共和国」の最高裁判所はウクライナ側について戦っていた英国人二人、モロッコ人一人の三人に死刑判決を出し、死刑を政治の一環として使い始めています。また死刑を存置しているベラルーシでも「テロ行為の準備」に対し死刑を適用する新たな法律が導入されています。そしてミャンマーでは七月二三日、国軍が国民民主連盟の元議員を含む四人の死刑を執行するなど、死刑廃止へ向かっていた筈の世界で政治的な手段として死刑が復活しようとしているようです。

今一度、死刑と戦争について考えてみたいと思います。

（編集部）

はじめに　私と死刑制度

岩井　今日の座談会は、「戦争で死刑が露出してきた」というテーマでお話をしたいと思います。この間ウクライナでの戦争で、空爆などによる人の死が日々報道されています。戦争や「死」に対する感覚が、少なくとも日本にいる私たちの中では日々麻痺していき、「戦況」報道も当たり前のように聞き流すようになっています。

その中で、ウクライナ戦争での戦争犯罪を追及する国際刑事裁判所の動きについての報道もありますが、国際刑事裁判所（ICC）の規程では刑罰としての死刑はありません。ボスニア・ヘルツェゴビナ内戦でジェノサイドの罪に問われたセルビア人司令官ムラディッチ氏については終身禁錮で確定していると報道されています。国際条約の流れでは、刑罰の最高刑は終身禁錮ということに、ひとつの象徴として国際刑事裁判所があります。その一方で、三月一六日には、欧州評議会がロシアを追放して、報道によると「追放に伴い、ロシア国民は民主弾圧などの人権侵害を評議会が併設する欧州人権裁判所に訴えることができなくなる。ロシア政界ではこれを機に事実上廃止されていた死刑復活を目指す動きも出ている」とされています（「東京新聞」三月一九日付）。また、つい最近ではウクライナ戦争で、親ロシア派武装勢力「ドネツク人民共和国」の最高裁判所は、ウクライナ側について戦っていた英国人二人、モロッコ人一人の三人に死刑判決を出して、露骨に死刑を政治の一環として使い始めています。さらに、ウクライナの隣国で、唯一欧州で死刑を存置しているベラルーシで、「テロ行為の準備」に対して死刑を適用する新たな法律が導入されるということが報道されています。また、ミャンマーではクーデターで権力を握った国軍が七月下旬に民主派指導者ら四人の死刑を執行したということで、戦争に限らず、世界的に死刑廃止に向かっていたはずの流れの中で政治的な死刑が復活する、もしくは、そういう言葉が普通に語られるようになっている状況があるかのようです。そうした中で、もう一度、死刑と戦争について考えてみたいと思います。

最初に、ウクライナ戦争の現地に行って来られた綿井健陽さんから、自己紹介をお願いします。

綿井　僕は三月中旬から四月末まで一カ月半くらい取材に行きました。これまで二〇〇一年のアフガン戦争や〇三年のイラク戦争など、この二〇年くらいの間にいくつかの戦争や紛争の取材をしてきましたが、旧ソ連の現場に行くのは初めてでした。今回は現地取材に行くか行くまいか、最初は躊躇したのですが、やはり今起きている戦争を自分で取材しないとだめだろうと思ったので、首都のキーウを中心に現地入りしました。
　僕がウクライナに入った時期は、ロシア軍侵攻からもう一カ月近く経って、キーウは少し落ち着いた時期でした。連日空爆というわけではなかったのですけれど、いわゆる久々の「戦争らしい戦争」で、僕自身が右往左往という感じでした。アフガンやイラク戦争当時は、早い段階から現地に入っていたので、他の日本メディアよりも先行して取材するという感じでした。ウクライナは開戦の時期（二月二四日）に、朝日新聞も共同通信もTBSも首都のキーウにいましたが、その後一カ月くらいが首都に関しては日本のマスメディア取材は空白ができていました。こういう時に、そこにメディアがいるかいないかというのは大事です。いつも思うのですが、メディアがいない所で虐殺は起きるのです。今回は首都キーウの近郊の町のブチャで虐殺が起きました。過去の例を見ても、ベトナム戦争のソンミ事件、ボスニアのスレブレニツァ虐殺、イラクのファルージャ攻撃など、首都から離れた目が行き届かない地域、外国メディアの目がいない所で虐殺が起きると感じています。
　それから、思い返すと今からちょうど十年前（一二年）に「光市母子殺害事件」の死刑判決が最高裁で確定しました。あれから一〇年の間、その後をほとんどフォローできていないのですが、この一〇年ぐらいで死刑事件に対する世の中の反応が薄くなり、さらに少年法の改正など、死刑と厳罰化が日本社会で日常化してきたというのが、最近感じるところです。

岩井　あの時は、綿井さんが弁護団会議にも参加して、いろいろ意見交換をしてきましたね。

安田　弁護人の一員という形でずっと参加してもらっていたんです。

井田　朝日新聞論説委員の井田香奈子です。主に司法関連の社説を担当しています。一九九二年に朝日新聞に入社しまして、振り出しが札幌、京都、その後は東京本社で主に司法系の取材やマイノリティの権利といったテーマを追いかけておりました。二〇一三年から二年半ほど、論説の仕事をした後、デスクになり、二〇二〇年四月に再び論説委員に戻ってくる直前は、国際報道部の欧州担当デスクでした。ジャーナリストは生きていてこそ、その仕事ができますが、戦地に行く時期、どこに留まるかといった、自分の安全確保が難しい現場にいらしていたのだなと思いながら、綿井さんのお話を聞いていました。
　今日のテーマとの関わりで言うと、札幌で司法担当をしていた時に、三年四カ月間、ブランクがあった死刑執行が再開した第二弾の時（一九九三年一一月二六日）に札幌でも執行がありました。記者二年生でしたけれども、初めて死刑執行が取材対象となり、改めて死刑制度の不条理さを考えるようになりました。私は一九六九年生まれで、八〇年代に四人の方々が死刑台から還ってこられたのを、十代で見て、記憶している世代です。死刑というものに関心はあったけれども、わがこととしてやらざるを得なくなったのが、まさに札幌での執行でした。それから、二〇〇一年から四年ほど法務省を担当しておりました。死刑を刑事法制としてみるだけでなく、折々の死刑執行をカバーするのが大切な仕事の一つでした。当時はまだ、法務省が誰を執行したとは発表せず、執行した事実のみを発表する時代でした。安田先生たちに教わりながら、どんな人が執行される可能性が高いのか取材して、どこか常に警戒している期間でもありました。その後、二〇〇八年から三年間、ブリュッセル支局で欧州連合（EU）、北大西洋条約機構（NATO）、オランダ・ハーグに集中する国際司法機関、フランス・ストラスブールの欧州評議会などの取材をしていました。旧ユーゴスラビアのボスニア紛争で集団殺害（ジェノサイド）などの罪に問われながら行方をくらましていた最高指導者ラドヴァン・カラジッチ氏が拘束され、ハーグの国際戦犯法廷に出廷した際、傍聴したのが印象に残っています。他民族の市民を追い出す「民族浄化」を進め、多くの人命を奪った刑事責任の重さははかりしれないが、それでも死刑は適用されない。それが欧州でどう受け止められているのかを通して、日本の死刑制度との違いを考えました。

安田　僕は弁護士になって四〇年くらい経ちます。死刑事件をやってきただけでなくて、死刑を一日でも早くなくそうということで運動にも加わってきました。今から三〇年あまり前のことですが、死刑執行がなされなかった三年四カ月を経験し、何とかこのまま死刑廃止につながっていくのではないかと期待したのですが、法務省に見事に阻止されてしまいました。その過程のなかで、日本の中で一番強い死刑存置勢力というのは、世論ではなく、検察・法務省だと知らされました。次に、裁判所です。裁判所は、一貫して死刑判決が合憲であるとして、死刑判決を出し続けてきました。戦後、八〇年近くになりますが、過去一度も、死刑制度に疑問を呈したことはありません。裁判所の判決は、社会の価値基準の基礎となるものですから、繰り返される死刑判決によって、死刑を肯定する価値観が再生産され、ますます強固になっていく。世界では、既に死刑廃止が標準となっているにもかかわらずです。このような状況にどうやって抗していくかとなると、なかなか先行きが見えないのが実情です。

私は一九四七年、戦後の生まれで、徹底した平和教育の中で育ってきました。学校の教師も戦争体験のある人たちでした。六年生の担任はシベリアの捕虜の経験者でした。加えて、私の田舎は広島に遠くありませんので、被爆体験をした人たちの話を小さい頃からずっと聞かされてきましたし、中国の東北部に開拓民として送り込まれて集団自決に追い込まれた話も身近な話として聞かされてきました。平和が当たり前、そしてどんどん世界は平和になっていくと教えられてきました。ベトナム戦争もありましたが、それでもアメリカ国内に大きな反戦運動が起こり、それが世界に広がり、私たちはそれに連動してきました。しかし、今回のウクライナ戦争を見ますと、そうではなかったんですね。戦争を肯定する世論は厳として存在するんですね。

話は変わりますが、今回ウクライナは六〇歳以下の男性は国外に出させないという話に、ちょっと衝撃を受けました。昔の私だったら、おそらく武器を持って戦場に走ったのではないかと思うんです。ところが、この何年間かが経つうちに、戦争から逃げる、国を捨てる自由というのはやはりあるんじゃないかと。過酷な環境を逃れるために人が大陸を越えて大移動したようにですね。それは重要なことで、人が生き延びる自由というものを、視点としてこの機会に打ち立てていく必要があるのではないかと考えるようになりました。また同時に、民間人を殺すことに対する非難が集中していますが、軍人も同じように殺されているわけです。民間人も軍人も同じ視点で、もう一度考え直さなければいけないなと思っています。

ウクライナを取材して

岩井　綿井さんがウクライナに行って現実に見てきた戦争の被害、現状というのはどのような感じでしたか。今までの綿井さんが経験とも比較して、何か今回感じたことはありますか。

綿井　実は今回、ウクライナに入って一番最初に見た遺体は、ロシア兵の遺体でした。若いロシア兵だったのですが、破壊された戦車の裏に放置されていて、アジア系の顔立ちでした。その後の海外メディアの報道で、「亡くなったロシア兵の半分以上が貧しい地域の出身者や少数民族。一方、モスクワ出身やサンクトペテルブルクなどの裕福な地域の死者の割合は低い」というデータが出ていました。いつの時代も、兵士は加害者にもなるし被害者にもなる。イラク戦争の時のアメリカ兵も貧困層の若い兵士が多かった。今回、ウクライナ兵の遺体はメディアではほとんど写されていないんです。これまでの報道でも葬儀の様子は映るのですが、映像で直接的にウクライナ兵士の遺体はメディアで流れていなくて、現場でもなかなか見えない。戦争の現場に入っているんだけれど、実際に誰が死んでいるか、殺されているかというところが、非常に見えにくい。それはこれまでのアフガンやイラクの時とは少し異なりました。さらに、そのロシア兵の遺体は放置されてだいぶ経っていたのですが、四月上旬でもものすごく寒かったので、遺体が腐らず、いわゆる死臭があまりしなかったというのが今までと違った感じでしたね。

岩井　アパートなどが直接空爆されるとか、病院やホールなど人が避難している場所に空爆がなされていると報道されていますね。実際に砲弾が当たっている画面などを見たこともあります。そういうことも日々起きているのでしょうか。

綿井　ウクライナは集合住宅がすごく多くて、昔の日本でいう団地、そこが集中的に狙われ、そこでの被害が大きいです。ただ、これは僕の感覚からいうと、アフガンやイラクの時の空爆被害が凄まじかったがゆえに、ちょっとマシに見えてしまう。僕の感覚が一般の人と違うのかもしれません。僕がキーウに入った三月の下旬は、空爆の音は毎日ではなかった。旧ソ連時代から、ウクライナというのは集合住宅の地下は避難シェルターになっている場合が多く、夜間はそこに避難するという人が当時は多かったですね。あとは地下鉄の構内に避難する。印象的だったのは、集合住宅の高層階に住んでいる人は、空が近くて、空爆の音を近く感じるから恐いと、高層階に住んでいる人ほど避難しましたね。低層階の四階や五階にはそのまま残っている人もいますが、高層階だと避難するのも地上まで行くのが大変です。空爆は、僕も久々にその音を聞きましたけれど、音で迫ってくる恐怖感はやはり強いですね。

安田　テレビを見ていると、ウクライナの市民の映像とか避難する人たちの映像は出てくるのですが、ウクライナの軍人や軍人が集合している場面、あるいは武器が集合している場面は、ほとんど映らない。あれは、何か意図的なものがあるのですか？

綿井　なかなかメディアは、そうした場所に入れてくれなかったですね。CNNやBBCなど大手メディアは昔でいう従軍取材などをしたりしていましたが、僕が入った三月中旬当時は、ジャーナリストが銃撃されて殺害されるのが相次いだので、それでウクライナ軍側もいわゆる前線値域にメディアに自由には入れさせないという感じになりました。その後しばらくしてから、キーウ周辺のブチャとかイルピンという街はウクライナ軍が制圧したので、その後は自由に誰でも行けるようになりました。ですから、ブチャとかイルピンには一番戦闘が激しい時やロシア軍占領当時には、メディアはほとんど誰も入れていないでしょう。そうした街で虐殺や破壊が起きました。

岩井　朝日新聞は、今回の戦争報道に対して、現地にジャーナリストを送るのか、現地の関係報道機関と契約するのか、いろんなやり方があると思いますが、どういう形で進めたのですか。

井田　現地の状況が動いているなかで、当事者にできる限り迫って取材することと、記者の声明・安全を確保することとを見定めながらの判断は難しいですよね。今回、実際にどう進めたかは、自分が担当していたわけではないので聞いていません。

綿井　ロシア軍侵攻直後、当時キーウにいた日本メディアの三社はいったん撤退して、次に戻ってくるのが四月五日、六日ごろです。キーウ周辺が制圧されて、朝日新聞やＴＢＳや共同通信、そしてＮＨＫも、首都がロシア軍に制圧されるような可能性・危険性がなくなったというので、キーウにもどってきました。ただ、海外メディアはロシア軍侵攻後もずっとキーウに残っていましたので、これは過去の戦争でもよくある日本のマスメディアだけそこにいないというパターンです。一方、日本のフリーランスは、三月の時点で当時一〇人ぐらいはキーウに入っていました。

岩井　ＢＢＣなどはずっといますね。

綿井　欧米大手メディアは報道陣の数が多かったですね。他にも、北欧は日本でいう安全保障問題の一環で多数来ていて、スウェーデンやフィンランドなども目立ちました。ただ、日本のメディアでもＴＢＳはウクライナ南部を拠点に取材していて、「報道特集」金平茂紀さんのクルーも、ロシア軍侵攻直後にルーマニア国境を越えていち早くウクライナ西部に入って取材していました。日本のメディアの中では、ＴＢＳがロンドンやニューヨーク支局の記者・カメラマンを中心に、今回のウクライナ取材では一番頑張っていたのではないかという気がします。

岩井　報道を見ていてドキッとしたのは、集合住宅に直接砲弾が当たる瞬間の画像です。通常は、空爆というのは軍事施設を狙うことはあると思ってはいても、ああいうふうに直接人が暮らす場所に空爆がされているというのは、びっくりしました。

綿井　ウクライナ戦争では、テレビ・新聞などジャーナリストだけではなくて、地元住民が撮った映像もものすごく流れています。シリア内戦の時もそうですね。だから、みんなスマホで撮った映像などで第一報を知るというのが、今までのアフガンやイラク戦争の時とまったく違います。それから、今回はネット環境がまったく遮断されなかった。僕が入る前は、一旦ロシア軍が占領したら、いわゆるネット環境も電気も水もストップしてしまうかと思ったら、全然そうじゃなかった。ネット環境が生きていたので、一般の人もみんなネットで自己発信する。

井田　自分の衛星無線を抱えてとか、そういうことではなくて。

綿井　僕自身はもちろん持って行きましたけれど、結局衛星電話は一回も使わなかったです。アフガン、イラク戦争の時は携帯もありませんでしたし、通信手段が衛星電話しかなかった。だから、今回は住民が撮った映像が第一報になるというのが圧倒的に多かったですね。それを大手メディアやツイッターがさらに広げるという形です。情報の伝わり方や方法が過去の戦争と全然違う。

死刑廃止と欧州評議会

綿井　過去のイラクの時もアフガンの時も、軍事施設だけではなく民家も数多く破壊されていました。キーウは集合住宅があちこちにあるので、決して集合住宅だけが標的にされたわけではないですが、市民への恐怖の影響は大きいですね。ミサイルで攻撃したら、直接的な被害以上に、一般の市民の人たちは、いつ狙われるかわからないという恐怖感を持ち続けます。

井田　これまでの戦争だと、民間施設に爆撃をした時に、してはいけないことをしてしまったと、一応は言い訳をしたりするじゃないですか。軍事施設だと思ったら、誤爆でしたと。今回はそういうのが一切ないですね。ロシア側が、「本当はこちらを狙っていたんだけれど、あちらを攻撃してしまった」というようなことはあったんですか。

綿井　軍事施設ももちろん何度も狙われていますが、鉄道駅や空港施設も空爆されました。シリア内戦では、ずっとロシア軍は空爆をやってきていますから、民間の建物もずっと空爆してきているので、シリア内戦を取材してきた人は、「これはウクライナに限ったことではないと、あれがロシアのやり方だ」と言ってましたね。

岩井　BBCのネットでの報道（六月二三日付）では、ウクライナでロシア軍の捕虜になったイギリス人に死刑が言い渡され、死刑を執行すると告げられ、家族はイギリス政府に捕虜交換で救出してくれと要請をしているが、イギリス政府は戦争をしているからロシアと交渉することに消極的だということが書いてあります。助命を求める家族は、イギリス政府から、二人は傭兵だというロシアの説明に勢いを与える恐れがあるからだと言われているようです。死刑執行が現実に目の前で言われている人に対して、イギリスという死刑を廃止した国であっても、戦争時では、交渉自体が政治的にできないのだと、そういう説明を家族にしているということが報道されていました。

綿井　ロシア軍の捕虜になったということですよね。

安田　傭兵だから、これは軍事法廷の適用もないわけですね。

岩井　死刑よりも戦争であったり、外交であったり、それらが優先されています。

綿井　ウクライナ側の方は、ロシア兵を戦争犯罪で裁いてますね。死刑廃止国になっているので、ウクライナ国内法では終身刑が最高刑です。

岩井　欧州評議会に入ろうとしているウクライナとして、死刑は廃止すべきものだった。一方、ロシアは欧州評議会から追放されて、死刑を復活させようとしているという報道が出ていますね。

井田　ロシアが欧州評議会に入ったのが一九九六年、旧ソ連の崩壊から五年後です。その当時、他の加盟国には「まだ、法の支配や基本的人権の尊重といった機能が伴っていない」といった懐疑論・消極論があったようですが、民主主義国家の道を歩んでいく意思が示され、加入が認められた。それで、その時にすでに欧州評議会のルールとしては、加盟するのなら死刑を廃止しているかもしくは執行停止をしていなければならないということで、理想としては廃止していることですが、ロシアの場合は三年間以内に死刑を廃止すると約束させて加盟が認められた経緯がある。ただ、その後も結局廃止はしておらず、制度として残っていたから、欧州評議会から脱退した三カ月後には死刑判決が出るということもあり得るのですね。ただ、見方を変えてみると、そのロシアでさえ、二六年間、高い人権水準を掲げる欧州評議会にとどまり、さまざまな批判は受けつつも、脱退、追放といった事態にまではならなかった。チェチェン紛争、ジョージア侵攻、クリミア併合と続いて、今に至るまで常に紛争を起こし、あわせて国内の人権問題についても欧州評議会の「問題児」であり続けながら、死刑は、少なくても公式には、執行してこなかったというのが、ある意味で驚きです。

綿井　ロシアは、この戦争前の時点で死刑廃止国なのですか。

岩井　執行停止がずっと続いているので、アムネスティでは、ロシアを事実上の廃止国としています。

綿井　いつ以降なのですか。

井田　最後の執行が九六年と聞きました。研究者のレポートによると、プーチン氏は二〇〇六年（当時も大統領）、ジャーナリストに対し「個人的には死刑に反対だが、死刑廃止に否定的な世論や議会を考慮に入れなければならない」と発言していたとのことです。「個人的には…」のところは別として、死刑存置をめぐる日本政府の説明に似ています。

岩井　旧ソ連時代には暗数もあり多かったと思います。九六年に欧州評議会に参加して、執行はしないということを誓約します。欧州人権条約の第六議定書(1)は、平時の死刑だけを廃止する条約ですが、欧州評議会の四七加盟国あるうち四六カ国は批准しています。ロシアは批准を誓約しているから、欧州評議会はロシアに入っていいよという話だった。ただ、そこでも平時の死刑廃止はするけれど、戦時（軍法）の死刑は残されていました。その後、欧州は二〇〇二年に第一三議定

[2]書を作って、戦時を含めて死刑を廃止するという条約を作っていますが、戦時は軍法などで死刑は残さざるを得ないという考え方は、ヨーロッパでも非常に根強く残っていたことになります。

井田　第六議定書を一九八三年につくってから第一三議定書をつくるまでに一九年もかかっていますね。平時の死刑廃止に合意できても「戦時下は別に考えねばならない」とヨーロッパですら考えられていたところに、戦争と死刑の関係の複雑さを感じます。第一三議定書は、加盟四六カ国のうち二カ国がまだ批准していない。脱退したロシアは唯一、第六議定書を批准していなかった国なので、第一三議定書どころではなかったですね。

岩井　ただ、ロシアは二〇〇九年に憲法裁判所が死刑宣告を行うことを禁じる判決が出ていたようなのです。確かに欧州評議会に入ることで、死刑廃止に向かっているように見える部分がある。しかし一方で、二〇一七年のロシアの世論調査だと、国民の四四パーセントは死刑を復活させるべきだという強い意見を持っているようです。やはり、条約や制度の枠組みで死刑を抑制する、停止させる、そういうことが、欧州評議会との関係から効いていた。それが今回の戦争で一気に箍が外れてしまうかのようです。

安田　欧州の場合は、死刑を復活させないということまで議定書の中に定めているわけですね。そこまでヨーロッパの方ではいろいろ考えて、死刑をなくする、同時に平和を維持するということを考えてきたのだろうと思います。ところが、戦争が起こると人権も何もかも全部が吹っ飛んでしまう。例えばパレスチナで行われた空爆ではビル全体が一瞬にして破壊されていましたね。ウクライナでのロシアの空爆と比べて、パレスチナの方はそれほど国際的非難はあがらなかった。今回、これだけ国際的非難が大きくなったのは、それだけ報道の力、画像の力、あるいはスマホなど受け手の広がりもかなり影響しているのかなと思います。だから、もう一度考えるいい機会が提供されたので、あちこちでいろんな議論をすべきだろうという気がしています。

ウクライナで日本の入管行政は変わるか

綿井　今回のテレビのウクライナ報道は、昼や夕方の情報番組やワイドショーでも連日多数扱っていますけれども、「ウクライナは視聴率が落ちない」と、民放もＮＨＫもテレビディレクターの友人が話していました。一方、ミャンマー軍事クーデターから一年の企画を放送したら、ガクッと視聴率が落ちたそうです。一〇年ぐらい前も、「中東の企画をやると視聴率が落ちる」と言われたことがありました。いま大学の授業でも、ウクライナについては関心の度合いが学生たちも高い。地方自治体のウクライナ避難民の受け入れも非常に手厚いじゃないですか。

岩井　他の難民については全然受け入れませんが。

綿井　その関心の差は、アジア系と欧米系への人種や民族的な差別が、日本人の意識の根底にあるんじゃないかと思いますね。

安田　僕などは逆に、あの事によって、例えば国内の難民政策も動かす可能性が出てきたような気がするんです。今はウクライナを偏重する形で特別扱いで動いていますけれど、あれがスタンダードになるんじゃないかという気もするんです。

井田　そうしてもらわないと、筋が通りませんね。

綿井　その扱いの差は日本だけじゃなく、ポーランドを見ても、ウクライナ人の避難民受け入れはものすごく手厚いですね。シリア人の時と非常に異なります。

安田　決して豊かでないポーランドが、よくあれだけ大きな不満なく受け入れているなとびっくりしています。

井田　ヨーロッパでもかつて、中東、アフリカからの難民に門を閉ざそうとした国々がありましたが、そうした動きがウクライナ情勢では見られないのはいいことですね。日本は毎年、条約難民の認定数が二桁で、数千、数万を受け入れている他の先進国に比べ、外国人を保護することにとても後ろ向きなことで知られてきた。それが今回は、どうぞ日本に来てください、何なら飛行機代ももちますからという大盤振る舞いで、いいことだと思いつつ、これまでの難民受け入れと比べざるをえない。たとえば、ミャンマーの民主化運動も厳しい状況に置かれていますが、ミャンマーの人たちが日本政府に保護を求めても、難民認定はなかなか出ない。この違いは何かと思ってしまう。

綿井　入管にしても、スリランカ人のウィシュマさん死亡の件がありました。やはり、日本ではアジア人に対する扱いや

(1) 第六議定書 (一九八五年三月一日発効)

第一条 (死刑の廃止) 死刑は、廃止される。何人も、死刑を宣告され又は執行されない。　第二条 (戦時等における死刑) 国は、戦時又は急迫した戦争の脅威があるときになされる行為につき法律で死刑の規定を設けることができる。死刑は、法律に定められた場合において、かつ、法律の規定に基づいてのみ適用される。国は、当該の法律の規定を欧州審議会に通知する。(「ベーシック条約集」第2版　東信堂)

(2) 第一三議定書 (あらゆる状況の下での死刑の廃止に関する人権および基本的自由の保護のための条約についての第一三議定書、二〇〇二年)

第一条　死刑の廃止　死刑は、廃止される。何人も、死刑を宣告されまたは執行されることはない。

意識が歴史的に見ても異なるのでは。

井田　やはりそこなのかな。

岩井　日本政府は戦争からの避難民と、今までの難民条約に基づく難民を明確に分けていて、日本政府はウクライナ戦争の避難民を特別扱いをしていますが、客観的にみて、これは政治的な行為です。一方で入管法の改悪の議論があるので、戦争からの避難民の現実を契機に、いい方向で議論がいくのか、難民受け入れや難民認定の場面では、冷静に考え直さなければならない部分があると思います。

安田　相手がロシアという問題もあるし、しかもヨーロッパがああいう形でしっかり受け入れている国があり、日本が一生懸命ついていこうとしている部分もあると思うんですね。他方で、ウィシュマさんのような事件も起こっていますから、この機会を捉えていい方向に動かさなければならないと思います。

戦争の経験と死刑制度

岩井　今日の座談会のテーマに戻すと、ベラルーシがテロ行為に対して死刑をさらに適用する法律を提案したというのが報道で出ています。五月一八日にルカシェンコ大統領がその法律を承認したということで、今回の戦争とどこまで因果関係があるかわかりませんが、あちこちで戦争に刺激されて、死刑を求める動きが出てくるのではないかと思います。何か感じていることはありますか。

綿井　ベラルーシは戦争が起こる前も死刑の執行をけっこうやってましたか。

岩井　やっていました。欧州のなかで唯一死刑を残していたのですね。

井田　どういう経緯で欧州評議会加盟の四六カ国が廃止に至ったのかをつぶさに見てはいないのですが、イギリスの場合は一九五〇年代に、死刑を執行したあと別に真犯人がいたことがわかるといった誤判が疑われる事件が続き、死刑廃止の動きが強まった。フランスの場合はミッテラン大統領が政治的なイニシアティブで廃止法案を通した。欧州評議会に入る時の経緯でトップダウンで廃止した国も少なくなかったように思います。さきほど岩井先生がおっしゃったように、ロシアでも四四パーセントが死刑を復活させたいと言っていて、そうした意識が仮に他の国にもあったとして、民意ばかりを持ち出して議論したら死刑廃止に向けた意思形成は難しかったかもしれません。人権の高みをともに目指そうというヨーロッパの共通の価値観に、各国とも乗っていこうという潮流があったのだろうと思うんです。逆に、そうした流れをつくったのも戦争の経験ではないか。第二次大戦で本土が戦場になって、ヨーロッパだけでも千五百万人も亡くなり、第一次大戦の二倍の死者を出した。また戦時下のドイツ・ナチスによるユダヤ人排斥で、少なくても六百万人のユダヤ人が死亡した。こうした経験から、国家と個人の関係を見直し、個人の命、権利をより重く見ていこうという部分が大きかったのではないか。欧州に住んで感じたのは、ふつうの人が、過去の戦争と構えなく向き合っていることでした。「国の都合で人がたくさん死ぬのはもうこりごり」という圧倒的な感覚が人々の土台にあって、より高い目標を目指せたのかなと思います。

欧州評議会は、日本にも死刑廃止のプレッシャーをかけてきましたよね。二〇〇二年に彼らが来日した時、法務省担当で、取材したのが初めての接点でした。当時の森山真弓法相が、「日本には死んでお詫びするという慣用句に現される、独特の感覚がある」と説明し、死刑を文化として受容するのは法相の発言としてどうなのだろう、という反論もありました。欧州評議会から死刑制度をもっている国へのアプローチの仕方は簡単ではないですが、理想論ではなく実利的に死刑廃止が必要なんだということを信念としてもっているからできるのかなと思っています。

ヨーロッパでも戦後ただちに死刑廃止が進んだわけではないですが、旧西ドイツは一九四九年、基本法で死刑が廃止された。戦時下、ユダヤ人だけでなくさまざまなマイノリティが弾圧の対象になり、死刑の対象犯罪が広げられるなど乱用が指摘されていたことが背景にあったそうです。戦時を理由にさまざまな自由が制約され、ホロコーストも止められなかった。その反省が死刑廃止につながった。

戦時下の日本でも、結社を組織する行為、準備罪にまで法定刑に死刑が加わり、生活必需品買い占め罪の法定刑の上限も死刑に引き上げられていたと聞きます。治安維持法で受刑した方は一九二八年から一九四五年までおおよそ三千人を超えると推計されていて、刑死はなかったが、朝鮮半島では治安維持法で死刑になった方々もいる。そういう経験を経て、なぜ日本国憲法を作った時に死刑を廃止しようという動きがなかったのか、そこが残念だったと思います。

（3）死刑廃止法案提案理由（一九五六年四月六日参議院法務委員会）

高田なほ子「人の生命は尊貴なものであります。人の生命は畏敬されねばなりません。この普遍的基本原理の上に自由と平和とへの愛が生まれ、文化が形成されていくものと信じます。／日本国憲法は、すでに恒久の平和を念願し、人間相互の関係を支配する崇高な理想を実現するために戦争の放棄を宣言して、範を国際的地位の上に垂れておりますが、この観点は、当然に国民の基本的人権の享有に関する国内の立法の基準としても憲法の中に貫かれているはずであります。

安田　よく言われるのは戦後日本では一九五六年に死刑廃止法案を緑風会が参議院に提案した時の説明[3]のなかで、日本は9条で戦争を放棄したと。戦争と死刑は同じなんだと、だから戦争を放棄した時に死刑もやめるべきだというのがあの当時、羽仁五郎さん、高田なほ子さん、市川房枝さんなどがあちこちで説得して回った論理だったんですね。ところがその当時は、まだ米軍などの連合軍の占領下にあって、とりわけ、最高裁大法廷の死刑合憲判決は一九四八年の極東軍事法廷で死刑判決が出る少し前に出された判決です。それを考えると、戦後の日本の死刑制度は、アメリカの占領政策と軌を一にしており、日本の戦前の死刑の怖さみたいなものがアメリカの占領政策で塗り替えられて稀釈されているという感じもしています。

　ドイツの場合は二度とホロコースト的なものをやらないということもあったのでしょうし、一方では元ナチスの人たちに対する責任追及をできるだけ軽くするため死刑をなくしていくということもあったと思います。しかし結果が死刑を廃止するということですし、死刑を復活させないということですから、その後の人権の場面では日本と比べて大きく様相が変ってしまったと思います。

　私たちも欧州評議会の調査団を日本に呼び込んで、その報告書をもとに欧州評議会で日本に対する勧告をあげて貰ったわけです。日本政府が死刑廃止へ向けて真摯な努力をしなければオブザーバーステイタスを見直すという決議をあげてもらったのですが、ぜんぜん日本政府は動かなかった。免田栄さんがストラスブールまで行って欧州評議会の議場で講演までやったのですが、日本政府に影響を与えることが出来ませんでした。

井田　なぜオブザーバーをやっているんだろうと不思議になりますね。そうは言っても、受刑者移送条約とか、サイバー犯罪条約などでは協調している。受刑者移送条約は、外国で受刑している人を出身国に移送して受刑させるという条約ですが、日本は二〇〇四年から二〇一八年までに英国、オランダなどに約四〇〇人を送り出す一方、受け入れは韓国、タイなどからの一〇人にとどまり、圧倒的な送り出し国となっています。日本の刑務所のしくみが敬遠されているのか、そもそもさまざまな国と対等に条約を結べるような処遇をできていたのか。条約を結んだ当時と現在で、刑務所のしくみも変わってきましたが、塀の中の人権の違いを意識させられます。

綿井　欧州評議会が設立されたのはいつなんですか。

岩井　一九四九年、法の支配と人権を尊重、民主主義を理念として、できています。一九五〇年に欧州人権条約ができて、さらにプラスして人権条約がつくられている。二〇〇一年にアメリカと日本に対して死刑執行の一時停止をして早急に死刑制度を廃止するように勧告する決議が出されて、さっき井田さんがおっしゃったように使節団が日本に来てセミナーを実施しています。その後、今度はEUで日本と韓国と台湾に対する死刑廃止を勧告する決議が採択されています。

さきほど、テロ行為が、戦争のなかでさらに死刑になるという話があったのですが、日本も実は刑法には内乱罪があります。内乱罪は国の統治機構を破壊し又はその領土において国権を排除して権力を行使しその他憲法の定める統治を妨げる秩序を潰乱することを目的とした暴動をした首謀者は死刑です、外患誘致罪は、外国と通謀して日本国に対し武力を行使させた者は死刑です。外患援助罪も、日本国に対して外国が武力の行使があった時にこれに加担して軍務に服し、軍事上の利益を与えたものも、最高刑が死刑です。日本の死刑の議論で被害者が亡くなったことに対してどう責任を取るのか、と言われますが、この内乱罪、外患誘致、外患援助は被害者が亡くなっているか否かには関係なく、国の秩序、制度を乱したり破壊したことに対して死刑が科される。そういう意味では典型的な、国の権力を行使する死刑ということが刑法にはあるわけですね。

軍人が殺すこと、死ぬことはあたりまえか

岩井　さっき安田さんが軍人と文民を区別する考えを指摘していましたが、戦争報道がなされる中でどのように議論をしていったらいいと思っていますか。

安田　現実の戦争報道の語り口などを見ても、民間施設を爆撃した、あるいは民間人に被害を与えたとか、民間と軍を完全に分けていて、民間人を殺害することは許されないことだ、戦争犯罪だと非難しています。しかし、軍人も死に、殺されていることは非難の対象となっていません。殺人は合法化されるどころか、祖国を防衛したとか、侵略者を撃退したと賞賛されています。軍事力はつまるところ人の殺傷能力につきるわけですから、たとえ防衛のためであったとしても、軍事を標榜する限り、人の殺傷を回避することはできないわけです。しかし、それでは、せっかく、市民が死刑廃止を実現してきたことと少し中味が違うのではないかと考えるわけです。

ウクライナの報道を見ながら、私もそうですが、考え方が少しずつ変って来ています。昔は闘うことが正しいと思っていましたが、逃げることの方がもっと正しいことではないかと最近思ってるんです。いま戦争に反対し、戦争をやめさせることが大切ですが、同時になぜこの戦争が起こったか、徹底した分析が必要ではないか、途中で止めることができたんじゃないだろうかと。国家対国家の問題もあるだろうし、NATOに加盟するかしないかの問題もあるでしょうし民族問題もあったりするでしょう。それは国際関係論の問題として

考えなきゃならないんだけど戦争を止められなかった問題には市民の問題も関わっていると思うのです。ロシアの市民がどうして止めることができなかったのだろうか、世界の世論がどうして止めることができなかったんだろうか。それは死刑に反対する市民の価値観、あるいは思想的なものがいろんな所で見落としていた部分があって、国家と市民、ミャンマーでも香港でも市民が後退を余儀なくされており、もっと私達が共通の問題として、真剣に取り組むべきではなかったか、確かに非難はしたけれど、阻止することができなかった。そこらあたりが今回の事態をもたらす一つの原因にもなっていたのかなあという気もしているんです。どうして阻止できなかったかは、国家間の問題というのと同時に市民と国家との関係をもう一度見直しておく必要がある。止められるのは国家だけではなく、市民が戦争を止められるんだという視点で総括する必要があると思います。

井田　私も同じように感じています。こういう状況でよその国が諍いを止めようと武力介入すると、戦争になってしまう。仮にNATOが手を出したら、そこから新しい戦争が始まってしまう。止められるとしたら、ロシアの国民が物を言う形で国会を動かし、政府を動かすというのが理想的な形だったと思うんです。ただし、ロシアの民主主義の形態が難しくて、議員は選挙で選ばれますが、候補者になる前の段階で排除されることもあって、本当の意味での選挙になっていない。大方の国民は、今の政権を消極的選択も含めて信任している形だが、現実には反対でもそれを表現することが自由にできない。かつてはロシア国内の司法で救済されない時、ロシア国民が欧州人権裁判所に救済を求めることができ、二〇二一年の統計では、判決の四分の一はロシアがかかわる事件でした。違反数でも加盟国中ロシアが最も多かったのですが、欧州評議会からロシアが脱退したことで、市民はこうした救済の道も断たれてしまったわけです。ロシアが欧州評議会の枠組みに留まっていたうちに、外交で何かできることはなかったのかなあと思ってしまうところです。

戦争を止める、死刑を止める

岩井　安田さんの先ほどの発言で、戦争をなぜ止められなかったのかということの分析と、なぜ死刑を止められないのかということの分析が呼応する関係にあるわけですよね。戦争は、敵に対する殺人としての国家行為として、死刑の執行という国家行為と似た場面がありますが、一方でウクライナは攻められてきたという中でそれに対して何もしないというわけにはいかない。今後のことを考えた時に、戦争をどう止めるのか、死刑をどう止めるのか、いかがお考えですか。綿井さん、現場ではやはり、戦争を止めるという議論よりは、いかに戦争を優位に進めて終わらせるかになるのでしょうか。

綿井　いまウクライナ人は恐ろしく士気が高いんですね。兵士だけでなく市民までもが、ロシアに勝てると思っています。戦争の長期化は覚悟してるんですが、誰も「負ける」、あるいは「停戦を呼びかける」人が全然出て来ない。現在の状況だと、停戦はロシア側の条件をのまなくてはいけないから、そんなものは応じられないという。ゼレンスキー大統領の評価についても、彼を信奉するみたいな人もいないし、批判する人もあまりいない。彼は、演説は毎日のようにやっていますが、さほど市民は注目して聞いてないです。ロシアからの侵略を受けているから、市民もロシアと戦う姿勢になっている。しかもよく言われたのは、「二月二四日からこの戦争が始まったんじゃないですよ」という言い方でした。二〇一四年のクリミア併合、ロシアとの関係でいえばもっと前から対立状態にあった。一方、ウクライナはものすごくロシアとの関係も深い。今でも息子がロシアにいる、両親がモスクワに住んでいると話す人も多かったです。関係性が深いが故に、余計に憎悪も相まみえる感じがしましたね。民間人で構成される「領土防衛隊」も志願者がたくさんいますね。よくも悪くも一体というか、ウクライナ人はこの侵略戦争に対して勝てると思っている。

井田　男性で兵役をしなければいけない人は、ほぼもれなくかかわっているということでしょうか？

綿井　今は国家総動員令が出ているので、予備役を含めてかなりの兵士がいますね。領土防衛隊も二〇万人近くいる。従って、街で会う人は男よりも女性や年寄りの人が圧倒的に多かったですね。

井田　良心的兵役拒否とか、逃げる自由などとは言い出せない雰囲気もあるんじゃないですか？

綿井　そこが何とも言えません。確か、朝日新聞の記事でウクライナ国外に居る人で兵役を拒否している男性が記事で扱われていました（『戦争したくないと表明…浴びせられた「恥を知れ」　消える個人の自由』二二年六月八日付掲載）。昔のイラクみたいに、独裁政権で何も自由には話せないという国ではないですから、あれは稀なケースですね。しかし、今後戦争が長期化した時にどうなるかはわからないです。彼のような人たちももっと出て来るかもしれないでしょう。日本では特に、ロシア軍侵攻の初期段階で、「ゼレンスキーは早く降伏しろ、降伏した方がウクライナ市民の犠牲者が出ないだろう」と言う人がいましたけれど、現実の状況はそうではなかった。その昔、ベトナム戦争の時にベトナム人たちに、米軍と闘わずに降伏しろという呼びかけはあったのか。あるいは、今のパレスチナ人はイスラエルと闘わずに交渉しろと言うのか。イスラエルがあれだけ占領・攻撃しているのだから、パレスチナ人はそれには抵抗するしかないでしょう。今のウクライナも、あれだけ攻撃と占領を受けている以上、彼らは抵抗して戦う方を選択せざるを得ないように思います。ただし、この状況の中で日本がどういう呼びかけをするべきなのか。それに関しては、ロシアの側に侵略・戦闘・空爆・占領を止めるように、日本政府は外交ルートでロシアの側にこそ呼びかけるべきだと私は思っています。欧米はウクライナへの軍事支援ばかりですが、それとは別の形で日本が独自外交でするべきことは、ロシアへの働きかけだと思います。たとえそれは「意味がない、無駄だ」と言われても、この戦争を終わらせるために日本政府は独自に続けるべきことだと思います。

井田　難しいですね。ウクライナが今置かれている状態は許しがたいもので、見過ごすことはできないけれど、かといってそこに武器を送ってしまったら、さらに殺されたり傷ついたりする人が出て、その応酬ですよね。こういうときに国際司法が役割を果たすことを期待しますが、国連の国際司法裁判所（ＩＣＪ）が三月に、軍事行動を中止するよう暫定的な命令を出したときは、ロシアは応じていません。国際刑事裁判所（ＩＣＣ）の検察局が捜査を始めていますが、これも攻撃をただちに止めることにはならない。ロシアはそもそもＩＣＣの関与を受け入れないと言っているし、かかわった個人の責任を追求し、起訴し、裁判してという一連の手続きには年月がかかります。

綿井　兵士は地方在住や貧しい家庭で、モスクワに住んでいる人からすれば自国の戦争でも直接的には死なない。

安田　自分の所が侵略されてないですから。このまま亡くなった少数民族の方は、学校の先生の職を捨てて二倍から三倍の給料になるので軍隊に行ったが、結局戦死して帰って来たという報道がありましたね。報道が戦争の場面だけでなくて戦争の中味を追いかけていくのも重要なことだと思います。

僕は香港に何回か応援に行ったのですが、最後は老人と子供だけの集会しか開けなくなってしまいました。そこは、香港の人たちだけでなくて、国外の私達にとっても、自由と人権の最前線だったと思うんです。ここで負けたら中国の国際的支配がさらに強大化し、やがてはロシアやインドを巻き込んで、新たな全体主義的世界秩序が生まれくるんじゃないかと恐怖を感じました。ですので、それぞれの立場とテーマで、よその国の人権についても市民として首を突っ込んでいかなければいけないという感じを強くしました。

岩井　そういうふうに見ていくと、国というものがわかりやすい形で出て来ますね。

井田　本当にそうですね。大陸と違い死刑がなかった香港では死刑が復活するのではないか。ともすれば、ロシアより早く復活するのではないかと、だんだん暗い話になってしまいます。

安田　それが現実なんでしょうね。ですから日本国内の人権もそうだけど、外国の人権も見ていかないといけないし、人権的視点で今回の戦争も見ていかないといけないなあと思います。

戦争と死刑　残虐な現実を隠さない

岩井　今日、いろいろと議論をして、「戦争」が起きているということは、当然ですが「国」が前面に出て来るというのが見えてきたと思いました。「死刑」も同じです。最後に、一言お願いします。

綿井　このウクライナ戦争は、半年や一年で終わるとはちょっと思えません。いまのテレビメディアでのウクライナ報道は、地図と矢印ばかりが増えて、スタジオにパネル解説で地図が出て来て、ロシア軍が今この辺にいるという形が非常に多いですね。軍事的な解説や予測が多い。そして、戦争の現場の人間の身体が見えにくくなっている。今はまだウクライナへの関心が高いからいいですが、今後どこかで必ず関心が落ちてくる時が来る。そうすると、戦争の実態や実感をつかむのが、より難しくなるだろうという気がします。この十年ぐらいでネットやSNSが発達しましたが、しかし、だんだん遺体や死体が出るだけで嫌悪感を抱いたり、「このあと死体（遺体）の映像が流れます」と、テレビで事前の注釈や但し書きがどんどん増えて来ている。ああいう説明や補助つきでしか、放送できなくなるのは嫌なんですよね。僕が学生のころは生の戦争の実態というのは、ベトナム戦争の写真や映像とかで不意にショックを受けた記憶があります。現在のような、衝撃を与えないように、和らげるようにする伝え方は、戦争の現場の本質を覆い隠すことになるでしょう。実際の戦争の現場とは、不意に衝撃や死があちこちに待ち構えているわけですから。

岩井　裁判員裁判でも刺激証拠というのは示しちゃだめだという話になってますから、イラストにしたり抽象化したものにしていくわけですよ。そこで死刑という判決をするかしないかが議論されるんです。

安田　遺体の実況見分調書とかそういうものはほとんど、現場写真もなくなって来ていますよね。それは裁判員がトラウマになってはいけないと、裁判員の精神状態をおもんばかってのことだとされています。

井田　裁判員の方がそれでPTSD（心的外傷後ストレス障害）になったと裁判に訴えたケースもあり、裁判所側も対応せざるをえないと考えているようですね。

綿井　フェイスブックもそうなんですけど、いま遺体が映る映像や写真が自動的に削除されるケースもありますね。映像や写真で遺体や死体を見た時の記憶は、その後の歴史認識や戦争の捉え方に確実に影響すると思います。そうしたむごたらしい遺体や死体の映像・写真は、せめてそこでちゃんと正視して、自らの記憶にその痛みへの想像とともに留めるべきことだと感じています。

井田　もともとオプティミスティックな私ですが、リアルな戦争があり、拡大するリスクもある局面で、戦争はいやなものだと改めて思います。国家と国家が戦う、人を殺し合うということもそうなのですが、戦時体制だ、非常事態だと、いろんな制約がされ、人が軽んじられて当たり前、になるのがいやなのです。戦争は国家と個人の関係を逆転さえしてしまうと実感しています。ロシアも含め民主主義を標榜している以上、国は個人を幸せにするための存在だし、それ以上でもそれ以下でもない。いまロシアの人たちがどういう状況にあるか、わからない部分もありますが、戦時下では、正しい情報をえて、この戦争を続けるべきなのか、発信したり、議論したりするしくみが働かなくなり、権力に都合悪くふるまえば、自由や、時には命さえも刑罰という形で奪われることもある。二一世紀に決して見たくない風景ですが、戦後七七年を経てまだ死刑がある社会に生きていることとつながっている問題だと思います。

安田　先ほどの綿井さんの話で、現実を報道しなければならないとおっしゃるのは、僕なんか振り返ってみると小さい頃原爆の被害者の人の写真を、あるいは紙芝居でも見てその中で戦争はいけない、核は廃絶されないといけないと教育されて来たわけです。人権とは時間が経てばより拡充して伸展していくんだと、一種の啓蒙思想のように当然のこととして広がるんだ、人間の進化の所産なんだと思い込んでいました。井田さんもおっしゃったオプティミスティックな思いは当然僕たちも持っていたんですね。ところが今おっしゃったとおり、それはそうではなかったかもしれないなと、何かしっかり持ち続けないといつまたひっくり返って後戻りしてしまうかもしれないし、しかもそれは一気にひっくり返るかもしれないという感じがして来たんですね。そういう死刑のある日本のなかで、死刑をなくすとは戦争をなくすことに繋がる。死刑というのは国家のために殺すんだということの典型ですし、戦争は殺した方がいいという話になる、そこの現実をしっかり見据えて死刑の残虐さも事実として報道していく、伝えていく必要がある。戦争はものすごい悲惨な現実だという問題が提示され、死刑も同じく悲惨で非人間的な問題だということを共通に議論をする必要があると思います。

岩井　ありがとうございました。

（二〇二二年七月七日、港合同法律事務所にて）

2022年7月26日、東京拘置所で加藤智大さんの死刑が執行された。

加藤智大さんは、2008年に「秋葉原事件」を起こし死刑が確定した。家庭内虐待の問題、最底辺の派遣労働問題、ネット依存など、格差と貧困社会の中で分断され、追いつめられ、犯した事件だった。幼少時に受けた虐待が精神的に大きく起因した事件であるうえに、現在再審請求中であり、許されざる執行である。

獄中で表現し続けることで自分と向き合い、考え続けてきた彼の命を絶つことは、事件そのものの解明を閉ざすことだ。京都アニ放火事件、元首相殺害事件など底辺からの反逆ともいうべき事件の根絶は、社会を変えることから始めるべきである。

年報・死刑廃止２０２２

加藤智大さんの死刑執行

8月18日、参議院議員会館で「古川禎久法相の死刑執行に抗議する緊急集会」が持たれた。ここに掲載するのは、その集会での、安田好弘、雨宮処凛、香山リカ、太田昌国各氏の発言である。主催は、死刑廃止国際条約の批准を求めるフォーラム90、公益社団法人アムネスティ・インターナショナル日本、NPO法人監獄人権センター、「死刑を止めよう」宗教者ネットワーク、死刑をなくそう市民会議、被害者と司法を考える会の6団体。……（編集部）

「秋葉原事件」の加藤智大さんの死刑が執行された。

死刑囚表現展の中の加藤智大さん

家庭内虐待、最底辺の派遣労働、ネット依存など、

格差と貧困社会の中で分断され追いつめられた最底辺からの反逆。

彼は事件をどう捉え返していたのかを、彼の獄中表現に探る。

太田昌国

（死刑廃止のための大道寺幸子・赤堀政夫基金選考委員）

はじめに

　死刑囚表現展という試みを二〇〇五年に始めて、今年の秋には第一八回目を迎える「死刑廃止のための大道寺幸子・赤堀政夫基金」の運営に関わっている太田昌国と申します。

　私たちの活動は、冤罪を訴えて無実を主張している方を除けば、誰かが、残念なことに何らかの理由でひとを殺めてしまい、裁判を経て死刑判決を下された時点をきっかけにして、当該の死刑囚との付き合いが始まるものです。そのひとが起こした事件については、被害者と遺族の方々のことも当然にも考えますが、死刑判決を受けて以降のそのひととの付き合いの中で、ある時代状況の中で起こる犯罪の本質を探り当てる、その種の犯罪をなくす、せめて少なくする方法を模索する、犯罪を犯したひとの再生の道を共に探る——などの困難な課題が待ち構えていることになります。他者とのコミュニケーションの道を極端に閉ざされている死刑囚が、自分の思いを吐露できれば、外部の人びととの間に相互交通の道が開かれ、いま言った目標に繋がる可能性もあるのではないか。それが、死刑囚表現展を企画した動機です。

　加藤智大さんが事件を起こしたのは二〇〇八年六月八日でした。最高裁で死刑が確定したのが七年足らず後の二〇一五年二月二日です。この年から加藤さんが表現展に作品を応募してくるようになりました。加藤さんは、死刑が確定する前に獄中で書いた四冊の単行本を出版されていますが、表現展に応募されてきた作品に限って、触れることに致します。

イラスト・ロジックでの登場

　初年度の二〇一五年度の作品は「パズル」と題されて一八種類提出されました。ご覧のように、画面の縦と横にある数字をヒントに升目を塗りつぶしてゆくと、最後にはある絵が浮かび上がるという仕掛けになっています。ロジックアート、イラストロジック、ノノグラム、ピクチャーロジック、お絵描きロジックなどと呼ばれているようです。私自身はこの遊びをしたことがなかったので、お手上げでした。でも選考委員の中にも、基金の運営会メンバの中にも、パズルを解くために果敢な挑戦を試みた方もいました。このとき私が感じたことは次のことです。加藤さんは、作品を観た私たちが観るだけの立場に安住することを許さず、彼が作り出した作品の中に参画させようとしているということです。共同作業といってもよいし、相互交通的なコミュニケーションの在り方を模索しているといってもよい。作り手と受け手がそれぞれの場に固定化してしまい、相互間に精神的な交通が生まれないことを拒絶している。そう思いました。

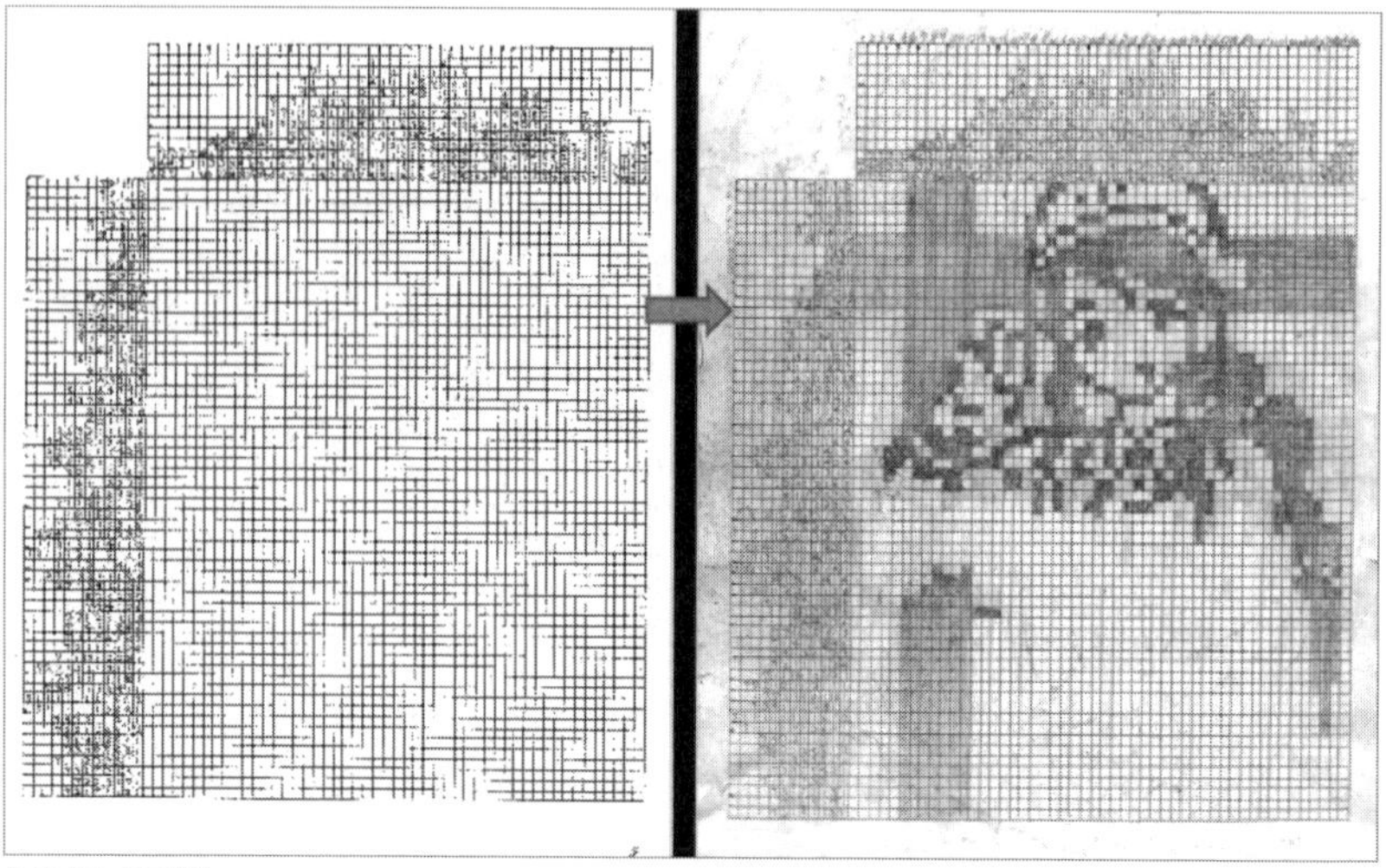

「パズル（18種）」
加藤智大「死刑廃止のための大道寺幸子・赤堀政夫基金」死刑囚表現展　2015年応募作

「艦これ　イラストロジック　全65問」
加藤智大　2016年応募作

これは、ひとり加藤さんにのみ見られることではありません。他にも幾人かの死刑囚が、外部の私たちに参画を促す作品をこれまでに寄せてきました。小さなサイズの紙しか使用できないので、何枚ものA4サイズの紙に絵を描き、それを指示書に基づいて貼り合わせると、一枚の大画面の絵になる。応募されてきた一枚の紙を、指示書に基づいて折り曲げていくと、立体の作品になる——こんな工夫をしてなされた表現に出会うと、人間がなし得る表現の広がりと深さを思って、私たちの感情は揺さぶられるのです。

加藤さんは翌二〇一六年にも、「イラストロジック全65問」という作品を寄せてきました。このときも私は解くことができずお手上げ状態でしたが、解けなかったと正直に伝えることもコミュニケーションの一形態だと居直るしかありませんでした。それにしても、このようなパズルを作り上げる集中力は何なのだと唸るほかはない、緻密な作業の痕跡がそこにはありました。

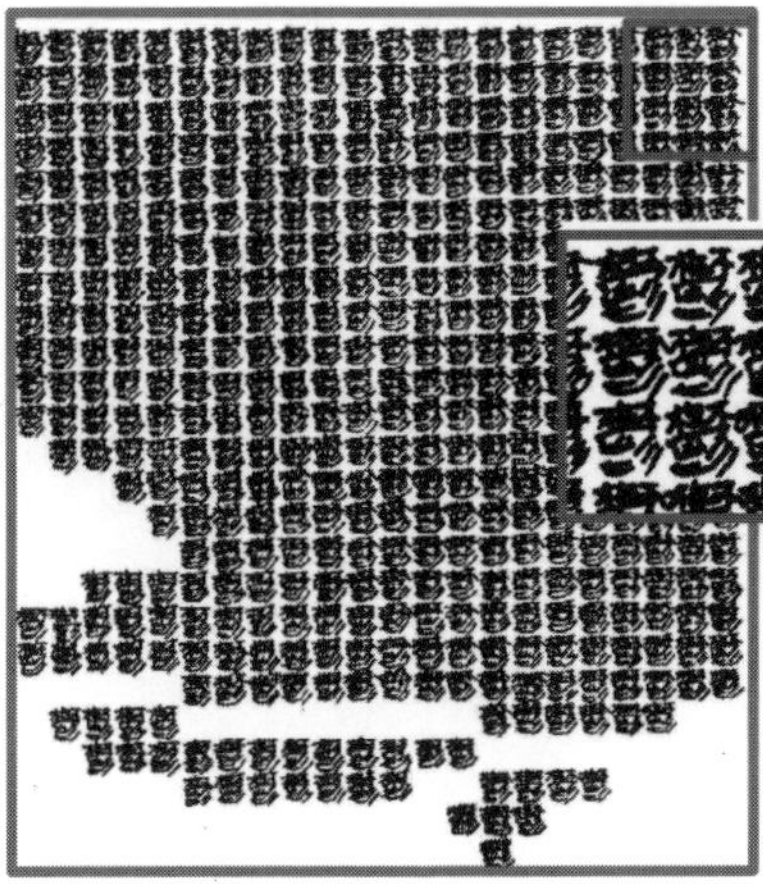

「あしたも、がんばろう」(81枚組)
加藤智大　2017年応募作

鬱の字で埋め尽くす

翌二〇一七年、加藤さんはさらに挑発的な作品を応募してきました。Ａ4用紙八一枚に描かれたイラストロジックは、彼自らが解決策を示して、描かれて送られてきたのですが、升目を埋めているのはすべて「鬱」の字でした。「憂鬱」の「鬱」の字です。決して大きくはない升目を画数の多い「鬱」の字で埋め尽くす作業がどんなに集中力を必要とするかはおわかりになると思います。この年、加藤さんは「表現展にさえ居場所なし」とか「表現展攻略ガイド」と題した作品も送ってきました。表現展の選考会議の内容は文字起こしをして、応募者に差し入れしていますから、応募者は自分の作品について、どの選考委員がどんな意見を言っているかを知ることができます。応募三年目の加藤さんは、過去二回の選考会議の討論内容を読んで、選考委員がどんな作品を「好ましい」と考えているか、それはどんな「内容と形式」を備えた作品であるかを掴み取ったと思ったのでしょう。その傾向を辛辣に批判して、この評価基準ではここにも自分の居場所はない、と言い切ったのです。私たちにも言い分は有るにしても、しっかりと向き合わなければならないと思ったことでした。

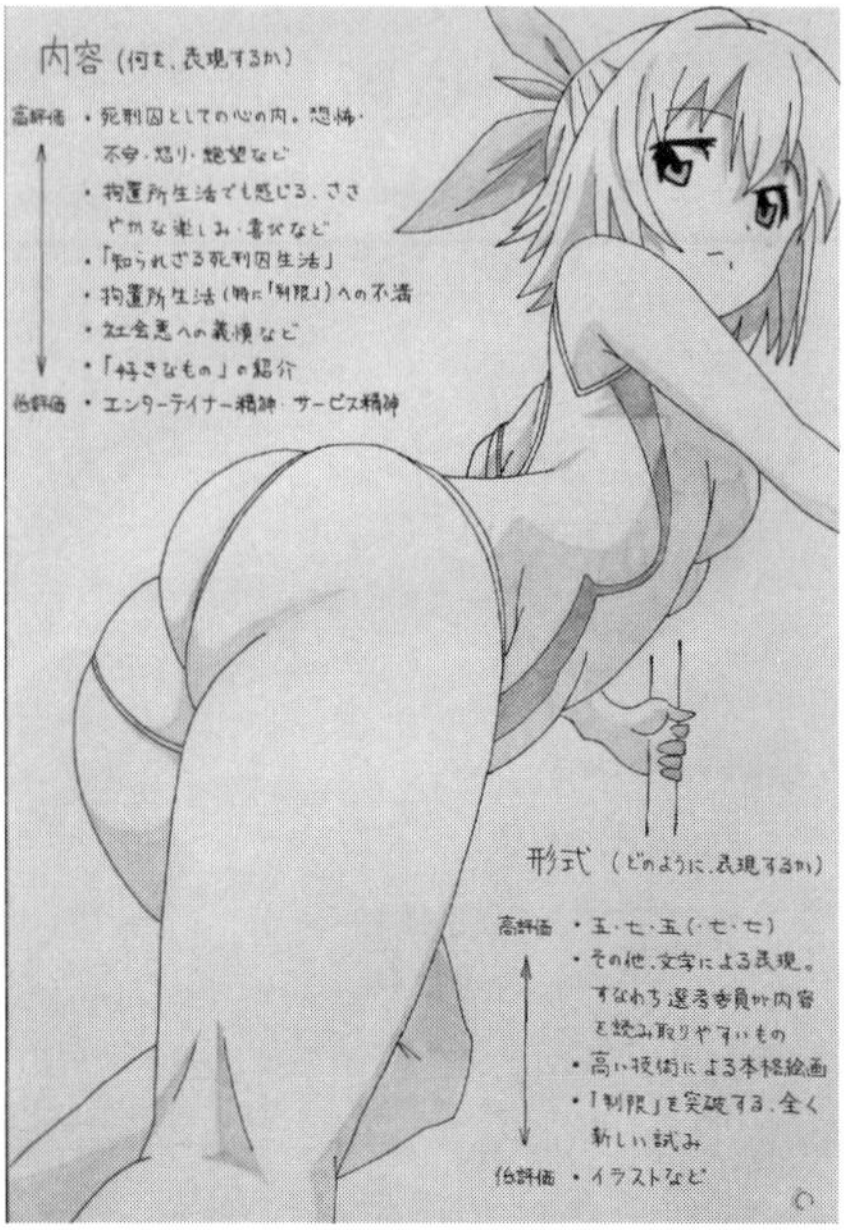

「表現展攻略ガイド　評価＝内容×形式」
加藤智大　2017年応募作

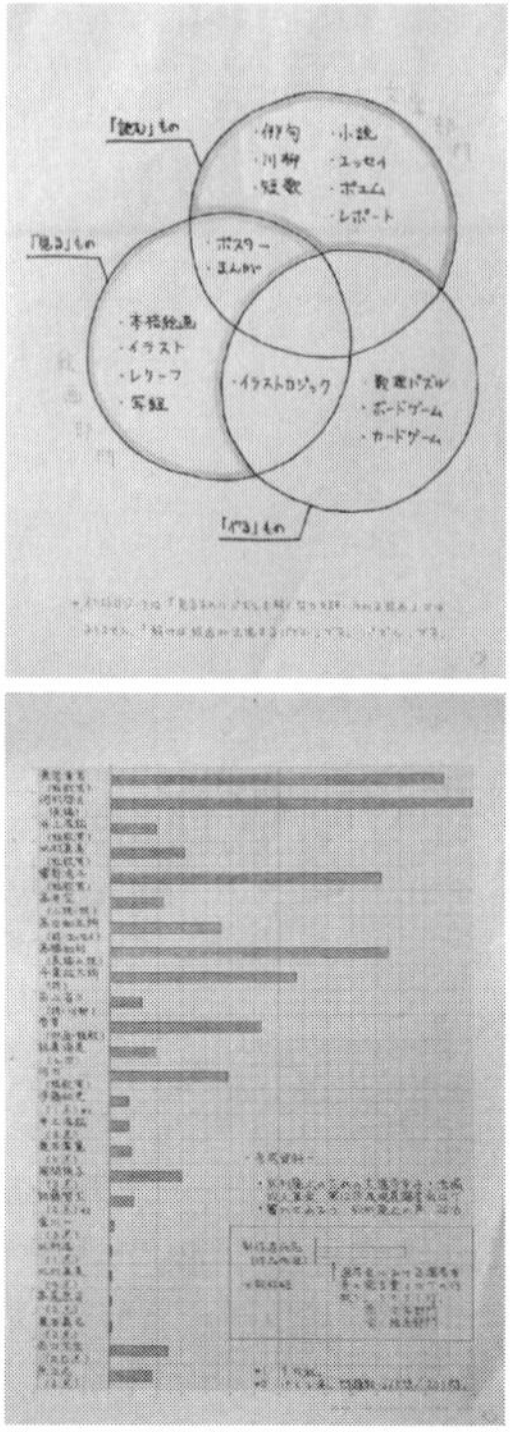

「文尊絵卑」「表現展さえ居場所なし」　加藤智大　2017年応募作

表現することで変化し始める

翌二〇一八年、加藤さんは「やはり表現展さえ居場所なし」と大書した一枚の紙を表紙として添えてきました。ふてぶてしい挑戦ですが、それも応募してくる彼の姿勢を受け止めたいと私たちは思ったことでした。でもこの年、彼の表現には微妙な変化が生まれている、と私は思いました。今までのようなイラストロジックでもない、また数多くの紙を貼り合わせて大きな一枚の絵にするのでもない、A４一枚の絵画作品が増えました。そのなかに、表現展に毎年応募している他の死刑囚の表現に、エールを送る作品を送ってきたのです。そのひとは外国人で、日本語を一所懸命に学びながら、応募してくる。なかには「言葉遊び」的な作品もある。そんな言葉遊びは楽しいねと呼びかけながら、この年評判になったアニメのタイトル「君の名は」に絡めて、「君の縄」と題した作品を彼は送ってきたのです。絵の巧みさもさることながら、それまでは他者を拒絶してきたような加藤さんの表現の中に、他者への声掛け・呼びかけ・連帯の意思表示が生まれたことに注目したのです。

またこの年には、「人生ファイルラップ」と題したラップ調の文章表現の応募もありました。この作品の一部は今日の資料の中に入れてありますので、後でお目通し下さい。自分の

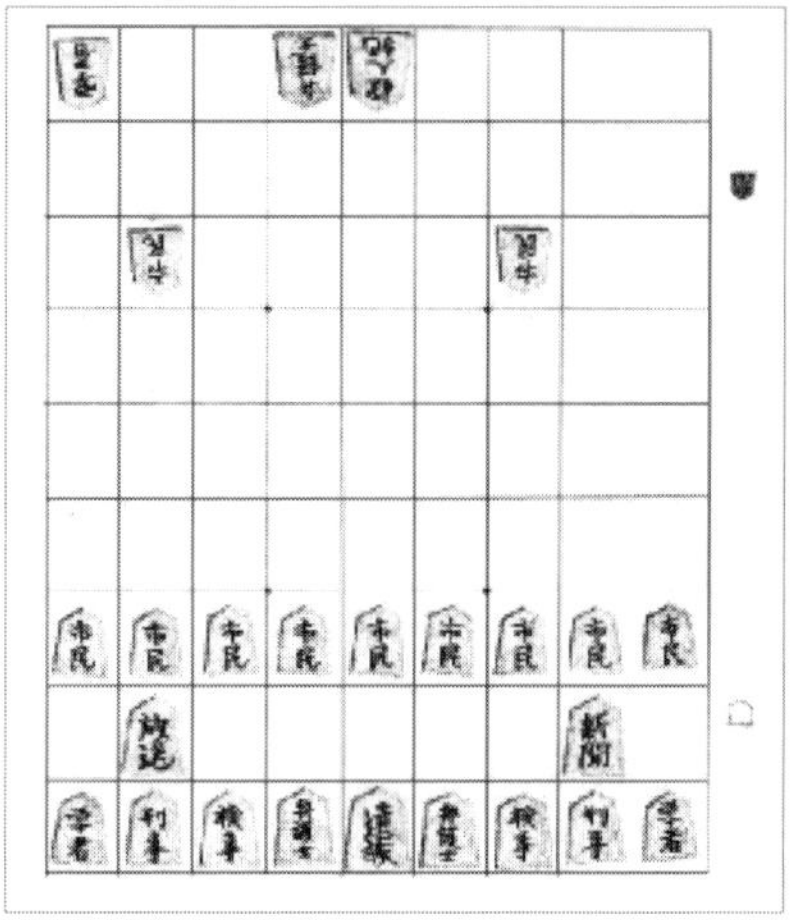

「何力リスペクト　言葉遊びは楽しいよね!」「相変わらずうるせーやつら」
「「心理学」に殺される」「裁判将棋」　加藤智大　2018年応募作

「人生ファイナルラップ」

母の夢は絵に描いた餅
京大は俺には無理な口
押しつけられたスタート位置
レースは始まり縮む命
親は力で支配しがち
屈辱に耐える毎日
裸足で雪の上に放置
飯は床にぶちまける措置
会話も禁止女友達
強いられる意図の察知
満点じゃなきゃ平手打ち
泣けば口に布詰める処置
母の攻撃さながらアパッチ
見て見ぬふりのゲスな父
もしくは二人掛かりのリンチ
帰りたくないそんな家《うち》

残り人生あと何周？
いつも警戒母の奇襲
勉強ばかり予習復習
刑務所並みに無味無臭
クルマだけが俺の陣地
憧れた土谷圭市
現実見えぬ俺の無知
人生設計ひどく幼稚
求められる社会的地位
進路は一方的通知
俺にない選択の余地
言えるわけない胸の内
努力足らぬとムチとムチ
アメの約束嘘のオチ
壊れていく俺の気持ち
順位落ち下がる偏差値
夢は次男にバトンタッチ
走らないマシンは無価値
要らない兄は無視の仕打ち
もう出て行こうこんな町

残り人生あと何周？
平成の世に昭和の風習
学校でしか通じぬ優秀
飛びついたのはハケン募集
俺は母の夢叶えるマシン
生きる意味なし痛ましい
虐待死より少しマシ？
黙れリア充やかましい
そのキレイゴトじんましん
積もる殺意を持て余し
空吹かしなどぶちかまし
昇華させるは魅せる魂
まるでレースクイーンの生足
自由の身なんと素晴らしい
津軽弁だばあづましい
ルームシェアするさいたま市
アキバ出張ネタ探し
ＳＮＳで使い回し
他者《ひと》楽しませ生きがい増し
それ奪ったのが成りすまし

残り人生あと何周？
不満はない安い月収
気にしていない顔の美醜
望んだのは居場所の補修
路面蹴飛ばすリアタイヤ
漂流《ドリフト》してたら溝ないや
きついカーブで上げたギヤ
判断ミスの狭い視野
このクラッシュかなりデン
ジャー
オイル漏れ上がるファイアー
悔いる俺無様リタイア
観客席に多数犠牲者
原因不明皆もやもや
精神分析するやぶ医者
真意無視ならもういいや
余命を刻むタグホイヤー
絞首刑かかって来いや
首に食い込む錆びたワイヤー
迎えられないニューイヤー
後はよろしく葬儀屋

残り人生あと何周？
裁判所で決する雌雄
二度殺される死刑囚
それを喜ぶ一般大衆

（二〇一八年応募作）

「メルシー原正志」（31枚組の一部）
加藤智大　2019年応募作

「自画像　ヲ13 乙」「子怪死」加藤智大
2020年応募作

長くはない半生（人生）を振り返りつつ、時代の風景も織り込んだものなのですが、表現の的確さ、韻を踏んだ巧みさに、正直驚きました。選考委員である私は、選考会までに事前に作品を読まなければならないのですが、この「人生ファイナルラップ」を読んでいたときは、途中から思わずラップ調で口ずさんでいたことを覚えています。しかしその内容は、子ども時代に、親、とりわけ母親を名指しして彼が受けた虐待行為を読み込んでいる、痛々しいものでしたから、外部の者が気軽に口ずさむことができるようなものではないことはすぐわかりました。そのような虐待行為が、ひとの精神形成上

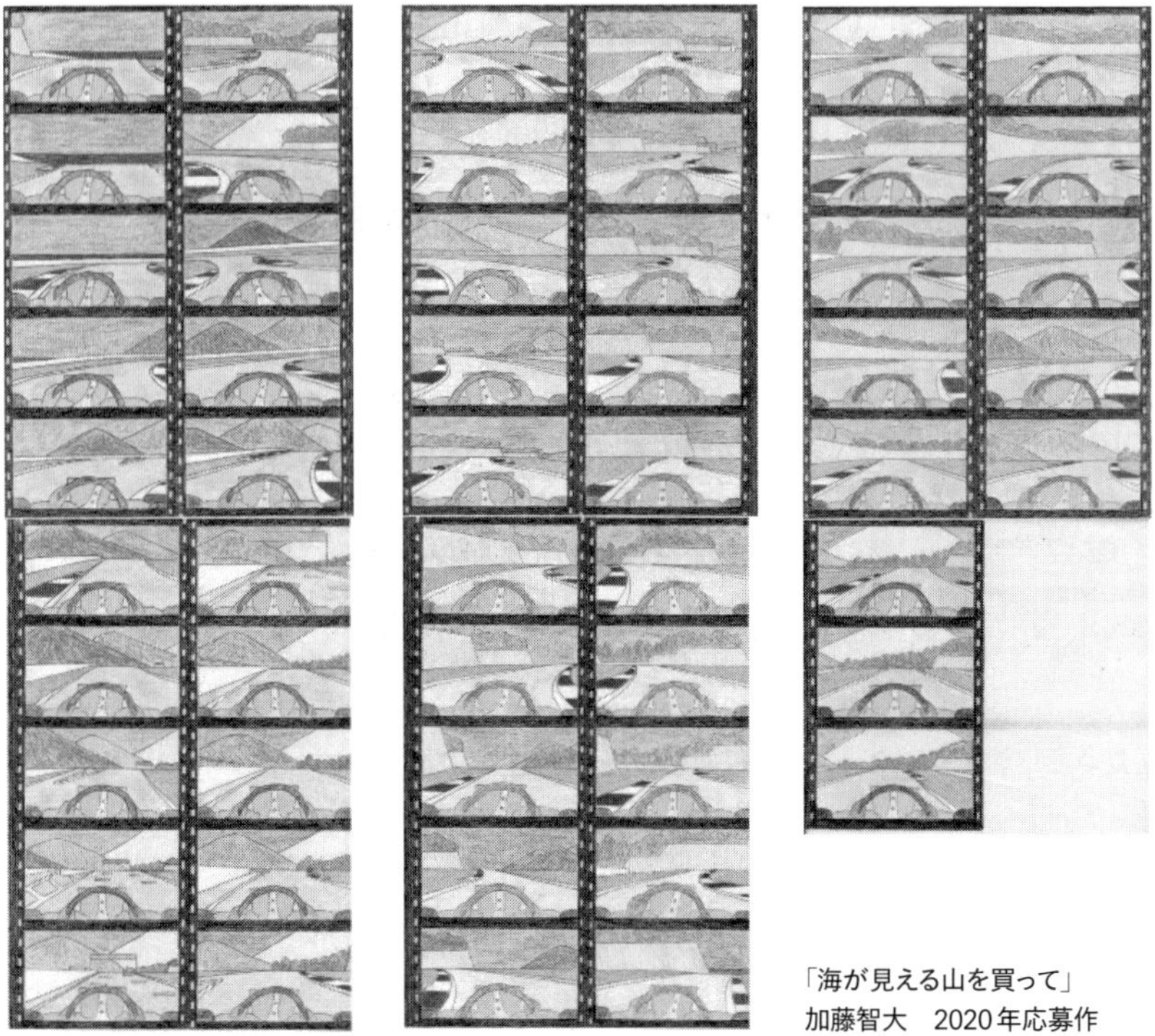

「海が見える山を買って」
加藤智大　2020年応募作

どれほどまでに重大な、負の、マイナスの影響を及ぼすものであるかについては、いくつもの悲劇的な事件を通してすでに明らかになっていると思うからです。

翌二〇一九年にも、加藤さんの作品において、この傾向は続きます。絵画作品では、前年度とは別の、表現展への応募者に対する、熱烈とも言うべきエールを送っています。他者、他人、その表現への関心が彼の中で止みがたく沸き起こっていることがわかります。彼の表現に接するようになってまだ四年めでしたが、その間に起こっていた、大きな精神的な変化を感じ取っていたと言えます。 他方、この年も「ごった煮」と題する文章表現の作品も応募してきました。俳句形式の作品が、実に一〇〇〇句も並んでいました。そこでも、母親から受けた虐待、弟との関係で言えば差別待遇の実態が直截に語られています。もちろん、それは加藤智大さんの側からの表現であって、相手にも言い分はあるかもしれないということは前提です。「世間」なるものが、「子育て」において「母親」に課せられていると考えている「役割」はどんなものであるか、そのとき「父親」はどこにいるのか——という問題があります。それにしても、そこで言われていることは、読む者をしていたたまれぬ思いに駆り立てるものであったことには触れておかなければなりません。

海が見える山を買って

二〇二〇年にも、加藤さんは多様な作品を、絵画と文章の双方で応募しています。絵画では、若い女性のさまざまな姿を変わることなく描いている作品もありますが、コマ撮り動画を思わせる「海が見える山を買って」は、どんな思いを伝えているのか、辛い思い出の多い故郷への郷愁なのか、など観る者をいくつもの思いに駆り立てる作品です。「自画像ヲ13乙」、「子怪死」も、前年度の作品に引き続いて、そこに溢れ出る孤独感は半端なものではありません。これらの絵画作品は、彼自身が発している次の言葉で補うことができます。「母親の厳重な管理・監視の下で、社会と隔絶した独房に暮らした小学生時代に、迷路・パズル・すごろくなどを作っては、ひとり遊びに興じた」と。彼がつくる精巧なパズル作品の出発点は、ここにあったのです。

同時に、次のような文字表現はどうでしょうか。

差し入れの現金深く感謝する外の暮らしも大変だろうに
職員の口には出せぬ親切を目から読み取り頭を下げる
全国に点在したる支援者を巻き込まぬようもうテロはせぬ

この二年間、死刑囚という、同じ境遇にある人びとに対して示されてきた関心・共感・連帯の気持ちは、さらに広がりを得て、現金を差し入れてくれる人、日々接する拘置所の看守の人たち、全国に点在しているらしい支援者の人たちへと向かっています。表現展に応募するようになって七年間、この間に起こっている精神的な変化をいかに読み取るか。

事件をとらえかえす試み

二〇〇八年六月八日、加藤さんが秋葉原で引き起こした事件は、確かにむごたらしいもので、その惨劇を忘れるわけにはいきません。それから一〇数年の歳月が経って、その間に示してきた彼の変化をどう捉えるべきでしょうか。昨年二〇二一年には「お弁当。」と題した四〇〇字詰め二一六枚の作品が寄せられました。ここでは、彼自身について、および引き起こした事件の理由について、外部からなされる報道や「識者」の間違った分析に基づいて解釈するから「変化」と見えるのであって、自分はもともとそうではない、と別な自画像を提示するのです。その叙述の過程で見えてくるものは、彼はすべてわかっているようだ、ということです。自分が犯した事件の間違いについても、秋葉原「計画」の間違いについても、彼は自分自身に疑問を提起しては、読む側に考える時間を与えずに、的確に自答しています。彼が持続してきた

「お昼寝。」加藤智大　2021年応募作
上段左から「十和田湖」「白神山地」「階段国道」「浅虫温泉」　2段目左から「種差海岸」「追良瀬川」
3段目左から「六ヶ所村」「松前街道」「夏泊半島」　下段左から「三沢基地」「弘前公園」

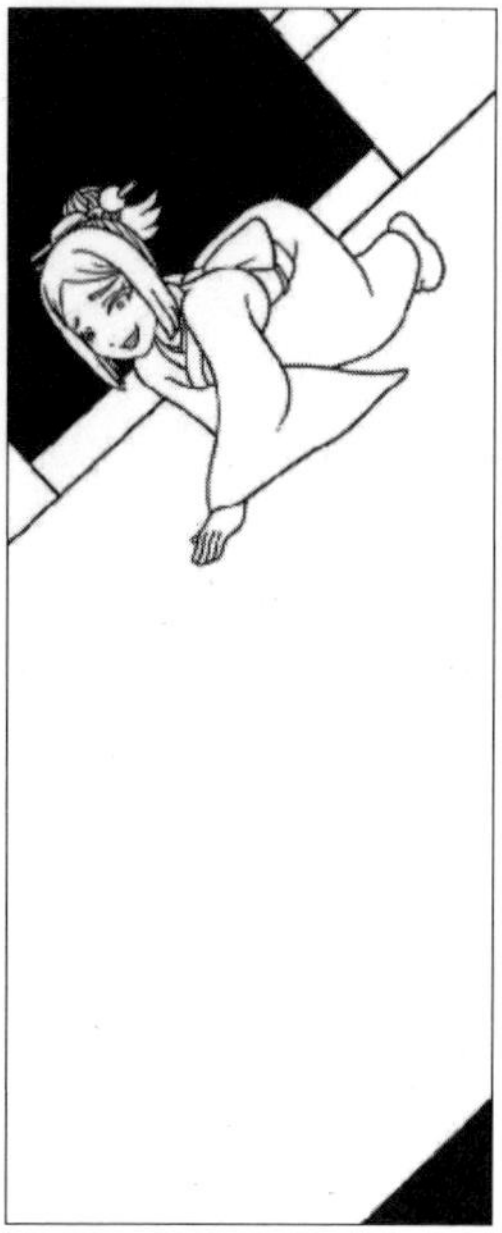

「お昼寝。」恐山
加藤智大　2021年応募作

この作業を、私は〈自己内対話〉と呼びたいのですが、その〈自己内対話〉は、同時に、出会うべき他者との対話をも可能にしつつあると改めて思えたのでした。

子ども時代に遡って自己史を振り返り、周囲の人間、特に職場における同僚との関係を顧みながら、またネット時代に入って以降は、実際に会ったこともない人びととネット上で言葉だけでやり取りすることが、リアリティを欠いたまま人間をどんな次元に連れていってしまうか――これらのことに、彼は気づいていたのです。

自らなす表現を通して、自分の過去の過ちに気づいていることを示していた人間を、なぜ国家は殺す権限を持つのか。死刑囚が犯した犯罪の被害者でもなく遺族でもない、「国家」なるものが突然現れて、何故、ひとのいのちを奪う絶対的な権限を行使できるのか。この問いに正面から答えることのできなかった歴代法相の名前と顔つきを思い出します。人間としての「再生」「新生」に向けて歩んでいた加藤智大さんは、国家を代表するそんな法相の命令によって殺されてはならなかったのです。

死刑廃止フォーラム90が今年行なっている確定死刑囚へのアンケート調査には、たくさんの質問項目がありますが、加藤さんは三月二三日付けで回答を寄こしています。処刑される、ちょうど四ヶ月前のことです。そこに彼は「現状では、表現展への応募が唯一と言っていい生きがいであり、自由に表現できる場を確保してくださることに心から感謝を申し上げます。」と添え書きしています。さらに「楽しみ／安らぐ／和らぐこと」は何かとの質問に対しても、「自由に絵を描き、文章を書き、パズルで遊ぶこと」「死刑囚表現展に応募すること、また、その感想を読むこと。」とも書き記しています。

加藤さんと選考委員との間には、意見の違いもあり、それは時に激しいやり取りにもなりましたが、加藤さんの側から見てもコミュニケーションは成立していたことが、これらの言葉からわかります。国家による死刑執行は、このコミュニケーションがさらに広がり、深まる可能性を断ち切ったのです。

あまりにも無意味な死刑執行

変化への一歩を踏み出したところで……

香山リカ

（精神科医、元「死刑廃止のための大道寺幸子・赤堀政夫基金」死刑囚表現展選考委員）

加藤智大氏の執行は社会的損失である

精神科医の香山リカです。今日は診療所におりますのでオンラインで失礼いたします。皆さんからもいろいろなご発言がありましたけれども、私も加藤智大氏の死刑執行に強く反対し、異議を唱えるものです。その理由について、個人的なことと、それから私の医師としての立場というか、特に精神科を専門にしておりましたので、その話をしたいと思っております。

犯罪を犯した人への刑罰という制度は何のためにあるものでしょうか。もちろん、罪を犯した人への制裁というか咎めという意味もあると思います。こんなことをするから、こんな罰が与えられるんだよという意味もあると思うのですが、それだけではないと思います。刑罰のもう一つの意味として、このような犯罪がまた起こらないように予防するという意味、それから最近のヨーロッパの刑法の考えでは、他のケースでこういった罪が起きないように予防するだけではなく、この罰をもって犯罪者自身が改善することにより、犯罪者がもう、そのような罪を犯さないという、犯罪者自身の改善、予防、そういう意味も込めて、刑罰があるというように考えが変わってきていると聞いております。死刑という制度により、犯罪者自身の改善、つまり犯罪者自身が、もう二度とこういった罪、事件を犯さない、ということができなくなるということで、人道上人を死刑にするのは許されないということだけではなく、こうした刑法の考えからも死刑廃止の動きになってきたんだというのを読んだことがあります。そういう意味では、日本の刑罰というのはまだまだ、これは因果応報の応報刑論というらしいのですが、こんなことをしたのだから、これぐらいの仕打ち、裁き、仕置きを受けて当然だという認識に留まっているということは、世界的に見ても非常に遅れた状況で、とても残念に思いますし、まさに今回の加藤氏への死刑執行というのは、そういう裁き、仕打ち、仕置きということから行われたということを考えますと、単純に人道上問題があるとか、可哀想とか、そういうレベルではなくて、社会的にもこの刑の執行というのが、ある種の損失なんじゃないかと私は思っています。

拡大自殺を防ぐヒントの喪失

というのは、私は精神科医として、いまは一般の僻地医療に取り組んでいるのですが、週末は精神科医としても臨床をしております。精神科の診察室では、加藤氏の秋葉原の事件の頃から、いわゆる拡大自殺といわれるような若い人たちの問題が非常にクローズアップされてきました。もちろん若い人たちの自殺、自死はいまだに大きな問題です。今またコロナで若い女性たちの自死が非常に大きな社会問題になってきていますけれども、それ以前から、それは雨宮さんがいろいろ語ってくださったように、いわゆる氷河期世代と呼ばれる人たちが直面しているさまざまな問題を含めて、若い世代の自殺というのは大きな問題だったわけですが、その人たちが「もう、いっそ」ということで、秋葉原事件のような大きな問題にならないにしても、自分自身だけじゃなくて、他者に向ける、他者を巻き込むという、そういう拡大自殺と言われるような現象を、会社や学校、家庭で、他の方も巻き込んで、自身の鬱積したものを自死するのと同じような意味で他の方へ攻撃を向けるというケースが精神科の診察室でもたくさん見受けられるようになってきていました。それを今後どう防いでいくかということ、これは犯罪の抑止とはまた別の次元かもしれませんけれども、それもまた日本社会にとって非常に重要で、あるいは日本だけじゃなくて、例えば皆さんもアメリカの映画の『ジョーカー』をご覧になったりご存じだったりすると思いますけれども、あの作品に描かれているのも、一種の拡大自殺としての他者の殺害でした。世界的なこの問題を、今後どう防いでいけるのかというのは、今の世界が直面している大きな社会問題ですね。それを考えるうえでも、加藤氏のケースは大事でした。

死刑囚表現展での交流を通して

そしていま太田さんがお話してくださった死刑囚の表現展、私も選考委員を務めさせていただいて、この加藤氏の作品を観、それから先ほど太田さんが言ったように、彼の作品の中には、選考委員会を批判しつつもおちょくったような表現などがいくつもあって、その表現を通してやりとりをするという屈折した関係なんですけれども、そのやりとりを通しながら、今まさに太田さんがおっしゃったように彼の中に生まれた変化、これまでは単純に自嘲的になっていたり、被害者意識に凝り固まっていたりして、誰にも心を開こうとしない、他者をまったく信用、信頼しようとしないという姿勢、他者に対してはあくまで挑戦的に、あるいは時には馬鹿にしたような態度というか、非常に屈折した他者に対する思いというんですか、そればかりが目立っていたのですが、ここ数年は自身の内面を吐露したり、事件に対する反省とまではいかなくても、それを客観視し、そのことを自分なりに捉えなおそうとする姿勢、あるいは他の死刑囚の方との連帯というか、他者との横のつながりみたいなものを感じさせる作品も応募されていました。そういう意味では、彼は死刑囚という立場で非常に限定された環境におかれてはいましたけれども、この与えられた時間が彼の中の改善というか成長というか、それをもたらした表現展とのやり取り、あるいは書く場があるという状況があることで、彼の中に変化というものがもたらされていたことは確かだと思うんです。

その彼が、ようやく変化の第一歩、成長の第一歩を踏み出そうとした。そこには、先ほど私が言いました世界が直面している拡大自殺的な他者への攻撃を予防する大きなヒントというか、鍵があったように思えてなりません。彼がなぜこんな事件を起こさなきゃいけなかったか、あるいはそういった事件を起こした人が、どういうことが起きると、変化し、改善し、あるいは本当の意味での罪の意識を持ち、反省をしていくか。それを知ることは、世界にとって、もちろんそれだけじゃなくて日本にとっても非常に大事な問題だったはずです。その非常に貴重な機会を逸してしまったということになるわけです。私は別に、この人だから死刑が執行されてはいけない、じゃあ他の人ならいいのかという、そういう話ではなく、死刑執行には反対をしておりますが、特にこの加藤氏という人が今の時期に、ちょうど太田さんが言ったような変化が訪れていて、彼自身の改善だけではなくて社会の問題、世界の問題を解決するうえでも、一つの大きなヒントになったかもしれないという状況で、突然、それが中断されてしまったということに、非常に残念で怒りを感じるものです。

加藤氏の執行で失ったもの

彼に対する執行は、決して今後のこうした拡大自殺的な他者への攻撃を抑止することにはなりません。こんな刑罰が与えられるから、恐ろしいからやめておこうというようなことにはなっていないのは、彼の死刑が確定してからも、いくつもの拡大自殺的な、あるいは大量の無差別殺人のような事件が日本でも起きたことを見ても明らかだと思います。そうなると、本当にこの執行というのが、ただの仕置き、咎めという、まさに江戸時代というか近代以前の封建社会における刑罰の考え方にだけ則った執行だったとしか言いようがありません。そういう意味で、本当に日本が死刑制度、執行を行う制度がまだ存置されているということで、世界からもいろいろ批判され、それもある意味、予定調和的に執行しては、ヨーロッパから批判の声が上がり、という、そこもなんかある種の予定調和的なものになってしまっているのも、とても残念なことだと思っていますけれども、そういう意味で執行ということが私たちの日本を世界から置き去りにしているということを、もう一回私たちは考えを向けてみるべきじゃないかと思います。

私はいま、最初に申し上げましたように、僻地の医療に取り組んでおりまして、交通も不便で、周り何十キロに何もないような小さな地区で診療をしております。こういうところでも本当に人とのつながりというのが大切にされる半面、こういうところでもやはり孤立してしまう若い人たちがいまして、いま、その人たちをなんとか洗い出して、その人たちにアクセスする方法というのを、いろいろと私なりに考えているところですけれども、そういうことを考えるうえでも、この加藤氏との表現展を通してのやり取りというのは、私に非常に大きな気づきというか、考えるきっかけを与えてくれていて。彼との表現展を通してのやり取りを思い出しながら、若い人たちにもアクセスしているような、そういう状況なんですね。そういう意味で、本当に貴重な考える機会をここで失って、突然途絶されてしまったということに非常にショックをいま受けているような状態です。ただ、これでショックを受けて落ち込んでばかりもいられませんので、今後ともぜひこういった発言、発信を皆さんと一緒にして、日本が少しでも江戸時代、封建時代から近代社会の仲間入りができるように、一緒に協力していければと思っています。ありがとうございました。

ロスジェネ世代の死刑執行

年報・死刑廃止

聞き手=岡本真菜

雨宮処凛

（作家、反貧困ネットワーク共同代表）

はじめに

――今回、なぜ雨宮さんにお話をお願いすることになったのか、まず簡単に説明させていただきます。七月二六日、加藤智大さんの死刑執行の報道を受け、わたしどもは抗議声明を準備し、夕方には抗議の記者会見を行いました。その際、私どものSNSや動画にこれまでにないぐらい一般の方からの反響がありました。なぜだろうと思ったときに、やはり加藤智大という人が広く知られているからだと。それも家庭内でたいへん辛い成育歴をもった人であるということや、非正規の派遣社員として職を転々としてきた人であるということが多くの人に知られている。なおかつ彼の執行の報道があった時に、まさに生きづらさを抱えてきた、当時二五歳だった加藤智大が、こんなに早く執行されてしまったのか、それでいいのだろうかということも含めて、たいへんな驚きが多くの方にあったのではないか。それを受けての反響の大きさだったのではないかと思いました。加藤さんは、確定前に4冊の本を出版し、自分なりに人生や事件について分析しておられ、それはそれで大切で尊重しなければいけないのですが、こと今回は、25歳の加藤さんがどうして事件を起こしてしまったのか、そして死刑囚になって執行されていったということを、私たち社会がどう受け止めていけばいいのかということを考えたいと思いました。その際に、家庭内虐待の問題であるとか非正規の問題であるということを私たちに知らしめてくれた雨宮処凛さんは、事件当時から加藤智大さんの裁判を傍聴され、二〇〇六年からワーキングプアの問題を社会に発信してこられていました。雨宮さんの視点を通して私たちは加藤さんを見ているんだろうなということから、雨宮さんが、加藤さんの死刑執行をどう受け止めていらっしゃるか、うかがいたいと思い、ご登壇をお願いした次第です。短い時間で恐縮ですが、まず雨宮さんが見られた加藤智大さん像についてお話いただけたらと思います。

衝撃的な執行

雨宮　今回の死刑執行は本当に衝撃的だったのですが、加藤さん像の前に、まず私が思ったのが、秋葉原事件が起きたのが二〇〇八年六月八日、その九日後に宮崎勤の死刑が執行されたということがありました。そして今回加藤智大さんの執行があった七月二六日、この日は相模原障害者殺傷事件からちょうど六年目の日だったんですけれども、安倍元首相の銃撃事件から一八日目の日でした。秋葉原事件のあとに宮崎勤、この両者をつなぐキーワードとして、当時も「オタク」と言われましたし、今回は「ロスジェネ」というのが両者を結ぶキーワード。かたや加藤さんは三九歳になっていて、山上容疑者は四一歳というロスジェネ世代で、お互い不安定な派遣の職を転々としてきたという共通点があります。が、そういった符合する点を雑に結びつけて彼への死刑執行が正当化されるだろうと踏んで行われたのかなということをまず感じて、とてもショックでした。

二〇〇八年に事件が起こったときは、私自身ちょうど不安定雇用の問題を取材しはじめて二年目だったのですが、加藤さんの「二五歳」、「青森出身」、そして日研総業という最大手の派遣請負会社からトヨタ系の関東自動車工業に派遣されている派遣社員というのは、あまりにも典型的。その存在自体、当時のロスジェネの典型だったわけです。

今回、死刑執行の報を受けて、いろんなものを読み返してみたら、そういうなかで親の虐待だったり、借金があったり、あと彼自身は裁判でネット上でのなりすましの問題を言っていますけれども、そうした問題があるなかで、事件が起きる二〇〇八年の五月に、派遣先から六月いっぱいで解雇と言われているんですね。しかしその数日後にはそれが翻って、やっぱりクビが延期になったということを彼は掲示板に書き込んでいます。もう派遣先とか派遣会社の気分ではないですけれども、ちょっとしたことで急に解雇になったり、それが撤回される。彼自身、自分が必要なのではなく、本当に誰でもいいんだということを書いています。そういうなかで二〇〇八年六月にあの事件が起きて、それからすぐにリーマンショックが起き、日本中に派遣切りの嵐が吹き荒れ、その年の年末には、今日の会場にほど近い日比谷公園で「年越し派遣村」が開催されます。派遣切りにあって職も失い、派遣会社の寮も追い出されて、所持金も尽きたという人たちが五〇〇人以上も集まって年末年始、一緒に年を越したんですけれども、その年越し派遣村に加藤さんの元同僚が来ていました。同じ関東自動車工業で働いていた人なんですけれども、その年のクリスマスに派遣切りにあって寮を追い出され、年末にホームレスになっちゃったんですね。私はその人自身には会っていないのですが、あとで加藤君の同僚が来ていたよということを知りました。その話を聞いたときに、加藤君は、あの事件を起こさなければ二六歳の若いホームレスとして派遣村に来ていたかもしれないないなと思ったことをよく覚えています。

事件から一四年後のコロナ禍のいま、私は失業してホームレス状態になった人たちの相談も受けているんですけれども、支援団体には彼と同世代、いま三九歳なので、アラフォーの四〇歳前後の人たちから、本当に毎日のようにSOSメールが届き続けています。相談会にもたくさん来ています。相談内容は、例えば加藤さんと同じく、ずっと製造業派遣の仕事をしてきて、二〇歳頃から四〇歳頃までの二〇年間、全国の工場を転々としてきたと。製造業派遣を一回してしまうと、寮付き派遣というかたちなので、そこを解雇されると住まいも収入も同時に失ってしまうので、次も寮付き派遣の仕事しかできない。なんとかギリギリ綱渡りのようにやってきたけれども、とうとうコロナでホームレスになってしまったというものです。今、そういう人たちが本当に膨大に生まれていて、その人たちがアラフォーなんですね。40代前後の人たちが多い。そんななか、そういった当事者の方たちから来るメールというのが、どんどん殺伐としてきています。自殺をほのめかしたり、あるいはこんなにひどい状況で放置されていて、こんなに使い捨てられるんだったら、大阪の拡大自殺のような事件を起こしたいだとか、かなり自暴自棄になったようなメールやコメントが私のところにも届いたりするんです。餓死か自殺かホームレスか刑務所か、という内容のものもあります。

先ほど、死刑の犯罪抑止力というお話もありましたけれども、結局、死刑になりたい系の事件って、このコロナ禍でもたくさん起きています。例えば去年一〇月に京王線の車内で乗客を刺した、あのジョーカーの服装をした人は二四歳ですけれども、彼は仕事や友人関係でトラブルがあり、死のうと思ったができなくて、二人以上殺せば死刑になると思ったと動機を語っていますし、昨年末、六一歳の男が大阪での放火事件を起こして二六人を殺し、自分も亡くなったという事件がありました。彼自身は死刑になりたいという言葉を残しているわけではありませんけれども、孤立と貧困が極まった果ての拡大自殺と言われています。また今年一月、代々木の焼肉店に立てこもった28歳の男性は、長崎から上京して東京で路上生活をしていたんですけれども、生きている意味が見いだせず、死にたいと考えた。大きな事件を起こして警察に捕まって死刑になればいいと思ったと。ですから、死刑になりたいという動機での事件がこれだけ起きているうえでの死刑ってなんなんだろうっていうことを改めて考えました。

——確かにここ数年「死刑になりたくて」と起こされる事件が何件もあるのですけれども、加藤さん自身は特に死刑になりたくてということは、言ってはいないんですよね。

雨宮　明言してはいないんですよね。なのに、その象徴みたいな人だと言われていますよね。

——本当ですね。その文脈で語られているなと思います。

閉じられた心

——雨宮さんご自身、加藤さんの裁判を傍聴されて、加藤さんを実際にご覧になっておられるのですが、その人が死刑執行になってしまったということをどう受け止めていらっしゃるのか、私たちもどう受け止めたらいいのでしょうか。

雨宮　彼のネットへの書き込みを読んだり、本を読んだり、こういう「人生ファイナルラップ」を読んで、また彼を裁判で見たことしかないのですが、どこか彼を知っているような近さを勝手に感じていたし、私だけではなく彼に近さを感じていた人ってすごく多いと思うんです。特に同世代の人だとか非正規の人だとか、あと彼は自分のことを不細工だ、不細工だと言っていましたけれども、そういうキャラ設定に共感していたという人もたくさんいます。ちなみに、この配布資料の三頁目にある「(死刑執行は)事前告知がよいか　どれぐらいまえが望ましいか」という質問に、彼は「言葉による告知は不要です」って答えていますよね。「いわゆる『ラストミール』を希望します」とありますけれども、ラストミールって。

——アメリカにある制度で、死刑囚が執行に際して「一番最後に自分が食べたいもの」を拘置所に希望して、そしてそれがラストミールとして提供されるという制度です。

雨宮　じゃあ、言葉じゃなくて、最後に食べたいものをあらかじめ伝えておいて、それが出てきたら今日なり明日なり死刑執行だよってわかるのがよかったっていうことなんですかね。

——ラストミールで告知されるということを望んでいたのか、それはどうなんでしょうね。

雨宮　言葉は不要ということはね。

――そうですね。

雨宮　今となっては永遠の謎ですね。彼のことでものすごく印象深いのは、眼です。彼は裁判が始まる前後に、必ず傍聴席に向かってピシッと立って、すごく深々とお辞儀をするんです。その時の彼の眼が、本当にマジックで描かれたような、私はよく「ねこぢる」というマンガにそっくりだったって書いているんですけれども、わからない人は「ねこぢる」で検索していただければと思うんですけれども、まったく感情が読めない眼をしていました。どこか、ものすごく心を閉じているというか、心を守っているというか、ちょっと見たことがない眼だったんです。でも、それから、彼はたぶん、いろいろ本を書くことで変わっていったと思うんですよね。変わっていって、これからも変わる可能性があって、その変わった彼の言葉を聞きたいと思っている被害者の方もいたと思うんです。それが絶たれてしまったということに対してはすごくおかしいというか、それでいいのかと思っています。

可能性を断ち切った死刑

――おっしゃる通りだと思います。加藤さんが四冊の本を書かれたのは二〇一四年が最後なんですけれども、死刑が確定したのは二〇一五年です。じゃあ確定以降、加藤さんが自分の人生や事件をどう考えて捉え直していたのかというのは、まったく漏れ伝わってこない、それが死刑という制度なんですよね。そこをどうにか、私たちは死刑囚表現展という企画をしておりまして、そこで死刑囚の方から文章作品と絵画作品を募集して、そこに加藤さんもすごく難解な数字を駆使した作品ですとか、それから文章作品、これについては、このあと登壇する二人から詳しく説明があると思いますけれども、そういったものが送られてきまして、そうした作品から、なんとなく加藤さんの今の興味の範囲がわかるんですけれども、はたして事件や自分の人生について、確定後どういうふうに考えてきたのかというのはわからないんですよね。とはいえ、先ほど話がありましたけれども、加藤さんは再審請求をしていました。ですから自分の裁判のどこかにやっぱり引っ掛かりがあって再審請求をしておられたということだと思います。ですので、今後は歴史の範疇になってしまうのかもしれませんけれども、加藤さんが執行されて終わりというのではなくて、加藤さんが社会に投げかけた問題は、まだかなり続いているという気がしております。

雨宮　まったく終わっていないと思います。虐待の問題もそうですけれども、非正規雇用の問題でいうと、あれからずっと悪化しています。事件当時の2008年なんてまだまだ牧歌的で、非正規の人たちは一七〇〇万人くらいでしたが、今はもう二〇〇〇万人を超えていて、非正規雇用率も当時より上がっていますし、何よりも問題なのは中高年化しているということです。あの事件当時は「ロスジェネ」って二五歳から35歳という定義でしたが、今は三〇代後半から四〇代後半。年長ロスジェネはあと数年で五〇代になります。年齢のせいで仕事もより見つからなくなっているし、身体を壊す人も出てきている。

——雨宮さんは貧困や非正規雇用の問題、若者論の立場からさまざまな取材されておられるなかで、若年死刑囚と言いますか、死刑が問われる事件を起こしてしまった若者の取材もたくさんされておられるのをいつも拝見しています。今後もぜひ加藤さんのことを忘れるということはないと思うのですが、今日お話のなかで指摘されたように問題はまだまだ地続きだということを、これからもさまざまな場面で伝えていっていただきたいですし、私たちも執行されて終わりというのではなくて、加藤さんの問題を伝え続けていかなければならないと思っております。

雨宮　今日の配布資料の二頁目に彼の文章がありまして、「福島みずほ様」というところから始まる文章の三段落目に、「現在は、表現展に向けて、良くも悪くも私らしさが全開の『ふざけたイラスト』を製作中です」とありますけれども、この作品は、もう届いているんですか？　それとも届く前に執行されちゃった……？

太田　届いています。

雨宮　届いてる！　じゃあこれから公開されるんですか。

太田　一〇月の死刑廃止集会で展示します。

雨宮　ああ、じゃあ遺作になったということですね、それが。届くのが間に合ったのはよかったけれども。

——短い時間では語りつくせないのですが、まだまだいろんな場面でお話を聞いていきたいと思います。雨宮さん、本日はまことにありがとうございました。

加藤さんを執行してもなに一つ変わらない

安田好弘

（弁護士、フォーラム90）

はじめに

今回の執行について、私の思うところを少し話させていただこうと思います。

七月二六日、加藤智大さんに対して東京拘置所で執行が行われました。加藤さんが行った事件というのは、いわゆる「秋葉原事件」と言われていまして、車を暴走させたうえで七人の人を殺害し、一四人に傷害を負わせたという事件でした。今回の死刑執行に関して、みなさんもいろいろとお考えになり、またいろいろな印象を持たれたと思うんです。私自身もこのかん、二月にウクライナで戦争が始まり、あるいは七月八日には安倍元首相が銃撃され、そして執行の前日ミャンマーで四人の政治家が処刑された、この三つの事件に、私は通底する思いを抱きました。国家によるあからさまな殺害、処刑ということを、この死刑執行を耳にして感じました。特に安倍元首相は、彼の在任中、四九名の人を処刑しました。四九名というと、この集会に集まっておられるみなさんがたの約半分の人が彼の手によって処刑されたわけです。しかし彼は銃撃され、あの不幸な結果が生じました。死刑はなんの犯罪抑止の役にも立たなかったということを、はからずも立証することになってしまったわけですし、死刑執行では何も問題は解決しないということを証明したわけです。

同時に、死刑が存在するということがウクライナの戦争を許すことになり、またロシア国内で戦争を止める力としては、死刑廃止という、いついかなる場合でも人を殺してはならないという思想をおいて他にないということが、今ようやく私たちにはわかってきたのだろうと思います。今回の死刑執行を前にして、そういう印象を私は持ちました。

今回の執行の問題

今回の処刑の問題点についてですが、今回の死刑執行は本当に恣意的な執行だったと思います。昨年の新たな死刑確定者は二名でした。しかし一二月の段階で三名の人を岸田内閣は処刑したわけです。今年になって死刑が確定した人は一人もいません。それにもかかわらず今回、死刑執行したわけです。このかん死刑確定者はどんどん減っています。一年間に二人、多くても三人の確定者です。にもかかわらず、このように定期的に決まったように死刑執行するということ。これはもう恣意的という以外のなにものでもないと思います。

今年の七月二六日、この日に加藤さんを処刑しなければならない、しかも彼だけを選んで処刑しなきゃならない理由はどこにもありません。唯一あるとしたら安倍元首相への銃撃事件へのいわゆる報復としか考えられないと私は思っているわけです。参議院議員選挙が終わり、そして、いずれ内閣が辞職し新しい内閣ができるのを前に死刑執行したわけでして、これはいわゆる駆け込みの執行だと思います。昨年は一回しか死刑執行できなかった。その前は死刑執行する機会を失っていた。しかしこれからは元に戻して、前半に一回、後半に一回という、年に二回執行するというペースを取り戻して、死刑執行があたり前の世の中を、彼らはもう一度構築しようとしているというふうに私には思えてならないわけです。

加藤智大さん（39 歳）　東京拘置所

1982 年 9 月 28 日生まれ	
2008 年 6 月 8 日	秋葉原事件
2011 年 3 月 24 日	東京地裁（村山浩昭）死刑判決
2012 年 9 月 12 日	東京高裁（飯田喜信）控訴棄却
2015 年 2 月 2 日	最高裁（桜井龍子）上告棄却
2016 年 5 月 10 日	第 1 次再審請求
2020 年 8 月 28 日	第 2 次再審請求

無法状態の死刑執行

次に法律的な問題点をあげたいと思います。今回は東京拘置所で、拘置所の刑務官、つまり職員によって死刑執行が行われました。しかし日本のどこにも、この人たちが死刑執行をしてもいい、あるいはこの人たちが死刑執行をしなければならないという法律は全くありません。このような権限のない人が死刑を執行する、法律の規定のないところで職員が執行をさせられているのは違法であるということを、いま東京地方裁判所で争っています。このなかで法務省はなんと答えているか。拘置所の職員が死刑執行を行うのは、上司の命令に部下が従わなければいけない。国家公務員の一般的規定に基づいているに過ぎないと彼らは言うわけです。しかし人の命を奪う、これは明らかに殺人です。それが許されるというならば、最低限、法律で許容されていなければならないと思います。法律に定めるということは、国民が、主権者がその是非を判断する機会を持つということです。そういう国民の意思が反映されない執行が、いわゆる無法状態のなかで行われているわけです。私たちは声をあげて、その違法性を追及していかなければならないと思います。

もう一つは再審請求中の死刑執行という問題です。彼は第二次再審請求をしていました。事件当時、責任能力がないということで死刑判決は誤りであるという再審請求が行われていたと言われています。しかし、下の図を見てください。これがこのかん、連続的に続いている再審請求中の死刑執行の事実です。かつて再審請求をすると死刑執行は止まりました。なぜかというと、誤った裁判によって死刑執行をしてはならないという謙抑的な感覚が法務省の職員や法務大臣にもあったわけです。しかし現在は、二〇一七年七月の再審請求中の死刑執行を皮切りに、もう当然のごとくに死刑執行がなされているわけです。しかし法律の規定、刑訴法の規定をご覧になっていただければと思うんですけれども、六カ月以内に死刑執行をするという前提のもとでは、その六カ月以内の間に、つまり死刑執行されるまでの間に再審請求をした場合には、その六カ月には参入しないという規定がありますけれども、六カ月を超えたあとはどうするかという点については、なに一つ規定がないわけです。そうすると、当然原則に戻る。どういうことかというと、誤った裁判は糺さなければなりません、それから有罪判決を受けた人については、裁判を受ける権利が憲法上保障されていなければならないんです。にもかかわらず、裁判所が再審請求をなかなか開始しないことにかこつけて、法務省は再審請求中の人を死刑執行しているわけです。いま大阪で、再審請求中の人に対する死刑執行については違法であるということで裁判を起こしています。その結論が出る前に、彼らはこのように連続的に死刑執行をしているわけです。この点においても、彼らは法律なくして死刑の執行もやっているわけです。もうほとんど無法状態、彼らの思うままにやっていると言ってもいいだろうと思うわけです。

それから三点目の問題は、死刑執行について事前告知がないということです。おそらく今回のケースも従前とまったく同じで、彼は執行の一時間前に呼び出され、いきなり死刑執行を告知されて、そして刑場に連れていかれて処刑されたのだと思います。誰の援助も受けることができなかった。あるいは最後の別れを告げることもできないまま、彼は執行されたのだと思います。彼はそのような、人間らしい取り扱いではない扱いをうける、非人間的な扱いを受けたわけです。これに対しても現在、大阪地方裁判所で、それは誤りだと、違法だと、人間の尊厳を傷つけるものだという裁判が行われています。その結論も待たずに、今回また同じことを彼らはやったわけです。

　ここで私はみなさんがたにぜひ知ってほしいんですけれども、事前告知について、「被害者等通知制度実施要綱」というものがあります。これは法律じゃないんです。法務省が作っている単なる決めごとです。通達でもなんでもないんです。この要綱によって、犯罪被害者などの人については、懲役刑の実施とかその終了とか、加害者が現在どんな状態かということを知ることを保障しています。ここでは死刑が外されていて、死刑の規定がなかったわけです。しかし彼らはこの要綱に手を加えることなく運用を変えたわけです。いつから変えたかというと、二〇二〇年一〇月から運用を変えて、死刑関係の被害者遺族の人たちに対して、事前に要望があれば死刑執行を事前に告知するということをしているわけです。今回もおそらくそれがなされたと思います。ですからこのかん、一斉に死刑執行の報道がなされるわけです。つまり事前に被害者遺族の人たちにも告知されて、同時にそれが並行してマスコミにも事前告知されて、そして今回、みなさんもお気づきだと思うんですが、一斉に報道される。しかも予告記事のような内容が各紙で報道されるという現実が起こっているわけです。確かに被害者の権利保障と

2017年再審請求中の執行が始まってから
再審請求中に執行された人々

2017・7・13（木）金田勝年
西川　正勝さん　再審請求中。
2017・12・19（火）上川陽子
松井喜代司さん　再審請求中。
関　　光彦さん　再審請求中。事件当時少年。
2018・7・6（金）上川陽子
松本智津夫さん　再審請求中。心神喪失状態。
早川紀代秀さん　再審請求中。
新實　智光さん　再審請求中。
中川　智正さん　再審請求中。
井上　嘉浩さん　第一次再審請求中
遠藤　誠一さん　第一次再審請求中。
2018・7・26（木）上川陽子
横山　真人さん　第一次再審請求中。
小池　泰男さん　第一次再審請求中。
豊田　　亨さん　第一次再審請求中。
広瀬　健一さん　第一次再審請求中。
2018・12・27（木）山下貴司
岡本　啓三さん　再審請求中。
2019・8・2（金）山下貴司
庄子　幸一さん　再審請求中。
2019・12・26（木）森まさこ
魏　　巍さん　　再審請求中。
2021・12・21（火）古川禎久
高根沢智明さん　第三次再審請求中。
小野川光紀さん　第二次再審請求中。

しては前進したかもしれません。しかし私はこの動きに対してたいへん危惧を感じています。つまり、死刑執行が復讐という性格をどんどん帯びてくるということです。これによって、いわゆる仕返しとしての死刑執行、懲らしめとしての死刑執行という性格が、この制度の運用によってますます強まってくるのではないかと思うわけです。このような問題を、今回の死刑執行は抱えているわけです。

「秋葉原事件」のはらむ社会問題

そしてさらに加藤さん個人の問題もたいへん重要だと思います。今日のゲストの方々に、加藤さんの事件が抱えている問題について話していただこうと思いますけれども、今まで言われていたのは非正規雇用の問題ですね。不安定な雇用関係、あるいは低賃金、あるいは期間労働、長時間低賃金労働問題という問題、あるいは社会的孤独の問題、あるいは拡大自殺などの問題があるわけですけれども、私は特に虐待の問題にぜひ注目していただきたいと思います。判決書をお読みいただいたらおわかりになると思うんですが、彼は幼い頃からたいへんな虐待に、物理的にも心理的にも、両面からの虐待にさらされてきました。今日のパンフレットの三ページ目に彼の応募作があります。死刑囚の表現展に彼が応募してきたものです。「人生ファイナルラップ」というタイトルですけれども、一〇行目ぐらいに「裸足で雪の上に放置」、あるいは「泣けば口に布詰める処置」、「もしくは二人掛かりのリンチ」、「帰りたくない、そんな家」と彼は書いています。もっともっと激しい虐待に彼はあってきています。

私はたまたま光市事件で、この虐待された子どもに直面することになりました。いままで私は虐待というのは生育過程における情状の問題であるというふうに理解していました。しかし光市の事件を担当して初めてわかりました。虐待が、実は精神的だけじゃなくて肉体的に影響を与える、脳の成長に影響を与える、脳の発達を阻害すると。もっと具体的に言えば、眼窩部という大脳のすぐ裏側、目の少し上の大脳の裏あたりですけれども、その部分を中心とした発達、成長そのものを阻害すると。あるいは成長したとしても、機能そのもの、その活性化を阻害する、それによっていろんな意識障害、精神障害、あるいは価値観、あるいは精神能力の阻害現象が起こってくるということを知りました。それによって適応障害、つまり社会のなかで生きていくことがなかなか困難な状況になっていく。他人のこともなかなか理解できない。他人と調和することができない、あるいは自分の行動を抑制、統御することがなかなか難しい。つまるところは、刑事責任的にも社会責任的にもその責任を問えないということがだんだんとわかってきました。ケアーが必要なんです。彼の一審、二審の判決を見てみればわかるんですけれども、虐待は確かに認めています。しかしそれは単なる情状に過ぎないと。それが彼の責任というところまで及ぶものではないというふうに言っています。しかし現実はそうではないわけです。脳科学、あるいは精神神経科学によって、虐待が人間の成長に与える問題というのがますます明らかになってきているわけです。その点をぜひみなさまがたにも理解していただきたいと思っております。

これからの課題

そして今後の課題です。古川法務大臣は辞めてしまいました。彼の責任を追及するにしても、もう彼はいないわけです。むしろ、彼らはそういう時期を狙って執行したのだろうと思います。古川法務大臣に変わって、新しく葉梨康弘法務大臣が誕生しました。彼は大学を出てそのまま警察官僚になり、そして国会議員になる。そして法務委員会の委員長をやり、法務副大臣になり、現在に至るわけです。つまり警察官僚そのものです。今回の就任においても、死刑については慎重にということは全然発言しないわけですね。死刑があることが当然としていろいろと考えていきますとしか言わない。ですから彼の元で死刑廃止が実現するとか、死刑廃止に向けて物事が動き出すということはおよそ期待できません。むしろ、より悪くなる予感がします。それゆえに私たちは従来よりも力を込めて死刑廃止に向けて進んで行かざるを得ないと考えています。

いつでも私は申し上げているんですけれども、死刑存置、廃止という二極対立的に物事を考えるのではなくて、中間と言うのでしょうか、橋渡しを私たちはどんどんやっていくべきだろうと思います。具体的には、終身刑を導入すれば、死刑を廃止しても構わないと言ってくれる人たちは40%にも達しています。こういう人たちと一緒に連携して死刑廃止あるいは死刑執行の停止を実現していくこと。少しでも死刑廃止を近づけていくことが私どもは必要ではないかと思うわけです。いままで法務大臣に対して死刑執行のための圧力を種々かけてきました。選挙区に出かけて行って、選挙区の選挙民の人たちに訴えてもきました。今回の葉梨大臣の選挙区は茨城3区という東京からたいへん近いところ、つまり取手とか牛久、龍ケ崎です。私たちはそこに行って、選挙民の人たちに死刑廃止を訴え、その人たちの力を通してでも死刑執行を阻止できるようにしていきたいと思います。

同時にまた、私は裁判所に対しても文句を言わなきゃならないと思っております。昭和二三年、一九四八年に最高裁大法廷が死刑は合憲であるという判決を出しました。しかしそれからすでに七四年も経っているわけです。そしてその間に世界廃止がもはや世界標準となりました。今回のウクライナなどでもおわかりのとおり、死刑の存置そのものが平和を破壊する、同時に戦争を誘発するということも今回体験したわけです。いついかなる時も人を殺してはいけないという価値観、その価値観こそが平和を維持し、戦争を阻止し、社会の共存、みんなの共存を保障するんだろうと私は思うわけです。それを裁判所に訴えていかなければならないわけです。

とりわけ死刑に犯罪抑止力がないということが今回如実にわかりました。そうすると、死刑を存置する正当性はどこにもありません。それでもなおかつ死刑をやると言うならば、これはもう憲法違反そのものでしかないわけでして、それを訴えていかなければならないと思うんです。私たちは今まで裁判に対しては、ほとんど批判をしてきませんでした。しかしこれからは、私はみなさんと一緒に死刑判決一つ一つに対して異議を言う、裁判所に抗議するということをやっていきたいと思うわけです。日本の中の最大の死刑存置勢力は、私は法務省だと思いますけれども、それとまったく同じく、裁判所も強固な死刑存置勢力だと思うんです。戦後七七年経ちますけれども、彼らは戦後一件も死刑違憲判決を出したことがなく、依然として死刑判決を出し続けているわけです。私たちが、いくら死刑はおかしい、見直す必要があると言っても、地裁から最高裁にいたるまで死刑は維持し続けているわけです。こういう裁判所の姿勢を変えさせるためには、私たちが一つ一つの判決に対して異議を言うということが絶対必要だと思うんです。法務大臣に文句を言うのと同じように、裁判官に対して、裁判所に対して異議を言っていく必要があると思います。これからそれをまたやっていきたいと思います。ぜひみなさんにご協力願いたいと思います。

それからいま私たちは国会に対する請願運動をやっています。みなさんの署名をいただいて、そして国会議員を通して、衆議院、参議院に請願したいと思います。国会議員のなかに、死刑廃止に向けて賛同してもらえる人たちに一人でも多く集まってもらって、力を合わせて、そして死刑廃止を実現していきたいと思っています。この運動にも、ぜひみなさんの力を貸していただきたいと思います。これを機会に、私ももう一度力を入れ直して頑張りたいと思います。多方面の、重層的な、そして広範な死刑廃止運動を展開していきたいと思います。みなさん一緒に頑張りましょう。どうぞよろしくお願いします。ありがとうございました。

二〇二一年度死刑囚表現展応募作品

お弁当。（抄）

加藤智大

「お弁当。」は加藤智大さんの二〇二一年度の「大道寺幸子・赤堀政夫基金」死刑囚表現展への応募作品。四〇〇字詰め原稿用紙二一六枚に一枚完結でエッセイやイラストなどが書かれている。本書ではそこから三〇枚分を掲載した。

温めますか

弁当、というキーワードから、色々なことを思い出します。

コンビニ弁当。事件前は、牛丼屋かコンビニの二者択一でしたので、よく食べていました。好きなもの（とはいえ大体、安定の幕の内弁当）を選んで食べていましたから、不満など、ありません。

駅弁。午前中に秋葉原を「巡回」し、帰りの新幹線で駅弁を食べるのが、休日の楽しみでした（駅弁って、冷めていても美味しいですよね）。

仕出し弁当。留置場は数種類の「スカスカ弁当」のローテーション。しかも不味い。すぐに移送・釈放されるならともかく、精神鑑定で三ヶ月も勾留されていると、鬱になります。で、事件当時の精神状態は良好だったと、相対的に「鑑定」されるのでした。よく出来ているシステムですね。

お弁当。
名称：表現展応募作品
原材料名：評論、自伝、詩歌、イラスト、パズル等
内容量：「たいへんな数」
賞味期限：製造者の死後半年
保存方法：直射日光・高温多湿は避けてください。
製造日：二〇二一年四月三〇日
製造者：加藤智大
本品に含まれる荒れる源《アレルゲン》：事実、正論、極論、批判、皮肉、ダジャレ、美少女、性的または性的とも取れる表現

ありがとうございます

　プリズン弁当。矯正展などで獄中の給食を再現した弁当が売られているらしいですが、たとえレシピが一緒でも、使用される食材の質には雲泥の差があるでしょう。例えばチキン照焼。税金でそんないいもの食ってるのか、と思われるでしょうが、拘置所で出てくるのは、変色したクズ肉を接着剤で固めた生ゴミです。人間の食べ物ではありません。社会一般に想像されるチキン照焼と同じように考えないでください。

　それでも、週の半分は、まともな食事にありつけます。たまに「最低限文化的」以上の美味しい料理も出ますので、全体として、おおむね満足しています。ゴミの日も、買っておいたクラッカーなどで飢えをしのぎ、鬱になることもありません。それができるのは、現金を差し入れてくださる支援者の方のおかげです。心も、体も、救われています。

親が殺されても

　表現展の入場者アンケートに「親を殺されたらその犯人を殺したいと思うから、死刑は廃止にすべきでない」との意見が複数ありました。なるほど、と思いました。

　人の痛みがわからないだの人の悲しみに共感できないだの散々言われる私ですが、その言葉をそっくりそのままお返しします。親を殺されてもその犯人を殺したいとは思えない私の痛みをわからず、悲しみに共感できない者こそ、想像力が足りていません。

　もし親を殺されたら、今なら、何も思いません。が、小学生の頃ならならむしろ喜んだでしょう。犯人には「助けてくれてありがとう」と手紙を出し、裁判所には「この人は悪くないから許してあげて」と、泣いて頼みます。一家虐殺で私だけ重傷で済んだケースなら心境は複雑ですが、それでも、親を殺されたことで犯人を殺したいとは思えません。

おら東拘さ行ぐだ

（作詞：塚丸造）

仕事は無ぇ貯金も無ぇ無料《ただ》のラジオが友
　達だ
売れる物ひとつだけ大安売の喧嘩だけ
査定しろ車売れビッグモーターうっせー
　わ
アパートば追い出されワゴンRに住んで
　んだ
おらこんな暮らしヤダ
おらこんな暮らしヤダ
おら東拘さ行ぐだ　東拘さ行ったら
紙貼りやってNワゴン買うだ

大阪の拘置所はラジオは全部タイガース
巨人ファン隔離する冷房効がねぇハズれ
　独房《べや》
めまいする頭痛する六甲おろしデスロード
阪神のファンならば執行猶予ついたべが
おらこんな暮らしヤダ
おらこんな暮らしヤダ

おら東拘さ行ぐだ　東拘さ行ったら
ラジオで巨人・阪神戦、聴ぐだ

葛飾区小菅1-35-1A

朝七時布団上げて顔洗い点呼受ければ
すぐに朝飯　丼を返し洗濯物を出し
箸を洗って歯磨き掃除　出廷と移送で
あちこちドア開き手錠が掛かるドタバタ
八時　購入の願箋を書き回覧の読売に
目を通したら九時　面会が許可されて
いる真向かいの死刑囚また今日も出てっ
た　運動はだるいからパス入浴はシャ
ワーで済ますそろそろ一〇時　録音の
ラジオ番組聴きながら自弁コーヒー飲み
パズル解く　返された洗濯物を部屋に
干し茶が配られてもう一一時　昼飯を
配る台車が真向かいを通過して行き不在
と気づく　やらかして保護室行きにな
るようなクズではないし急病かしら
夜七時「昼のニュース」で真向かいは今
日の執行二番手と知る　声出さず物音
立てず本当に反省している人だったのに
そういえば自分も死刑囚でした。

勝手にせよ、と

殺された者はもう表現できないのに殺した者が表現するのはズルい、と言われますが、そもそも殺された者は、表現に限らず何もできません。殺された者ができないことを殺した者がするのはズルい、という理屈が通るなら、殺人犯の言動全てがズルいと批判される対象です。つまり、「殺された者はもう生きていないのに殺した者が生きているのはズルい」。要するに「早く死ね」という話です。だから私は、その中傷は相手にしません。

もちろん、犯行の正当化や開き直りではなく、「早く死ね」と言われても仕方のないことをした事実は重く考えています。ただ、私に対して「早く死ね」という人に対して私ができることは何もありません。だから、生かされている間は生かしてくれる人のことを考えて生き、殺されるときには私が殺した七名のことを考えながら殺されようと思います。

カラー掲載

月刊『創』に、死刑囚表現展に出品された作品の一部がカラーで掲載されました。で、編集長は「雑誌にカラーで掲載されるのは始めてなので彼らにとっても励みになると思います」と自賛しています。どいつもこいつも「承認欲求」。頭に来たので、今後は一切、色を塗らないことに決めました。

一方、掲載されなかったのが原先輩の「問題作」。見たくない人たちの気持ちも尊重しつつ、私としては残念でした。いや、ヌードが見たいのではありません。選考会などでは「社会的メッセージと裸婦像」と紹介されがちですが、私が注目するのはそこではなく、背景を埋める様々なキャラたちです。数年前に「初音ミク」の髪

お弁当。（抄）

が赤で塗られていたのは衝撃的でした（緑が標準）。それ以降に私が見られたのは小サイズのモノクロばかりで、変化を追えていないのが残念なのです。

軽くジェラシー

■風間博子さん
圧倒的テクニックで、賞金3万円の最優秀作品に選ばれるのも納得の結果です。個人的には、風間さんが描く「美少女がいる風景」を見てみたいです。キモイものを上品に描くと、どんな化学反応をするか！——ジブリですね、そうですね。

■井上孝紘さん
私は、せいぜい生産ラインの「製造者」。対して井上さんは、「職人」でしょう。いつも、すげー、と思っています。個人的には、ねぶたを思い出して、しんみりもします。

■金川一さん
参りました。「ふじさん」、いいですね。画面を刻むのは私の得意技ですから、アイデアを先に出せなかったのが悔しいです。

気合いと根性で勝利せよ

表現展の絵画部門で、アメリカの死刑囚からも作品を募集してはいかがでしょうか。または、アメリカ側でも表現展のような催しがあれば、「メジャーに挑戦」してはいかがでしょうか。

日本人の多くは戦争《オリンピック》が大好きです。日米の死刑囚絵画バトルになれば、むしろ死刑を支持する右翼から「死刑囚にもちゃんと教育を受けさせろ」とか「死刑囚に画材を与えろ」とかいった話が出て、「日本代表」が応援される——はずがありませんね。そうですね。

常識と見識も欠いている「有識者」であれば「加藤はアメリカにも自分の存在をアピールしようとしている」とか言いそうですが、もちろん、そうではありません。あくまでも思考実験であり、仮に実施しようというのなら、私が死んだ後にしてください。私は「承認」なんか求めていません。

機関銃から狙撃銃へ

太田氏は「本当に訴えたいことをもっとコンパクトに」と言いますが、なぜ響野湾子が五七五だの六三四だの八〇〇だのキリのいい数字に「水膨れ」させた短歌を出すことには誰も文句をつけないのか、大いに疑問です。まあ、国会と違って選考会には「響野湾子を見る会」を追及する野党はいませんからね。

さて。表現展が、量から質への転換と、選考委員の負担軽減のために、寸法、枚数制限や用紙指定をすることに賛成します。昔、不自由な拘置所生活なのに表現展まで自由を奪うのかとキレた応募者がいたそうですが、的外れでしょう。全員共通の応募条件であるならば、書式を指定されても、内容を検閲されない限りは、人権侵害ではないと思います。

なお、原稿用紙は五〇枚で二九七円。よほどの大長編を書かない限り、参加賞でお釣りが出ますから、紙の心配はご無用です。

棄却からのこと

選考委員は無視したけれども、パンフ編集者が採用した何力さんの俳句、「白桃を三度嗅ぎたる後に食う」が、好きです。本人の意図と違うなら謝りますが、以下は、私の解釈。


《解釈その1》痛んでいるか大丈夫かを三回確認して食べた、という話。独房で桃を手にしている様子が見えて、おかしみを感じます。

《解釈その2》食べ頃かどうか、三日目の確認で食べた、という話。明日、執行されるかもしれないけれども、食べ頃になるまで桃をとっておく、生きる決意のように思います。

《解釈その3》差し入れられた桃の甘い香りを深く味わった、という話。もちろん直接の手渡しや差し入れは不可ですが、面会の相手に「何力に桃を差し入れてくれ」などと頼んだと仮定すれば、何力さんと「矢野の兄貴」との心温まる交流が、感動的です。

汚い

太田氏から繰り返し「挑戦的」と評される私ですが、私にも言い分があるわけでして。

数年前、表現展応募者の音音とやらと一緒くたにされて「承認欲求の塊」だの「構ってちゃん」だのと誹謗中傷されたことがありました。許しがたい侮辱です。なるほど、音音とやらは、支援者を使って会場にゲリラ的に作品を貼り出したり、絵展が開催されるカフェに直接「新作」を送りつけたりと、それこそ「人をあっと驚かせたい」「自分の存在をアピールしたい」欲求が強いようです。そんな者と同類に扱われるという、選考委員からの屈辱的な「挑戦」を受けた以上、こちらとしても「倍返し」せざるをえませんでした。

そもそも、匿名なのが問題です。自分が起こした事件に関して非難されることから逃げているくせに、安全に「承認」だけを得たいのでしょう。ズルいですね。

気にしてください

ゴーン氏が収監されて、拘置所の年末年始の食事が話題になりました。当然「犯罪者にそんないいものを食わせるな」という自粛警察からの抗議の電話が拘置所に殺到したことでしょう。で、翌年には、記事にあった「天ぷら」が正月料理から自粛されました。

死刑囚表現展では「給食もの」の作品

は人気ですが、またメニューから「ごちそう」が削られることになりはしないかと心配です。何でもかんでも曝露すればいいというものではないと、私は考えるのですけれど。議論を始めるには情報が必要なのはわかりますが、給食がおいしいという情報が、死刑廃止や死刑囚の処遇改善にどう繋がるのです?

　食べることと関係でいえば、死刑の是非はともかく、「より良い死刑」のために、いわゆるラストミールが日本でも実現すればいいと思っています。予算もわずかで済みますし。

昨日、説明されただろうが

　前回の、「恐怖」と題されたイラストを見て、思い出したことなど。

　いつだったか、「恐怖」で泣き叫んでいる死刑囚がいました。「こわいよぉ」だの「いやだよぅ」だのと甘ったれた声に、私は、そいつをこの手でしめ殺してやりたくなりました。断っておきますが、死刑執行の朝ではありません。死刑確定後、別室に呼び出されて拘置所長から直接それを告げられる「儀式」が用意されています。その呼び出しに対してビビって騒いでいたのでした。

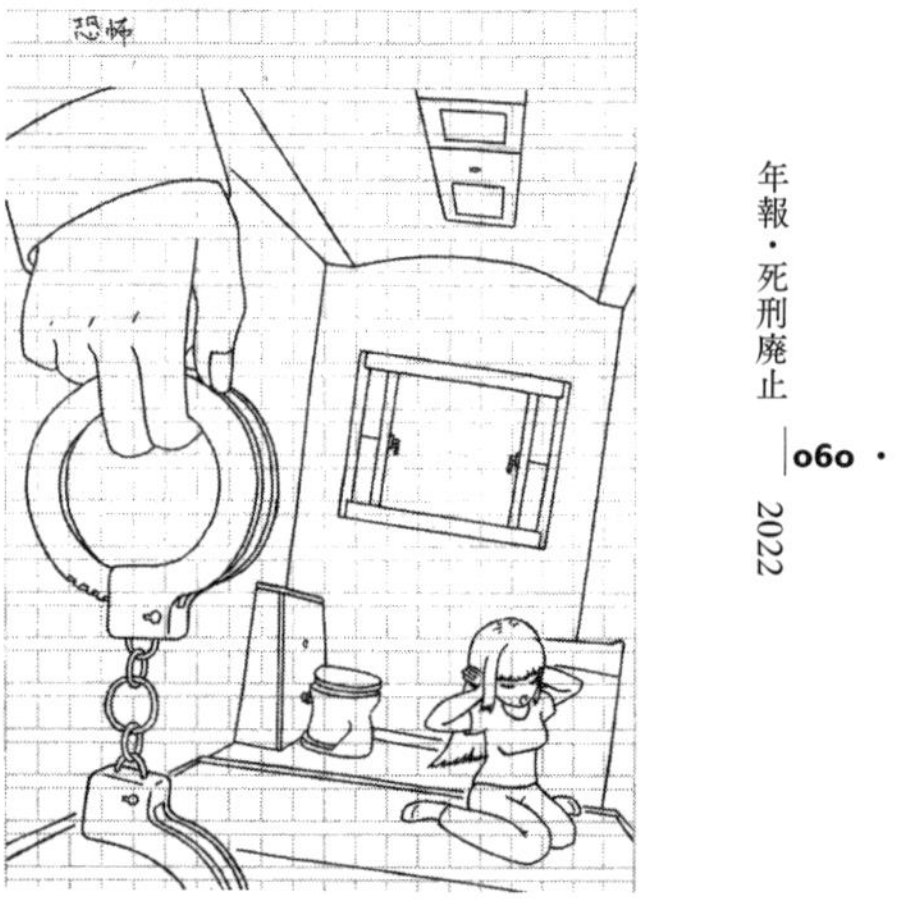

　で、件のイラストも、そういう解釈も可能ではないか、と。つまり、別件で「おう、行くか!!」と解錠されるたびに死刑執行が来たのかと心臓が縮みあがる様子、という見方も成立するでしょう（特に大阪拘置所は、職員の言動がガサツで、音圧が高そうです）。

　同じテーマで描くなら、私はこうします。

空気を読む人、読まぬ人

　前回の、植松大統領が「作品」を応募した心理に関する、選考委員の解釈について。

　香山氏は「ちょっとギョッとさせてやろうみたいな」からの「実力を活かした絵画を出して酷評されるのを警戒」と、精神分析。はい出ました「承認欲求」。それもひとつの考え方でしょうが、この場合、問題は、他の解釈が出ないことです。

　好意的に解釈すれば、常連の応募者の「守備範囲」に土足で踏み込まないように遠慮して、まずは「名刺」を提出した、とか。悪意を込めて解釈すれば、「こんな低レベルの連中と一緒にお絵描きなんかできるかよ」と思っている、とか。斜めから解釈すれば、新聞の「提言」特集記事を真似して主張を正当化している、とか。本人の心は本人にしかわかりませんが、それにしても選考委員の想像力があまりにも貧しいのには、閉口します。

げてもの

担任の先生にチクる「委員長」よろしく、拘置所視察委員会と面接し、あるいは投書して「人権侵害」を訴えるアホがいます。それを元に、委員会は拘置所に意見を述べるのですが、余計なことをするな、と言いたい。

たとえば、みそ汁が煮すぎ、という意見。確かに、具がぐずぐずに溶けている日もたまにはある一方で、ほとんどは普通でした。が、拘置所はその意見を受けて真面目に「改善」したため、具が煮えている日もたまにある一方で、ほとんどは生煮え、という状態になりました。食えたものではありません。

視察委員会は「施設の運営や処遇の改善などについて意見を述べる仕事」をしているそうですが、迷惑な話です。ある意味では、せめて投書の内容が信用に値するのか、調査するくらいのことはしてほしいものです。

ごかい

実家の、私が使っていた学習机のマットには「ナイフでつけたような」傷があります。人の心のことなど何もわかっていない精神科医であれば、「始めは物に向っていた攻撃性が、人に向かった」などと事件を精神分析するのでしょうが、勘違いもいいところ。

私、青森市で義務教育を受けました。青森といえば、棟方志功。学校では版画をやらされ、ゆえに彫刻刀を持っていました。「ナイフを買って持っていた」のではありません。

で、彫刻刀で、マットに曲がりくねった溝を彫りました。ビー玉を指で弾いて、なるべく少ない回数でゴールさせる、ひとり用のゲームです。強く弾けばカーブで遠心力に負けてコース外に飛び出しますし、弱く弾けば安全でも手数が増えます。最短手順を探して、しばらくの間、それで暇つぶしをしていました。実家に「勾留」されていた、夏休みです。

この世の真理

事件を起こす三日前までは、私は「おおむね満足な生活」をしていました。「おおむね幸福な生活」と言い換えることもできます。

そこで、私からも、幸福に生きるための七項目を提案させていただきます。

1、「幸福」を追い求めないこと

以上です。七項目もなかったわ。

ところで、自分の意見を否定されたり自分とは異なる考え方をぶつけられると腹を立ててシャッターを下ろす人がいるそうですが、私は、そうはなるまいと思っています。ただし、事実を歪められるのは許しません。たとえば、事件の動機。そこには「解釈」の余地はありません。一般論として納得いかないとしても、当時の私がそう考えて行動したのは、変えようのない過去の事実なのです。

殺した理由と殺せた理由

　私が人を殺した心理については、「殺す理由がある」ことと「殺さない理由がない」

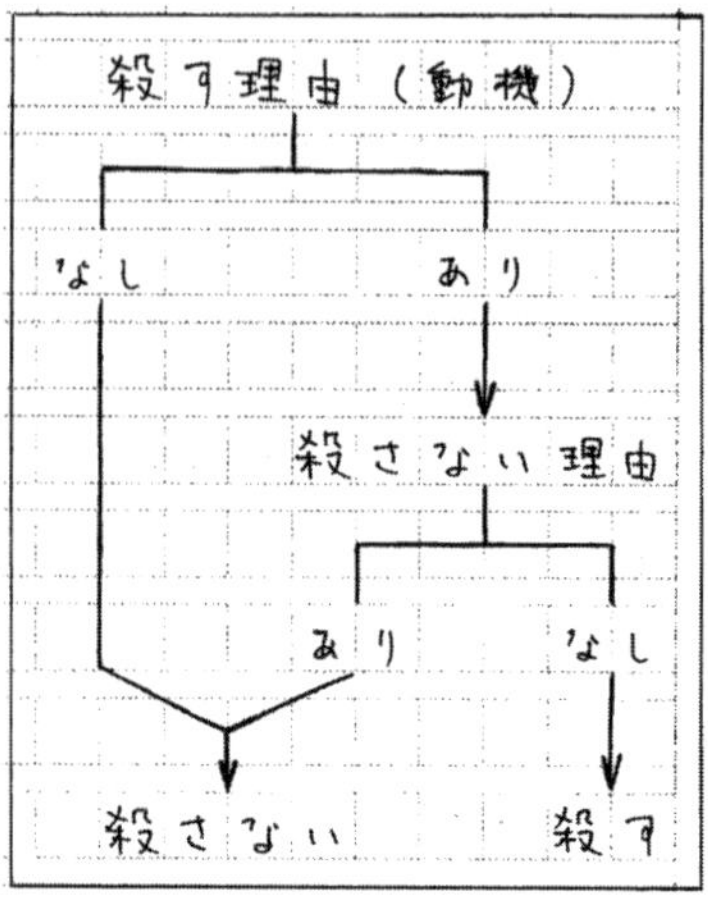

こととの違いを考えないと、真相から外れます。アクセルを踏んだ理由とブレーキを踏まなかった理由とは、全く別のものなのです。たとえば、

（誤）死刑になりたい
（正）死刑になりたくないとは思わない

　この違いが正確に理解されないから、話が進みません。「殺さない理由がない理由《動機とは別の不満》」を書くと、それを勝手に「殺す理由《動機＝不満》」へとすり替えられるからです。だから私は、不満は掲示板トラブルのみだと書かざるを得ません。

転ばぬ先の「おおむね満足」

五月末まで
殺す理由（なし）
　衣食住に不自由はせず、リアル《実生活》にも掲示板《ネット》にも友人が居る「おおむね満足な生活」。

五月末から六月四日まで
殺す理由（あり）→殺さない理由（あり）
　成りすまし行為等により掲示板を壊されたことが動機で、事件を考える。が、衣食住に不自由はせずリアルに友人がいる「おおむね満足な生活」を守るべく、思いとどまる。

六月五日から事件まで
殺す理由（あり）→殺さない理由（なし）
　事件は思いとどまっていた。が、工場での作業着紛失の件により、衣食住およびリアルの友人（＝「おおむね満足な生活」）を瞬時に失う。よって、思いとどまれなくなった。

装置の歯車として

　一審の死刑判決を受け入れず控訴したのは死にたくないから、などと精神分析されますが、その一文に、間違いが二つあります。
　まず、一審の判決は、一応「受け入れ」

られるものだった点。掲示板トラブルの解決を求めたのが「主たる動機」だと認めてもらえました。私の一生における一番の幸運は、村山裁判長に当たったことかもしれません。

　もうひとつの誤りは、「死にたくない」わけではない点。死刑になりたいとは思いませんし、死刑になりたくないとも思いません。生かされているうちは生きますし、殺されるときには殺されます。それだけの話です。

　確かに苦しいのは嫌ですが、自殺大国日本では年間に約1万人がセルフ絞首刑を執行しており、それを思えば、私のオートマチック首吊り自殺も、残酷であるとは思いません。少なくとも、母親が私にした虐待よりは。

罪の重さ

　自分がおかした罪から逃げている、と責められても、私には意味がよくわかりません。べつに私は、罪から逃げてはいないからです。

A)九九を、間違えるという罪を犯した私に対して母親は、C)私を浴槽に沈めるという罰を与えました。（未必の故意による殺人）

B)人を殺すという罪を犯した者に対して日本国は、C)その者を吊るすという罰を与えます（強固な意志による殺人）

　A=C かつ B=C ならば、A=B。私は、九九を間違えるのと人殺しは同じ程度の罪なのだと教育されました。もちろん、世間の常識はそうではないことは、頭ではわかっています。が、心での実感が伴いません。「罪から逃げている」のではなく、「罪の重さを実感できない」のが実態で、私は悩んでいます。

無かったことにして「解決」

　掲示板と出会い系サイトとの違いさえ理解できなかったガラケー時代とは異なり、現代なら、もう少し話が通じるでしょうか。

　たとえば。事件当時、私は「どうしてネットのトラブルが現実の事件になるのかわからない。ネット上で言い返すなりすればいいだけではないか」などと言われました。テラハウス問題で自殺した女性の方に対しても同じことが言えますか？　私は言えません。

　あるいは。事件当時、掲示板で私に向けられた「悪意」、つまり、成りすましに騙されて私を攻撃していた大量の書き込みが、事件直後には削除されていました（テラハウス問題で女性が自殺した後、「指殺人」をした者らがとった行動を覚えていますよね？）。ところが、その辺に関する捜査や報道は、一切ありません。真相解明がなされないなら、似たような事件が繰り返されるのは当然です。

「成りすまし」って、わかります？

そもそも掲示板への書き込みを不満（＝事件の動機）だと読むのが誤りなのですが、それ以前に、私の書き込みではないものが私の書き込みとして取り上げられている点が致命的な間違いであると指摘します。

私は、掲示板で成りすまし被害を受けました。「成りすまし」って、わかります？　私ではない者が私のふりをして書き込んでいたということです。報道や書籍等で取り上げられている「不満」には私の書き込みではないものが混ざっており、現在も成りすまし行為によって私に実害が生じているわけです。

なお、前頁の「荒し」とは異なり、成りすましの書き込みは消えていません。つまり、成りすましをしていた者は自分が事件の原因だと認識していないのです。理由は不明。捜査機関には真相解明をする意志がないため、全ては闇の中になりました。

「派遣切り」とか無関係だし

捜査も。マスコミも。「有識者」とされる連中も。みんな考え方は一緒なんですよね。

動機：　？　→結果：通り魔

この型で「加藤には、無差別殺人の動機になるような不満があった」と先入観を持ち、全てをその方向に曲解するわけです。

たとえば「派遣切り」。確かに関自工は契約解除でしたが、次は某工場に派遣先が変わるだけの話で、べつに不満などありません。

事件の三日前の、作業者が紛失した件については、昨年の「一分でわかる秋葉原事件」で示した通り、事件の動機とまったく関係ないのです。あくまでも「それまで踏んでいたブレーキを離した」原因であり、「アクセルを踏んだ」理由ではありません。その件は「環境」を変えたのです。「心境」ではなく。

87秒でわかる「秋葉原事件」

×動機：掲示板トラブル→結果：通り魔

動機と結果との飛躍に納得できない、もっと別の動機があったはず。そう決めつけて、事実無根の不満を捏造するのが「全容解明」とは、困ったものです。真相は次の通り。

○①動機：掲示板トラブル→結果：脅迫
②動機：脅迫の不発→結果：通り魔

まず、無差別《ランダム》に人質を設定し「嫌がらせをやめろ。さもなくば無差別に殺す」と脅迫。それでも嫌がらせが続けられたので、やむなく「さもなくば」を実行。このような段階を踏んでいるのです。①の動機から②の結果に短絡させるから話が飛躍するのであり、「秋葉原事件」の全容解明《掘り下げ》は、脅迫と通り魔とに分離して考えることが大前提になります。

不毛な事件

事件は「復讐」ではありません。トラブルの相手に「やり返す」のが復讐ですが、通り魔事件の犠牲者には「やり返される理由がないから、動機が不明なのは当然です。事件を「復讐」の枠組みで考えるのが、そもそもの間違いなのです。

秋葉原事件の本質は「人質を拘束しないタイプの人質事件」です。人質に対しては、恨みも何もありません。問題が解決されたなら「解放」しました。問題が解決しなかったために、あらかじめ「さもなくば」と警告した通りに、仕方なく殺しただけです。もし殺す前に人質に声をかけるなら「恨むなら成りすましらを恨んでくださいよ?」でしょうか。

私の罪では、無関係な者を人質に取る「身勝手さ」と、人質を取って脅迫すれば相手は自分の言うことを聞くと考える「甘え」が、まず責められるべき点かと思っています。

余命の使い方

私がこうして書くことを、「死刑囚の立場なんだから遺族と被害者のことだけを考えろ」などと批判されます。が、遺族らから「家族を返せ」と言われても、それは不可能。である以上、考えても仕方ありません。

一方、被害者から「死刑執行までの間、心の内を明かすのが君にできる唯一のこと」とも言われました。それは、可能です。だから私は、その方のことを心に留めて、こうして「表現」させていただいています。

二〇二二年度応募作品から

加藤智大さんは二〇二二年度の死刑囚表現展に「画面内外における情報の量および質がヌードの猥褻性に与える影響に関する断片的な実験、あるいは色鉛筆の代替品として導入されたカラーシャープでも自由な表現は不可能ではない事実の証明」と題する八一点の絵画表現を応募してきた。運営会あての手紙に作品それぞれの小題と概要が記してある。また二枚の製作動機についての文書から前半を書き写しておく。

「⓪社会から隔絶されている現状では、死刑囚表現展への応募は唯一の「生きる意味」であるという重要な動機が、大前提です。表現する機会を与えていただけることに深く感謝します。

①私は、「抑止力としても懲罰としても、死刑は虚しい」とおいうことを表現した

いと考えています。

②数年前から、脈絡なく大量に応募するのはやめて、パッケージ化するようにしました。今回は、「課題を設定し、その制約の下でどれだけアイデアを絞り出せるかにチャレンジする」ことを考えました。

③マンネリを避けるため「美少女」ではない課題を探して頭を悩ませていたところ、一部の選考委員や展示会来場者の「オタク蔑視」発言にカチンと来たので、反論、または反撃で、ヌードを縦軸にしてやることにしました。

④私には「承認欲求」がありませんので、展示会のアンケートで「センスがすごい」等と「承認」されても全く嬉しくありません。一方で、、「いい感じに狂っていて楽しかった」という感想を読んだら、私も楽しい気持ちになりました。それで、そのように応援してくれる人のために今年も「狂ってみせる」のにも、ヌードは一石二鳥だと思いました。」

「2.5次元にしてみた」
加藤智大　2022年応募作

「メッセージ」
加藤智大　2022年応募作

「閃き／集中」右
「問：抑止力とは?」左
加藤智大　2022年応募作

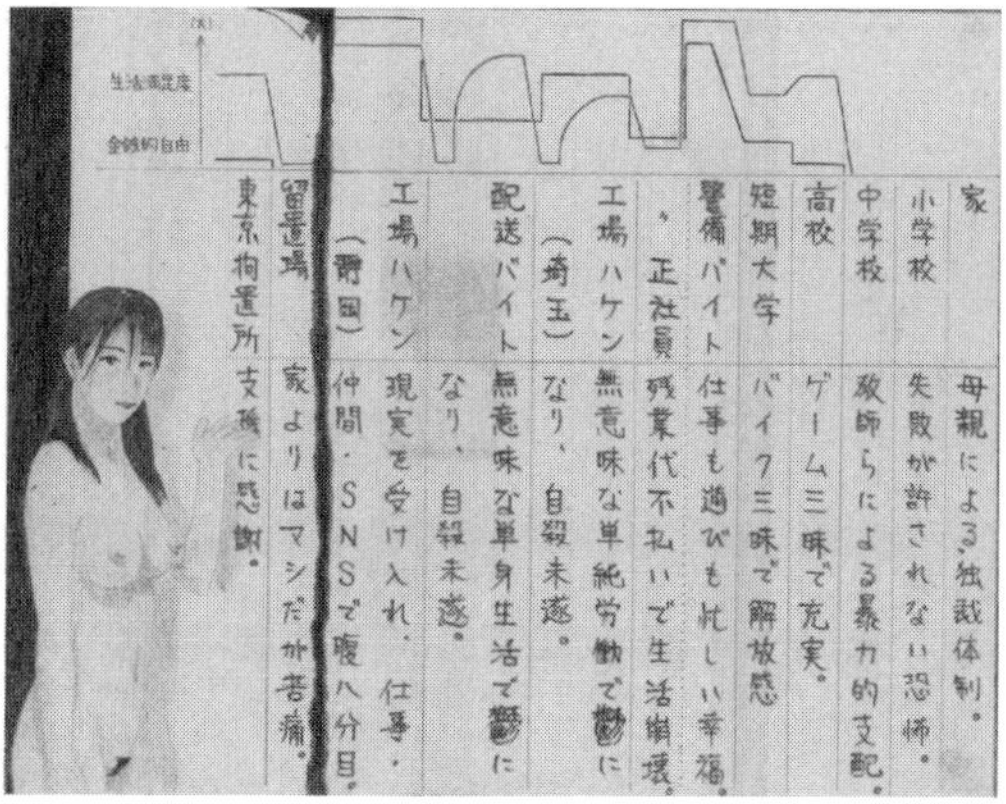

「美しい国」右
「下の上で十分」左
加藤智大　2022年応募作

二〇二二年度死刑囚アンケートから

表現展への応募が唯一の生きがい

加藤智大

フォーラム90では福島みずほ参議院議員とともに四年に一度、確定死刑囚アンケートを実施している。二〇二二年はその年にあたり、加藤智大さんからも三月二三日付で返信がきた。ここに掲載するのは、アンケートに付されていた福島議員宛の手紙と回答である。

福島みずほ様

大変お世話になっております。二月二五日付でご依頼のアンケートは、三月一七日に受領できました。記入した用紙と、別紙にまとめたものをお送りいたしますので、ご査収ください。

ところで、いただいたお手紙では「死刑確定者の本当の姿について、多くの市民に理解してもらいたい」とのことでしたが、アンケートの設問からは、死刑囚個人の内面よりも拘置所の処遇にフォーカスされているような印象を受けました。私としては真面目に取り組みましたが、アンケートの趣旨から外れた回答になっていましたら、申し訳ございません。

現在は、表現展に向けて、良くも悪くも私らしさが全開の「ふざけたイラスト」を製作中です。現状では、表現展への応募が唯一と言っていい生きがいであり、自由に表現できる場を確保してくださることに心から感謝を申し上げます。

二〇二二年三月二三日　加藤智大

アンケート回答

今、いちばん訴えたいことをお書きください

疲れた。

「事実ではないことを事実だと信じる者」の相手をするのは、とても疲れますよね？

あなたの処遇について

衣食住の環境、状態について、不満や希望がありましたら

衣：囚人服を着せられると心まで「囚人」になってしまうところ、支援者の方から衣類、下着類の差し入れをいただき、感謝しています。

食：刑事施設の給食はその国の人権の状況が反映されると聞きました。東京拘置所は、諸外国と比較すればマシでしょうが、最近は「おいしい給食」の多くが出されなくなり、「人権の状況」は大きく後退しつつあると考えざるを得ないかと思われます。ただし、拘置所を責めるのは弱い者いじめであり、見当外れの誤爆です。現場では予算さえあればより良い給食を作りたいと考えているはずであり(事実、数年前まではそうだった)、問題なのは、予算をつけない日本政府、予算をつけられない日本経済、予算をつけさせない日本国民でしょう。なお、現金の差し入れによりビスケット等を自弁購入でき、深く感謝しています。菓子でも惣菜でも、腹に入るものの差し入れも本当にありがたいです。

住：周囲の死刑囚および未決囚が発する騒音が非常にストレスです。独房生活そのものには、特に不満はありません。

外部交通について

たとえば芸能人でも、事務所(マネージャー)の裁量により、誹謗中傷の手紙などを本人に交付しないような例がありますので、拘置所が、「早く死ね」的な手紙を死刑囚に交付しないことは一定の理解はできます。

私は、死刑囚を孤立させることが問題だと考えます。大阪のクリニック放火事件でも、社会との接点がないこと(＝孤立)により「心情の安定」を失った典型例でした。私は、現状では死刑囚表現展への応募が唯一、予定が立つ(＝先の目標になる)社会との接点であり、そこだけは死守してほしいです。

医療や健康について

音音こと野崎浩死刑囚が病気になって以降、拘置所では極端な「減塩」が実施されました。カレー・シチュー類は文字通り水増しされ、おかずは色は付くが味はしない程度に調理され、給与される量そのものも減らされ、漬物・佃煮類はゼリーやフルーツ缶に変更され、スープはジュースに変更される等、ひどいものです。特に夏は水分も塩分も足りておらず、部屋がぐるぐる回ったり吐き気がしたり、何度か死にかけました。また誰かが死ねば拘置所では慌てて「改善」をするのでしょうが、それが自分でないことを祈るばかりです。

処遇の変化で良くなったこと・悪くなったこと

良くなったこと

・外部交通が許可されない人でも差し入れ売店から食料品を差し入れできるようになっています。市販の衣類・下着類やタオル、歯ブラシ等も差し入れ可です。現金や切手も従来通り可であるのに加えて、ポストカードも差し入れられることが判明しました（何も記入しないまま、「物品」として）。

悪くなったこと

・給食の献立の種類の激減。配当される量の減少。特に、三が日の特別な食事の大部分が消え、通常の「まずい休日メニュー」になったのが悲しい。

・死刑囚のみ自弁購入できる「食料品特別購入」の種類の減少

・食中毒防止のためと称した、納豆・キムチ・チーズの自弁購入の終了。つまり、健康によい食品が買えなくなりました。納豆についてはフリーズドライ納豆なる代替品が用意されましたが、キムチとチーズは消えたきりです。せめて、キムチ味のふりかけなりチャーハンの素なり、粉チーズなり、常温保存できるものに代えていただきたいものです。

二〇二一年三月から房内で色鉛筆が使えなくなりました。それについてどう思いますか。

　なぜ、色鉛筆がいけないのか、わかりませんが、個人的には、特に感想は無し。

執行は当日の朝、言い渡されます。事前に告知されたほうがいいと思いますか。事前告知が良い場合、どれくらい前が望ましいですか。

　言葉による「告知」は不要です。

　私は、いわゆる「ラストミール」を希望します。

日本では死刑執行は絞首でされています。それについてどう思われますか。

　日本では、自殺の半数が「セルフ絞首刑」によるものです。死刑執行のためのガス室や薬物注射といった特殊な方法と比較すれば、「全自動首吊り自殺」は、方法としては普通か、と思います。ただし、暴れる等して抵抗することもせず、静かに吊られようとしている者まで目隠しをし、手足を縛るのは、非人道的で、人間の尊厳を奪うものだと感じます。

毎日の生活の中で、あなたの楽しみや気持ちが安らぐ、和らぐことはなんですか。

・自由に絵を描き、文章を書き、パズルで遊ぶこと。

・死刑囚表現展に応募すること。また、その感想を読むこと。

読書

・ラジオ放送で偶然流れてきた好きな曲

・拘置所の近くの首都高をすっ飛んでいく車やバイクの排気音。その他、雨、風、ゴミ回収車、工事、自衛隊のヘリ、子どもの笑い声など

・「おいしい給食」の日

・たまに届く差し入れ

毎日の生活の中で、苦しいこと、辛いことは何ですか。

・秋葉原事件の動機・経緯・背景・犯人像を捏造されていること

・自分の言動（表現展への応募作品を含む）が、秋葉原事件で捏造された誤った人物像を根拠にして、誤った解釈・分析をされること
・ごく一部の死刑囚のみ一般との外部交通が許可されている、差別待遇
・周囲の死刑囚や未決囚がうるさいこと
・窓の外から大人の怒鳴り声と子どもの悲鳴が聞こえること（間違いなく児童虐待）
・拘置所前でクソ左翼らが拡声器でわめき散らすこと

今の生活や気持ちが少しでも安らぐ、和らぐ、楽になるために、どんなことが可能になるとよいと思いますか。

拘置所は、ホテルではありません。欲しいもの、必要なものはたくさんありますが、立場上、書きにくいです。

ひとつだけ、耳栓が役立たないほど迷惑な死刑囚・未決囚対策に、携帯型音楽プレイヤー（i.pod）とヘッドホンが使用できれば幸せです（楽曲は拘置所が選定するもので十分ですが、できればクラシック、中でもピアノ、特にリストなら最高です）。

私の感覚では、拘置所は、バスの中や病院の待合室や災害時の避難所と同程度に周囲に気を使うべき公共の場であり、それができない者らがいない「静かな環境」を、私は望みます。

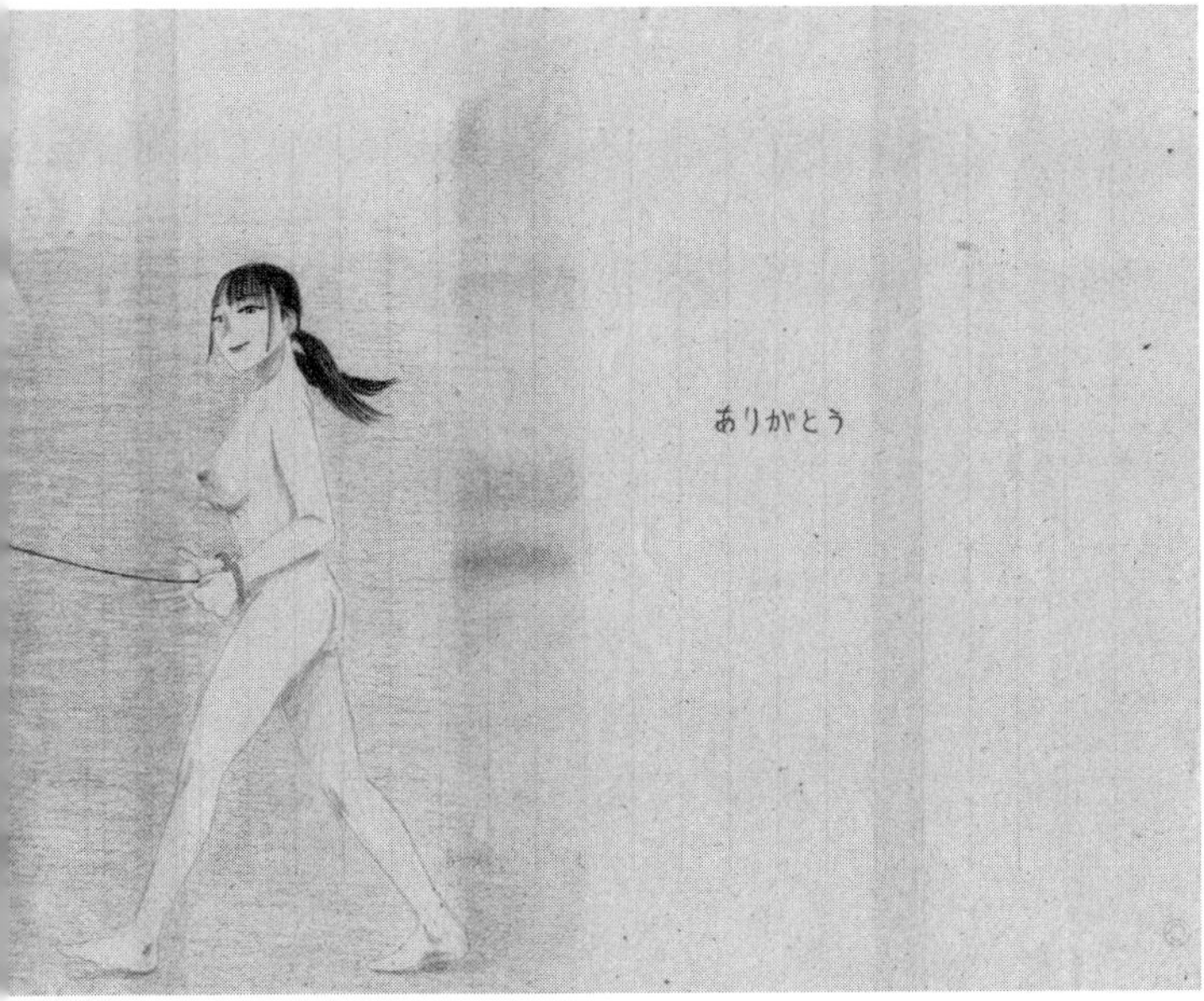

「あとがき」加藤智大　2022年応募作　全81点中の81番目の作品

死刑囚の表現を前にして私は何をしたのか？

年報・死刑廃止

2022年5月7日から15日まで、広島のカフェ・テアトロ・アビエルトで「死刑囚の絵展が開催された。2021年の大道寺幸子・赤堀政夫基金死刑囚の表現展の応募作が展示された。ここに掲載するのは初日に行われた講演である。

池田浩士

2022年5月7日、カフェ・テアトロ・アビエルト（広島）での「死刑囚の絵展」、初日の講演

1 死刑囚との出会い

こんばんは。池田浩士と申します。

二〇〇五年に大道寺幸子・赤堀政夫基金死刑囚表現展というものが始まってから、まるまる十五年間、私はその表現展に応募して送られてくる獄中の死刑囚の表現を、表現展に出展する前に評価する選考委員という仕事を与えられました。それで、まったくそれまで思いもかけなかったような死刑囚の人びとの様々な表現と直に触れる機会を与えられることになりました。

死刑囚と言われている人たちの表現で、私が最初に、世界や人間を見る自分の目が変わったという思いを与えられたのは、この会場に特攻隊の絵が展示されていますが、金川一さんという方、この方は熊本県の菊池の青年だったんですね。今はもうおじいさんです。この菊池というのは、私はとても印象深い地名なんです。菊池水源、かつてハンセン病の患者であったある冤罪の死刑囚が無実の罪で処刑されてしまうことになったのですが、その裁判が行なわれたところも菊池です。

この死刑囚の方はハンセン病だったのですが、様々な人がこれは無実であるということを、それなりに様々な手掛かりから確信していました。例えば井上光晴という小説家です。それから木々高太郎という探偵小説作家、この人は林髞《はやしたかし》という大脳生理学の専門家で、条件反射の犬で有名なソ連のパブロフの弟子でもあった人なのですが、この探偵小説家もこの事件は冤罪であるという確信を持って『熊笹にかくれて』という探偵小説も書いているのです。この裁判はものすごくひどいもので、裁判をしている時に無実の被告が法廷に来るわけですけれど、被告に示したりなにかする時に裁判官も長い火箸で証拠物件のやりとりをする。つまりハンセン病がうつるということで。そういう極端な差別の中で行われた裁判で、結局、まだまったく疑いが解消しないうちに、いち早く処刑されてしまったという事件があった所なのです。

そして、金川さんはそこである殺人事件の下手人とされたわけですけれど、彼は最初から冤罪を訴えていました。もちろん、ご存知のとおり冤罪で犯人に仕立て上げられる人というのは、まず例外なしに社会的に非常に苦しい差別された位置で生きざるを得ない人たちばかりです。あの狭山事件の石川一雄さんがその典型的な例でもあるわけです。今日、この後お話しする響野湾子さんも、やはりそういう社会の中で非常に苦しい生き方を強いられた一人です。

八〇年代に『死刑囚からあなたへ』という本がインパクト出版会から出たのですけれど、そこに金川さんの手記が載っていたんです。私はそういう死刑囚がいることもまったく知らなかったし、そういう事件があったことも知らなかったのですが、それを読んで、「ああ、俺もせめて一生にいっぺんこういう文章を書きたい」と、本当に心の底から思いました。世の中で言えば、文章なんかまったくそれまでは書く必要もなかったと言ってしまえば簡単ですが、そういう青年が書いた文章です。でも、文章にしても、こういう図像表現にしても、本当にその人の内面からほとばしり出たものというのは、やはり人に伝わるんですよね。まったくそうだと思います。で、金川さんというのは、だから私は自分の文章の先生だとさえ思ったのですが、この頃は文章よりも専ら絵をたくさん描いてこられて、それはまた何とも言えない絵なのですけれども。こういう死刑囚との出会いが最初でした。だから、金川さんというのは、何回も言いますけれども、自分にとっては先生だと思っている死刑囚です。それからもう何十年も経っているけれども、彼はなお獄中の死刑囚です。これ、決して誤解しないでくださいね。なぜそんなに長いこと処刑できないのだろうか。それは、やはり死刑を執行する側も恐らく自信がないのだろうと私は思います。それに引き換え、あとでお話しする響野湾子という人は確定してからわずか十数年で処刑されてしまいました。

2……表現せずにはいられない表現

そういうふうな死刑囚との出会いはあったのですが、いわば正面から死刑囚と向き合うことになったのは、表現展と関わることによってでした。実際に死刑囚から送られてくるさまざまな文章や絵画作品、絵画とひとことで言えないようなさまざまなものがあります。これを選考することはとても自分ではできないのですが、それを七人の選考委員で、送られて来た作品を目の前にし、数時間、選考をすることになります。それまでに一カ月半から長い時には二カ月くらい前に文章の作品が送り届けられて来ているのを読んで、選考会に出るのです。死刑囚の表現を自分で鑑賞させてもらって、あ、これはすごいな、いいな、これは何々賞にしましょうとか、そんなことは本当はできるわけはないのですが、私はそのことに疑いをほとんど持ちませんでした。つまり送られて来た作品と真正面から向き合うことを、これは強いられたのではなくて、引き込まれるようにその作品と向き合うことが最初からできたという思いがあります。それは本当に表現しなければならない表現というものは、それと向き合うほかの人間に届くのだということですね。私は偉そうな顔をして、文学を研究してます、表現文化を研究してますという顔をして生きてきたのですが、本当に込み上げて来た、溢れ出て来た想いが言葉やあるいは図像になって出た時に、自分とは見も知らない他者の胸をも打つということがあるんだということを、死刑囚の表現と向き合うことで本当に実感することができました。

最初の年にそういう衝撃があったので、それ以降、私なりにいくつかの自分に対する戒めを自分に与えて毎年の表現展の作品と向き合うように努めました。その一つは表現そのものと向き合おう、この人がどんな死刑囚でどんなことをした人かということでなくて、今見た時にこれが自分に語りかけ来る、ないしは呼びかけて来る、あるいは自分に撃ちかかって来る、それとどこまで自分が向き合えるだろうかということを、自分に課すべきであると思いました。

従って響野湾子さんという人がどういう罪を犯して死刑になったのかということも、薄々は知っていましたが、自分で調べてみることはしませんでした。けれども、短歌集をまとめろというお達しが来て、それでよしやろうと思った時に、法務省のホームページを見ました。そこには確定死刑囚の最高裁判所の判決文が公開されています。それを読んで愕然としたんですね。なんという人でなし、人間の風上にも置けないような残虐な、「死刑!」と世の中が言ってもやむを得ないような、そういう罪を犯した人です。しかも夫子ある女性を共犯者にして、イヤな言葉を使います、「情婦」にしたその女性と一緒に、その女性の顔見知りの女性を訪れて、その女性の家で強姦した。つまり自分が連れて来た情婦の目の前で強姦するんです。その情婦の知り合いの女性が命乞いをするのに、残忍な殺し方をした。二人を殺して、もう一人は強姦までいったのですが抵抗されて途中でやめた。なんの恨みもない。ただ金が欲しかった。貯金通帳を盗んで強盗、強姦、殺人、こういう罪を犯した人です。

私はそれを知らないで毎年作品を読んで、感動を重ねてきた。しかし最後にこの本を編むにあたって法務省のホームページで判決文を読みました。そこには、全部こういうことをしたと書いてある。本人はそれに対して異論を唱えていないのです。これはもう確定したものとして私は扱うべきだと思ったので、短歌集の「あとがき」ではそのまま判決文を全部引用しましたけれども、そういうことを知って、私はますます庄子幸一さん(響野湾子さんの本名)の作品にそれ以降惹かれるようになりました。

今まで何度かこの庄子さんの作品についてお話をしたのですけれど、今日ここに抜き出して来た二十九首は、今までに私が選んだものよりはさらにいっそう良い作品が選ばれていると思います。

3 作品そのものと向き合う

　さて、こういうことをやって来たのですが、自分が選考に関わるに際して自分なりに戒めにしようと思ったことがある、それは今の話とも関連するのですが、それはその人がどんな罪を犯したか、どんな主張をしているかということではなくて、作品そのものと向き合いたいということが一つでした。もう一つは、同じことですがもうちょっと次元が違うのですが、あたりまえのことですけれどこれはとても大事なことだと今でも自分で自分に言い聞かせています。私は裁判官ではない。だからどんな罪を犯したかということは関係ないということにも繋がってくる。ですからそういうことをしちゃあだめじゃないかとか、そんなことをしておいてよくそんな作品が書けるなとかいうふうなことを言うことはしてはいけない。もちろん私は検事ではない。もっと大事なことは、もちろん弁護士でもない。この二つの点は、口にしないまでも自分の原則にしたいとずっと思っていました。ですから私でもどんな罪を犯したかを知ってしまった秋葉原の無差別殺人であるとか、多数の障害者を安楽死させるというそういう殺人を犯してしまった人とか、そういう人に対しても、私は裁判官ではないし検事ではないし弁護士でもないということを貫くべきであるということを今でも思っています。もう選考委員ではありませんけれども、死刑囚の表現と向き合う時に。そういうことを思いながらやってきました。

　繰り返し言いますけれど、その人がどんな罪を犯したのかということは、私は自分の色眼鏡としてかけたくないのですが、ただ、この人はもしも死刑囚にならなかったらこういうものを作らなかっただろうなという想いは、死刑囚の作品と接するとき、今でも強烈にあります。これが一番苦しい、悲しいことですね。つまりなぜこういう表現が私のような鈍感な心でも打つのかというと、やはりそれは、人間がもうこれしかないというところで最後に発した言葉や最後に発した図像というものが私の心を打つということ、これは否定できないですね。つまり人間の表現というのは元来、自分が一人で生きているとしたら、さらには一人では生きてないけれども誰か自分ではない人に伝えたいということがなければ、生まれないわけです。独り言は自分との対話ですから。ですから誰かに対して発するものが表現です。これを発しないでは、このまま頭が破裂してしまうとか、あるいはこのまま自分はだめになってしまう、死んでしまうとか、切羽詰まったところで発する言葉というのは、これは人に響く。これは救いを求めるときもそうですすよね。本当に悲鳴を上げて救いを求めた時に、やはりこちらの胸に突き刺さる、ないしはこちらの心をあるいは耳を裂くような救いを求める言葉ってあるわけです。これは、人間が何か表現を発するときというのはどういうときかという問題です。死刑囚というのはこれしかないんですよね。そういう表現が私に突き刺さって来た。

4 芸術表現の「現代」は、いつどのように始まったか

私は、去年もう選考委員ではなかったので去年見ることができなかった作品と、今日初めてここで出会ったのですけれども、やはり来て良かったと改めて思いました。ところがこういう表現は、いわゆる表現を自分の仕事にしている人の表現じゃないですよね。例えば小説家が小説を書く、俳人が、あるいは歌人がそして画家が自分なりに天職だと思っているんでしょうが、自分の仕事としているような表現ではない。専門的な表現者のものではないそういう表現が私たちの心に届くというのは、実は人類の歴史の中ではさまざまな局面であったことです。

人類の歴史の中でとても大きな転換点の一つであった二〇世紀の初頭、ちょうど今から百年あるいは百数年前のヨーロッパ、アメリカ、そして日本、後に第三世界と言われるような領域で起こった芸術革命という出来事がありました。例えばここにも金川一さんがピカソのことを書いておられますけれど、ピカソだけではなくてさまざまな人がいたわけですが、いわゆる抽象芸術と言われるものが生まれた時代、キュービズム＝立体派、フォービズム＝野獣派とかあるいはエクスプレッショニズム＝表現主義とか、フトゥリスモ＝未来派とか、ダダとか、シュルレアリスムまでいくそういういわゆる現代芸術というものが生まれた時代です。これはちょうどロシア革命やハンガリー革命やドイツ革命と歩みを共にする、そしてやがて中国革命まで繋がっていく出来事で、そういう文化、社会、政治の社会総体を巻き込むような変革期に、新しい芸術運動が生まれて来たわけです。詩でも、例えば響野湾子さんのはまだこれ普通の字ですよね。言葉として体を成している言葉ですけれど、そうではなくて、さまざまな大きさや字体の活字を並べた詩とか、なにも内容がないんだけれど活字のさまざまな形を並べただけの詩とか、そういうのがでてくる。つまり詩と造形芸術との境界が突破される。作品のなかで突破されるだけでなく、表現者自身が、自分の表現領域を踏み越えていきます、画家のクレーは、詩人でもあった。作曲家のシェーンベルクは優れた画家でもありました。マヤコーフスキーは詩人であったばかりでなく、革命のポスターのユニークなデザイナーであり画家でした。死刑囚表現展の応募者の多くが、いま、同じ道を歩んでいますね。

それから例えば今ではあたりまえなんですが、言葉での歌詞があって意味をなす歌ではなく、音声だけの歌とか、それ

からシムルタニズム＝同時詩というのがあって、何人かが勝手なことをわーっと歌うわけね。それが一つの合唱曲みたいになって、まったく一人一人が歌ってる内容や音声とは違うような一つの響きの合作が生まれる。そういう新しいものがどんどん生まれてくるんですが、その時に画期的なことが起こった。何かと言うと、先ほど言いましたように小説家は小説、詩人は詩、俳人は俳句、画家は絵という自分の専門領域の表現に携わるような、いわゆる専門的な表現者としての芸術表現者という枠が突破されただけではなくて、もっとまったく別の表現者が発見されたのです。つまり、その時代の前衛的な表現者たちは、自分たちの仲間以外の新しい表現者の新しい表現を発見し、それらから決定的な衝撃を受けて、自分自身の表現を変えていったのです。

どういうことかと言うと、言葉は良くないですが狂人、気違いと当時言われました、精神障害者の表現。何よりも子供の表現、子供が何の気なしに、大人から見たら意味もなく発したと思うような子どもの表現のなかに、画期的に新しい刺激的な表現が発見される。もっと大きく言うと、近代資本主義社会になってからは芸術家が作っていた芸術表現ではない、職人さんが作っていた工芸品、民芸品。さらには農民の手作りの細工品、こういうものを新しく発見する。こんなもんは芸術じゃない、職人が金儲けのために、農民が生活の必要や手すさびのために作ったものじゃないか、といままで言っていたもののなかに、新しい芸術表現のための手がかりが見出される。日本でも「民芸運動」というものがあった。これが世界的に起こってくる。つまり芸術ではない表現のなかに画期的に新しいものを発見する、ということが起こるわけです。

私はそういうことを勉強して来たんですが、この死刑囚の表現を見て、自分はいまそういうことに立ち会っているんだという思いを毎年重ねました。つまり、いままで芸術史家や文化史家が大文字で書いていた二〇世紀初頭のアヴァンギャルド芸術とか言っている、そのアヴァンギャルド芸術が切り開いた地平、これが画期的に新しい文化の現代を生んだのだと私も言っていたわけですが、それが実は死刑囚の表現のなかに生き生きといま生きているんだということを自分なりに毎年再発見できたのが、私自身にとってとても大切なことだったように思います。未来を先取りして言えば、芸術と文化の歴史の中で、一つの新しい表現のありかたが、ここでいま生まれつつあるのかもしれません。

舞い上がってるんじゃないよ、お前は——と世の中から声が飛んでくる。冗談じゃないよ、こんなものを書いて送って来て、しかも何とか賞といって賞金貰って。その賞金をどうするか、再審請求のための費用だと、ふざけるんじゃない。お前が殺した人はこんな表現どころか、いま生きてないんだぞ、どうしてくれるんだ、冗談じゃない、死刑囚に表現なんて権利があるわけないじゃないか、という声が聞こえてくるわけです。私はこの声は正しいと思っています。ただ、それを言う人は、自分が、死刑囚がしてしまった行ないによってなにも傷ついてない。で何かあると「遺族のことを思え」とか言う奴は、自分は殺人行為とは縁がないけれど、殺人の被害者とは近い、と思い込んでいる人です。しかし、そういう人だからといって、この声を聴かないですむか、と私はいまでも思っています。

つまり人間にはやはり責任があるんじゃないか。自分が勝手に人を殺しておいて、その人は表現どころじゃない。肉親や最も愛している人ともう一緒に生きることができない。あの世に行ってしまった。お前が行かしたんだ。それなのに何が死刑囚の表現だ、結構なことだ——という言葉は、私は絶えず耳に響いて来て、これを無視したらおしまいだという気がしています。私もそれはまだ解決していないので、ちょっと心を鎮めるために、ご一緒にこの歌を見て見ませんか。

これは年代順に並べました。その方が何となく私は納得できるので。

5……短歌二九首

刑死まで一度は見たし区切り無い月に太陽満天の星空

我々は機会があれば、天気だったら毎日星空を見られるわけですが、これは死刑が確定する直前ですが、拘置所で格子の嵌った小さな小さなはめ殺しの窓からしか外が見えない。こういうのは死刑囚にならないと、この人自身も知らなかったわけですよね。

神様・神様・神様僕はなぜ殺人者なぞになったんだろう

「へー、お前、これも短歌だって言うの？　ふざけんじゃない」と思う人がいるかもしれないけど、やっぱりこういう言葉を発しないで私たちは生きてきたし、もしかすると私自身はもう残り少ないのでこういう言葉を発しないで死ぬことができるのかもしれないけれども、神様に聞いてもなぜ殺人者になったのだろうというのは教えてくれないだろう。でも神様にでも聞かなければわからないですよね。そういう自分になってしまった自分が。

この星の裏側にある大地には違ふわたしが居そうな気がする

これも私は胸を打たれます。私にはこういう思いを抱く必要がないということに対する恐怖でもありますけれども。

淋しさは一人分だけ抱きいて数多の恨み死刑囚は負ふ

さっき淋しいと言ったでしょう。刑死まで一度は見たい、神様神様なんで俺は、この星の裏側には違う自分がいるかもしれないと。自分のいまの淋しさを紛らわすために、せめてこういう言葉を発したんだけれども、そんな淋しさは一人分だけなんだ、こんな淋しいとか言ってる奴に対して、数えきれないほどの恨みを抱いている人がいるじゃないかということです。それも彼の場合は一人じゃない。

いつ帰るいつ帰って来ると会ふ度に母の言ひけり認知症かかへて

認知症になったお母さんが面会に来てくれるわけです。それで「お前いつ帰ってくるのかや」とか、「帰ってくる汽車賃はあるのか」とか、聞かれるわけですね。だから彼には、彼を見捨てずいつも彼のことを忘れない人がいるわけですね。だから裏側にある大地には違う自分がいそうな気がするなんて言ったことを、ここでもう否定しなければならない。

致死量の悔があるなら人知れず詫びいる人に詫びて飲みたし

あらためて我が老ひ来たる手を見ればつかみし物無き殺人者の白き手

一生ずっといままで生きて来たけど、何一つつかんだ物はないじゃないか、この手は人を殺しただけだったということですね。

確定に決まりし日より亡者の如くずだらずだらと歩く癖つく

狂ひきりても身から離れぬ罪ならむ過去で成り立つ痺《しび》れゆく瞳《め》の奥

放浪の果てに終《つ》きたる独房にもはや道問ふこともなかりし

この先どういうふうに行ったらいいのでしょうか。もう自分の生き方に迷っていろんな意味で道を問うということ、そんな必要もなくなったということですね。つまり私たちはまだ自分なりに自問自答したり人と語り合ったりして、さて明日はどうする、あるいは、今晩はどうすると思いながら未来に向かって生きてるわけです。それがないんですね。

夢に似し想ひのひとつ無期の妻へ出所の朝にくちづけを贈りたし

お母さんだけじゃないんです。無期懲役の妻、さっきイヤな言葉で、情婦を共犯者にして二人強姦殺人、一人強姦傷害、強盗をやった、とお話ししました。その夫子を捨てて響野湾子さんと運命を共にしたその女性、彼女は先に無期懲役が確定して、刑務所にいたわけですが、無期懲役ですから、もしかすると自分が死刑になるより前に出所するかもしれないと、ひそかに彼は思ったわけですね。だから一人でないということが、私にとっても救いになるし多くの人に救いになるのですが、響野湾子さんにとってはお母さん、そして獄中で結婚をした共犯者の妻、こういう人がいるわけですね。

そうすると、普通ならば思いを通じ合うことによって自分も励まされ、そして相手も元気になって、よし、一緒に生きていこう、という人間関係が作れるはずの人が、彼にとっては苦しみの一因になるわけですよね。

歌書けば知恵の不足の悲しさよ我流は淋し文字の細さよ

歌を書いたら知恵の不足が悲しい、我流の字しか書けないと。とんでもない、私はとてもいい字だと思いますけれども、本人はほとんど学校でもまともに勉強をすることができなかったのです。お母さんに教えてもらって、試験の前の日に必死で勉強して、いい成績だったことがあったのですね。そしたら先生が、お前、カンニングしただろうと言ったという句もあります。つまり学校ではまともに相手にされないまま、おそらく学校にも行かなくなってしまったのでしょう。

彼は苦しかったということは歌に書かない人なんですが、ここにふっと出て来てしまっている。

贖罪を渇望すれど誰れも我れの矯正などは望まぬ日を生く

これがとても苦しかったようです。死刑か無期懲役かという判断は一般的によく知られてますが、この被告に矯正の余地があるかどうかが判断の基準になるんだそうですね。矯正の余地はないと判決文にも書かれています。これから心を入れ替えて真人間になる。いくら努力してもそういう可能性はないし、そもそも努力なんてできないという前提のもとに、死刑判決が下されます。だから贖罪に生きることもできない。自分は贖罪を渇望している。自分が何をやってしまったか、彼は獄中の人になって初めて自分の罪と向き合うことになるわけですから、ひたすら何としても詫びたい。死刑がもしも罪を償うことになるんだったら死刑というのは当然だと思うんだけれども、いくら死刑になっても、それによって、あ、あいつは違う人間になろうと一生懸命努力してしたんだとは誰も思ってくれない。だから死刑になるということがまったく虚しいことであるわけです。

人の死が人事なりし愚かなる遠き日を知る今朝の処刑に

今朝の処刑というのは、拘置所の同じ棟にまとめて入れられている死刑確定囚、それがある朝、突然廊下に足音が響いて、ガチャガチャッと鍵が開けられて、そして刑場に連れ出されていくわけですね。そのことです。この人は、人の死なんてことは考えなかったから殺してしまったわけだし、それからあとも人の死がまだ実感できないでいたんだけれど、死刑囚の同囚が処刑されるというそういうことを何度も何度も重ねて、彼は人の死を体験するわけです。十数年獄中にいる間に。それで人の死というものが初めて、死刑囚になって、しかも近所にいる死刑囚が処刑されに引き出されていく時に初めて、人の死というものが人ごとじゃなくなったわけですね。でも私もそうかもしれない。人の死というものが本当に人ごとではないということを、あらためて考えさせられます。

獄舎にて覚えし文字で書く歌が生きた証しぞ短歌《うた》と成らずも

これ、私も愕然としました。彼が、歌が書けるところまで字を習って一生懸命寺山修司の歌集で勉強したということを書いていますが、それは獄中でのことだったのですね。獄中で初めて、言葉を彼は学び、そしてそれを字で書くことを学ぶということをやったんですね。つまりそういう娑婆での生き方をしなければならなかった人であるということです。短歌というようなものではないけれども、ここで自分が、獄中で習った字で書いたこの歌が、自分が生きたという証しとして残るんだということを、彼はここで歌っているわけです。

執行されし朝わが身に一筋の赦し来るのか本当に来るのか

死刑執行されたからといって、誰もそれでアイツは心を入れ替えたと思ってくれないし、あいつは処刑されたから赦してやろうとも思わない。

私は非常に大切な人を殺された被害者の遺族なり愛人なりを決して悪く言うつもりはないし、悪く言う権利もまったくないんですけれど、「死刑にしてください」と法廷でも叫んだその遺族のかたが、執行されたあとに、「でも死んだあの子は帰りません」と語ったことが、よく報道されますね。死刑が犯人に対して執行されたからといって、その犯人を、よし、これであの子も浮かばれるだろうから赦してやろうなんて言う人はいないわけですね。そうしたらなんのために死刑にされるんだろうか。

私はこの歌がいちばん心に響いた歌なんですが、読み直してこれと同じ暗い心に響く歌はいくつもあるんですけれども、この歌は好きな歌というのは語弊がありますけれども、とても重く心に響いた歌です。

青色はひもじき日々の空の色今監獄の窓に愛しも

青色というのはね、今日も青空でよかったのですが、ほとんど外が見えない獄舎の窓でも、ほんのちょっとした隙間から真っ黒な梅雨空が見えるよりも青空が見えたらすっきりすると思うわけです。ところが青色はこの人にとっては好きな色ではなかったのです。なぜかと言うと、ひもじい頃、もっと若かった頃、あるいはもっと幼かった頃かもしれない。青空を見るとひもじかった頃を思い出してしまう。これをどういうふうにそれぞれが受け止めたらいいでしょうか。つまり普通ならば青空で、心も清々しい。今日は運動会だとかあるんだけれど、だけど彼はおそらく年を重ねたあとも、青空を見るたびに、あの頃腹が減ってたなあと、惨めだったなあ、誰かが食ってた芋がうらやましかったなあとか、そういう色なんですよね。だけども今、ほんのわずかしか見えない、二度と外に出ることができなくて、そのわずかな隙間から見る青色が愛しくなった。

　これ、二重の意味で悲しいですよね。青空を見てひもじさを思い出してしまうような人生を送らねばならなかった。そして今度は、なんと獄窓からしか見えない、それもほんのわずか、格子がはまり、網がかけられた硝子から見えるほんの小さな青色が今は愛しいと言っている。この二重の意味を持つ青空、その背景にあるもっともっと何重もの悲しい人生が、人間にはあるということですね。

人恋えば人そのものを殺したる我が手瞳に潤れて浮き照る

獄中で、例えば妻、あるいはお母さん、その他自分が一方的にではあれ好きだった人、それがこの人にはいるわけですね。でも人を恋う資格はないんだよね、自分には。人そのものを殺したこの手が。もしもこの手がなかったら、あの人を心行くまで恋しいと思うことができるのに、それもできないということです。

何もかも飛ばして北風《かぜ》は吹きをれど我が重き過去小揺るぎもせず

黄昏の落ち際に生き償ひの何かを今もまだ探しをり

若い頃は人生の黄昏なんて、そんなの映画の題名じゃないかと思ったんですが、私もいまや後半生にさしかかりますと、どうしても黄昏が目前に迫って来て、「黄昏の落ち際に生き」、こういう言葉がよく見つかったなあと思います。

　本当にすごいですね。「償ひの何かを今もまだ探しをり」、わからないんだろうなと、私もわからないし、なんで生きてるのかわからないし、ましてやどうにももう拭い消すことのできないその罪を償うというのはどういうことだ。彼は、黄昏の落ち際に生きている今、まだ探し続けている。

処刑後も極悪人と呼ばるるは仕方無けれど悲しきことよ

　小学校のころ国語の先生から、俳句を作れとか詩を作れとか言われて、悲しいなんて直接言ってはいけない、どういうように悲しいのかを書きなさいと言われた記憶がありますが、でもここで「悲しきことよ」、これしかないですよね。つまり私が死刑囚の表現で本当に胸を打たれるのは、この言葉しかないよな、という言葉が発せられているというところです。悲しいなんて、何も言ったことにならないと国語の先生は言うわけ。でも、なんていう言葉があるか。悲しいしかない、というふうに私は胸を打たれます。

柩より静かな音の無き独房《へや》で畳打つ音我が落涙に立つ

棺桶の中よりもっと静かな音のない独房で畳を打つ音がするんですね、ぽつんぽつんと。なんでその音がたつかというと、私が涙を我知らず落としている。これも、よくこういう表現が生まれたとしか言えない。私は本当にそれしか言葉がないような歌だと思います。

明けて来し空に色づく窓を見て二時間耐ふる処刑無きまで

これはご存知のとおり朝十時頃に刑が執行されるので、それより三十分なり一時間あり前にお迎えが来るわけですね。だから空が明けて来て例えば七時に空が明けるとそれから二時間くらいは生きた心地がしないわけです。今来るか、今来るかと。でも二時間経って、あと二十時間は大丈夫だと、そういうことですよね。

「明けて来し」は「きし」と読みましたが「こし」と読むのかもしれません。「来《く》」という動詞と「き」という過去を表わす助動詞の組み合わせで、「きし」というのは連体形ですけれども、私なりに調べたところ、これを「こし」と読んだのは奈良時代までで、平安時代からは「きし」が一般的だった。でも「来し方行く末」などはまだ「こし」が残ってますから、今ではもはや確かめるすべはないのですが、響野湾子さんが「きし」と読んだのか、「こし」と読んだのかはわかりません。

わが身には望めぬものの数多あり一番欲しき緊張の無き朝

海よりも群青に染む程悔をれど波来る度に薄すれゐる日もあり

この一首には私はとても心を打たれました。つまり彼はひたすら贖罪に生きたいと願いながら、どんなことをしても贖罪は認められないということに悩んでいるわけですね。罪を心の底から悔いるというその悔いは、心が海よりももっと群青に染むほど、海よりもっと真っ青に心がなるほどに悔いて来たと思ってきたんだけれど、波が来る度に何かふっと——長い年月を重ねて毎日同じような日を送っていくと、ザブーンザブーンと波が来る度に、あるいは日が改まる度に、その思いがふっと薄れていっている日があるということに気がつくわけですね。これも衝撃的な一首ですね。

一色に照り輝やける雪の獄庭《にわ》我が足跡をひとつつけたし

「二の字二の字の下駄のあと」ってありますよね。一つでもいいんですよね。せめて一つだけでも。

遠くなき日の処刑死を想ひつつ五種の薬を今日も飲み終ふ

この人は体が悪くなって手術を受けたんです。そのあと毎日薬を飲んでいる。どうせ処刑は近くなのに。でも毎朝五種類、薬を今日も飲み終えた。

五月雨の中生きて来し想ひして灰色の空灰色の独房《へや》

つまり、自分が生きて来た自分の一生を振り返ってみると、いつも梅雨だった、年がら年中梅雨ばかりだったなあと、獄中で処刑を前に思い起こしている。こういう一生を送って来たということを、彼は最後の日々にもう一度思わなければならなかった。そして最後は…

それからがまだ想い湧かぬ人生を風が静かに時を流れむ

こういう歌を毎年読んで、私は、彼がどういう罪を犯したのかを調べて知る以前に、この人はやはりこういう生き方を強いられて来た人なんだということを知りました。だから殺人が赦されるのか、そんなことを言っているのではありません。人間の命には軽重がなくて、一人の命は地球よりも重いという名台詞を言った裁判官が昔いたわけです。地球よりも重い命を死刑によって断つんだから死刑の判決を下す時に裁判官はよほど慎重にならなければいけないと、自責の念から「人間の命は地球より重い」という言葉を発したわけです。でも私は、それは裁判官だけに当てはまるのではなくて、私自身も忘れてはならない、と思っています。いっぺんしかない命を、たった一つ与えられて生まれて来て死んで行く人間が生きる間、その命というのは本当に地球より重いと言っても過言ではない。そういう軽重のないと言われている命にも、実は重い軽いがあるんだということが、私は問題なんだと思います。

6 罪と罰の原点へ

こういう歌を読んで私なりに思わなければいけないと思うことは、「こういう表現をしてこういう歌を詠んでるが、お前が殺した人はもはや生きていない。そしてお前は殺した人を愛している人の人生までめちゃめちゃにした。そういうお前が、何が死刑囚表現展だ、そんな権利や特権があるのか！」

という言葉が、非常に重い言葉として世の中に存在しているということです。何回も言いますが、そういうことを言う人は、自分が殺人者になりえても被害者になりうることはほとんどない、というのが客観的な現実だということを、考えていない。こういう反批判は当然私はしたいと思いますが、それでもやはり、「自分が勝手に人の命を殺しておいて、そして自分が表現だと、冗談じゃない」という言い方には、やはり耳を傾けなければいけない正当性があると思います。

けれども、私はその人たちに言いたいことがあります。まず私が言いたいことは、響野湾子さんを含めて、死刑囚表現展に作品を出しておられる人も、そして作品を出さない人も出そうと思っている人も、もしも自分がぎりぎりの所で何か表現をしなければ自分が他者と繋がることができなかったということを、今までいっぱい知る機会があったはずにもかかわらず、そういう機会を持たなかったか、もしくはそういう機会があったのに自分が意識しないまま、こういう表現をしなかった――ということです。

今の歌からわかるとおり、そういう表現というものがあることすら知らなかった。学校の国語の時間に、悲しいと言ってはいけません、もっと具体的に言いなさい、と言われるどころか、その国語の時間とさえ無縁なまま、自分が本当に発しないではいられない言葉、あるいは、一言「好きだよ」という言葉を人に対して発するときのその重さをも実感できないような、つまり自分の心情の表現の機会を持たなかった、そんな言葉さえ持たなかった。ましてや、もしかしたら描くためのクレヨンや絵の具にさえ不自由していた、あるいはクレヨンや絵の具を子どもに買ってやるなんて家庭ではない、そういう生き方を強いられていた人。この人たちが、初めて自分の表現を獄中で発した。そのような自分自身との初めての出会いを果たした。その獄中で、ひいてはまた、獄中にいる自分の表現を受け止めてくれる人たちとの、目に見える目に見えないを問わず関係を作ることができたのは、死刑囚になってからなのですね。

「ほーらみろ、だから死刑は必要なんだ。もしも死刑制度がなければ、こいつらはこんな表現なんて考えもしなかった、そんな機会がなかった。死刑制度があるから死刑囚表現展というものがあって、こいつらは自分を表現することができたし、それを受け止めるものたちと心が通じる通路を持つことができたんじゃないか」という反論が、当然のこととしてありますね。「だからやはり死刑制度というのは、人間がまともな人間として生き返るために必要だったんだ」。

さてみなさんは、そういう意見に、例えば私がそういったらどういうふうに反論されるでしょうか。私も、この死刑囚表現展と関わる機会を与えられてから毎年深まる自問として、この問いを抱き続けてきました。私の今の答えは極めて単純です。死刑囚になる前に、自分がやむにやまれぬ表現、これは例えば誰かを愛してしまった時に、その人に自分の気持を伝えるということでもいい、そういう表現がなぜできなかったのか、ということです。それができない場合の多くが、例えば貧富の差であるとか、あるいは身体の状態の差であるとか、そういうものですね。そういう境遇に身を置いていない人間からすれば、実に小さな、取るに足りないことがらです。だから、その死刑囚を死刑囚にする前に、その人が自分の心情を他者に伝えることができ、他者の気持を自分が受け止めることができる、そのような社会的な関係を、社会が作るべきである。死刑にそれを委ねるのは、間違いです。

つまり響野湾子さんは、彼は、極めて卑劣な殺人を重ねた殺人者ですが、なんでそういうふうにしか生きることができなかったのか。よく言われますね。なるほどあの殺人者は貧しかった。だけど貧しい子どもはいっぱいいる。貧しい子どもはみんな人殺しになるか、という意見がたくさんある。でもこれに対しては、確実に私は反論することができると思います。客観的に統計を一度取ってみて欲しいと思うほどです。自分が本当にしたい表現をすることを許される環境で生きることができる子どもたち、あるいはそういう人間と、もう一方では、自分のなかに眠っている想いにさえも気づくことができないで生きてしまった人間。獄中の死刑囚になるまでは、こういう表現や感情が自分のなかに眠っていることに気づかないで生きてしまった人間。こういう人たちは社会が作ったわけです。社会とは私です。つまり死刑囚になる前に、死刑囚にならなくても、こういう表現や思いが人と人との関係のなかで生きるような人間関係が生み出せる、少なくとも自分も努力して生み出せる、そういう社会に、なぜならないのか、なぜ私たちはそういう社会をつくることができないのか、ということです。

したがって死刑をなくすということは、逆方向からですけれど、社会がいま死刑囚としてはじめてその表現と出会ったこういう人たちを、死刑囚として社会が生み出す前に、死刑囚ではない人間として生み出すことを、もっともっと本気で考えなければならない。これはじつは私たちの身近な問題で、私が尊敬する一つの試みとして、例えば「子ども食堂」をやっている人もいるじゃないですか。別にそういう形が偉いとか、偉くないとか言っているんじゃなくて、そういう試みをしている私たちの同朋、仲間はたくさんある。そういう人たちと死刑の問題を共有することができれば、もうちょっと何か見えて来るかもしれない。私はもはや黄昏の往生ぎわで遅いんですけれど、いろんな所でいろんな試みをしている人たちと死刑の問題が共通のテーマになるということが、とても大事なことだと思います。

私は根ッからの確信的な死刑廃止論者ではなく、ともすると「ブッシュは死刑だ、トランプもゼレンスキーも死刑だ」と言いたくなるんですけれど、やはり死刑はまず廃止するということが必要だと、今では思います。けれども、死刑を廃止するときに、それどころか死刑廃止を目指すときに、いま死刑囚として表現をしている人たちのような表現者を社会が生み出さない、つまり彼らがやったような殺人行為を、殺人行為によってしか自己表現ができないという生き方を強いられる人間を、社会が生み出さないということを、意識的に考えるべきだと思います。

つまり死刑というのは極めて政治的な問題だと思うからです。なによりも、八〇パーセントが死刑の存置に賛成しているとかいうデータが公にされていますが、死刑を廃止するのは何も死刑廃止論者が過半数になったからではなくて、ある信念を持った政治活動者が率先して世論をねじ伏せて、本当に死刑廃止すべきだと思うならすべきであって、世論というのはまったく考える必要はないと私は思っています。少し現実を省みればわかる通り、その社会の多数派が社会を良い方に変えることはありません。社会を良い方向に変える力は、つねにその社会の少数者です。

死刑のことを考えるときに、私は考えたくないものが三つあります。一つは国民の多数が死刑を望んでいるという世論なるもの、これはまったく考えるのをやめましょう。もう一つは世界の多数の国々が死刑を廃止しているのに日本はまだ存置国である、これは恥ずかしいからかおかしいからか知りませんが、とにかく死刑廃止が世界の流れだから死刑廃止しましょうというのは、私は絶対に考える価値のないようなことだと思います。この点に関しては、なんだやっぱりあいつはそうだったのかと思われるかもしれませんが、何年か前の死刑フォーラムのさいに、正真正銘の「右翼」であられる鈴木邦男さんと「世界中が死刑を復活しても、我々がやめるべきだと思ったら一国だって絶対やめるべきだよね」と、二人で意見が一致してしまったのですが、私はそういう点では鈴木邦男さんが好きです。つまり、多数に正義があるということはまったくないというのは、私が今まで生きて来て本当にそれだけは間違いないと思います。

それからもちろん第二ダッシュくらいに、国連が決議したからというのがあります。国連というのはアメリカ帝国主義の一派ではないかと私は思っています。勝手な戦争で膨大な人間を殺しておいて、何が死刑廃止だ。

とにかくそういうふうに何かの多数者とか権威と思われるものに頼るのは、やめないといけないと思います。そもそも死刑を考える時に私たちが向き合わなければならないのは、基本的に多数少数の問題だと思います。この社会を構成する、そして政治勢力としてそれが反映される多数派と少数派の問題。もうみなさんは今まで身にしみてご存知のとおり、よくカタカナ英語でマイノリティと言われるものと少数派とは違いますよね。マイノリティというのは数からすれば多数ですよね。貧しい人は社会の多数だし、被抑圧民族はある尺度で言えばこれは少数者どころではない。いわゆる数の多数と権力の大小での多数とはまったく一致しないのが現実なのですが、死刑というのはまさにそういう現実を象徴的に現わしていると思います。

響野湾子さんもその一人であり、金川一さんもその一人であるような、社会的なマイナーな位置で生きることを強いられている人びと、これが死刑制度の被害者です。そういう人たちに殺された人も、これは被害者だと私は思います。ですからアメリカでも日本でも本当に素晴しい人がおられるんだなと思いますが、自分の肉親を殺した死刑囚と交流が生まれていろいろ考えた遺族の人たちって、おられるじゃないですか。そういう人たちの目を、私たちも共有しなくてはならないと私は思います。死刑囚を生み出す社会で、どちらもその被害者となった人たちの出会いが、実現されているのですね。

私が今日、みなさんとご一緒に考えたかったのは、赦すことのできないような罪を犯しながら、いけしゃーしゃーとこういう表現をやっている奴らが、いったい死刑囚になる前にどういう生き方を強いられていたのかという所まで私たちが見なければならない、という当たり前のことに立ち戻る、ということでした。私自身は、そういうことを十分にすることができないまま今まで生きて来てしまいました。罪の償いの道さえ絶たれて、文字通り死刑制度によって抹殺されていくこの死刑囚たちは、死刑囚になる前からこの権力社会のなかにマイノリティとして置かれ、言葉からも感情の表現からも疎外されて生きることを強いられていた人びとが圧倒的多数であるということを、いまこれらの表現作品を前にしながら、改めて私は噛み締めたいと思っています。

社会を本当に変えるのは、少数派です。つまり、マイノリティの表現が多数者に届くことによってしか、現実は変わらない、と私は思います。現実をよい方に変えるのは、少数者の思いが多数派を圧倒するときであろうと思います。それは、少数者が数の上で多数者になることではありません。死刑囚の表現展に応募された死刑囚のかたがたは、そういうことを私たちに呼びかけているのではないかというのが、私がしみじみと思うことです。

５００冊の死刑　死刑廃止再入門

前田朗著 3000 円＋税

小説、詩歌句、ルポルタージュ、死刑囚の作品から研究書までを網羅した死刑図書館への招待。

年報・死刑廃止の連載をもとに、再燃する死刑論議／死刑の現場へ／死刑囚からのメッセージ／死刑存廃論／凶悪犯罪と被害者／死刑と冤罪／死刑の基準／裁判員制度と死刑／世界の死刑　比較法と国際法／歴史と現代／死刑と文学、の 11 のテーマに 500 冊を超える死刑関連書を分類・分析し、それらを適切に紹介し、現在の死刑問題の到達点を思考した必携の書。

ISBN978-4-7554-0298-2

逆徒　「大逆事件」の文学　池田浩士編 2800 円＋税

「大逆事件」に関連する文学表現のうち、事件の本質に迫る上で重要と思われる諸作品の画期的なアンソロジー。

蘇らぬ朝　「大逆事件」以後の文学　池田浩士編 2800 円＋税

大逆事件以後の歴史のなかで生み出された文学表現の中から事件の翳を色濃く影し出している作品群。

死刑の［昭和］史　池田浩士著　3500 円＋税

大逆事件から「連続幼女殺人事件」まで、［昭和］の重大事件を読み解くなかから、死刑をめぐるさまざまな問題を万巻の資料に基づいて思索した大著。

死刑を止めた国・韓国　朴秉植　1400 円＋税

どうして韓国は死刑を葬り去り、人権大国への道を歩めたのか。韓国の経験から学ぶ。

少年死刑囚　中山義秀著　池田浩士解説 1600 円＋税

死刑か無期か？　翻弄される少年死刑囚の心の動きを描いた名作。

こうすればできる死刑廃止フランスの教訓　伊藤公雄・木下誠編 1500 円＋税

ユーゴー、カミュからバダンテールまで、この 100 年のフランスの死刑存廃論議を豊富な資料で検証する。日本から死刑制度をなくすために、参照すべき最良のテキスト。

人耶鬼耶　黒岩涙香著　池田浩士校訂・解説 2300 円＋税

誤認逮捕と誤判への警鐘を鳴らし、人権の尊さを訴えた最初の死刑廃止小説。1888 年に刊行された本書は、黒岩涙香の最初の翻案小説であり、日本初の探偵小説である。

死刑文学を読む　池田浩士・川村湊 2400 円＋税

文学は死刑を描けるか。網走から始まり、二年六回に及ぶ白熱の討論。

獄中で見た麻原彰晃　麻原控訴審弁護団編 1000 円＋税

元受刑者が見た精神の均衡を完全に失った麻原被告。彼にはすでに訴訟能力はない。

光市事件　弁護団は何を立証したのか　光市事件弁護団編著 1300 円＋税

マスメディアの総攻撃に抗して、21 人の弁護団が明かす事件の真実。

あの狼煙はいま

東アジア反日武装戦線への死刑・重刑攻撃とたたかう支援連絡会議・編 2000 円＋税

「狼をさがして」で今再注目されている東アジア反日武装戦線の検証。

本当の自分を生きたい　死刑囚・木村修治の手記 2330 円＋税

自分の半生を振り返り、罪を見つめ続け、生きて償いたいと思う。

2021 — 2022年

死刑をめぐる状況

死刑執行と抗議行動

二〇二一年一二月二一日の執行

無法状態下の死刑をなくそう

安田好弘（弁護士・フォーラム90）

1、政治的に利用される死刑

今日は会場に行けずにすみません。リモートで発言させてもらいます。

死刑執行停止状態が二年間続こうとしている直前に、今回の死刑執行が行われました。しかも、国会閉会中にです。死刑については休む間を与えないとの意図の下に行われた執行だと思います。これは死刑の執行が、死刑制度の維持という政策を持続し、補強するために利用されたということの典型例だと思います。死刑制度と死刑執行とは別物です。死刑制度を維持していても死刑を執行しない国は多数あります。韓国では死刑制度を維持しながら二五年間死刑を執行していません。いつでもそうなんですが、犯人は検挙され、犯罪は鎮圧され、現在の危険は解消されているのですから、死刑執行の実質的な必要性はなくなっています。それにもかかわらず死刑を執行しようというわけですから、死刑執行の政治利用そのものです。人の命を絶つことを政策実現の手段とする、これは現代における人身御供、つまり人間の生け贄の世界だと思います。

今回執行された三名の人の状況については、皆さんのお手元にあるパンフレットに詳しく書かれているとおりですし、彼らからフォーラム90に送られてきた手紙やメッセージなども掲載されていますので、ぜひ読んでいただければと思います。古川禎久法務大臣が就任した際、「死刑を廃止するのは適当ではない」と、過去の法務大臣の声明を超えた発言をしたことから、私どもは人を殺すことに躊躇のない、極めて危険な人物だと思っていました。ですから一〇月九日の死刑廃止デーの集会では、法務大臣に向けて要請文を会場で決議して、法務大臣に渡すということをしました。私たちは、これに加えて、彼の選挙区の大分県都城市で集会を開き、選挙区の皆さんと一緒に法務大臣に要請することを模索したのですが、残念ながら実現できないまま今回の執行ということになったわけです。

先ほども申し上げた私たちの集会で法務大臣あての要請をしましたところ法務省から回答がきまして、その中では「死刑制度を見直す必要があるとは考えていない」と述べられているんです。過去の法務大臣あるいは法務省の見解ですと、「慎重に検討する」という姿勢が少なくとも見られたんですけれども、まったく見直す必要はないと居直っていて、今回の法務省、そして法務大臣の態度はかたくなです。世界で圧倒的多数の国々が死刑を廃止し、国連を初めとする国際社会からも死刑廃止を求められているにもかかわらず、「見直す必要がない」とは、人権感覚を欠いているだけでなく、現代における狭隘な鎖国主義として、非難に値すると思います。

2021 年 12 月 21 日に死刑を執行された方

名前（年齢） 拘置先	事件名 （事件発生日）	経緯
藤城康孝さん （65 歳） 大阪拘置所	加古川 7 人殺人事件 （2004 年 8 月 2 日）	1956 年 12 月 5 日生まれ 2009 年 5 月 29 日神戸地裁（岡田信）死刑判決 2013 年 4 月 26 日大阪高裁（米山正明） 2015 年 5 月 25 日 最高裁（千葉勝美）
高根沢智明さん （54 歳） 東京拘置所	パチンコ店員連続殺人事件 （2003 年 2 月 23 日 ／ 4 月 1 日）	2004 年 3 月 26 日 さいたま地裁（川上拓一）死刑判決 2005 年 7 月 13 日 控訴取下げ 本人の控訴取下げに弁護人が異議申立。2005 年 11 月 30 日確定 2011 年 6 月 2 日　第 1 回再審請求提出 2015 年 3 月 19 日　第 2 回再審請求提出 2020 年 3 月 1 日　第 3 回再審請求提出
小野川光紀さん （44 歳） 東京拘置所	パチンコ店員連続殺人事件 （2003 年 2 月 23 日 ／ 4 月 1 日）	1977 年 4 月 20 日生まれ 2004 年 3 月 26 日 さいたま地裁（川上拓一）死刑判決 2006 年 9 月 29 日 東京高裁（白木勇） 2009 年 6 月 9 日 最高裁（堀籠幸男） 2011 年 8 月 9 日 さいたま地裁　再審請求 2014 年 2 月 26 日 さいたま地裁　再審請求棄却 2014 年 3 月 3 日 東京高裁　即時抗告 2019 年 2 月 5 日 東京高裁　即時抗告棄却 2019 年 2 月 12 日 最高裁　特別抗告 2019 年 3 月 5 日 最高裁　特別抗告棄却 2019 年 3 月 8 日 さいたま地裁　第二次再審請求

2、再審請求中の死刑、責任能力の判断への疑問

今回の執行の問題点で、第一に挙げなければならないのは、再審請求中の死刑執行だということです。三人のうち高根沢智明さんと小野川光紀さんの二人が再審請求中でした。過去、再審請求については、その重要性を尊重して、まがりなりにも誤った死刑執行がないように再審請求中は死刑執行がされなかったのですが、二〇一七年七月からは毎回、再審請求中の人に対する死刑執行が公然と行われてきました。人権感覚の後退、つまり誤判をいとわない、誤った裁判の是正を求めることさえ認めないという、再審制度の破壊が当たり前のように行われているわけです。

今回の執行の第二の問題点は、藤城康孝さんは裁判の第一審で精神鑑定が二回行われ、二つとも責任能力に問題があるという鑑定結果が出ているわけです。そのうちの一つでは、「著しく責任能力が欠けていた」という結論も出されています。そして第二審でも鑑定が行われて、そこでも責任能力に問題があると鑑定人から指摘されました。しかし、第一審も第二審も、そして最高裁も、専門家の意見を完全に無視して、つまりその意見を変容させて、責任能力ありということで死刑判決を出しているのです。藤城さんの最高裁の判決書きは九ページという、最高裁の判決にしては極めて異例の長文です。そこではなぜ死刑なのか、責任能力があると認めたのかということが延々と書いてあるのですが、まったく説得力がありません。専門家の意見もことごとく無視した判決だったわけですけれども、おそらくこれは、七名の人を殺害するという結果が重大な事件では、責任を免除しない、つまり無罪あるいは限定責任能力で無期懲役ということを認めるわけにはいかない、死刑しかないという、刑罰的な意図があるわけでして、公正な裁判を受ける権利が本当に藤城さんに保障されたのかどうか疑問だと思うんです。

3、事前告知、控訴取下げ

それから次の問題は、この三人とも死刑執行に際して事前告知がされていないということです。当日の朝、いきなり呼び出され、房から連れ出され、そして死刑執行を告知されて、全体として約一時間のうちに執行される。これは、非人道的にして、憲法に違反するわけですし、国際人権規約にも違反する不当な刑の執行です。現在、この点については大阪地方裁判所で、死刑執行については事前に十分な余裕をもって告知すべきだということを求めて裁判が行われています。

現在の法務省のやり方ですと、死刑囚の人たちは、死刑執行の直前まで、毎日いつ執行されるかわからないという恐怖のなかで生活させられています。それだけではなく、死刑執行を告知されてか

ら、わずか一時間のうちに執行されるわけですから、自分の権利を守ろうとして異議を申し立てたり、あるいは弁護人に助力を求めたりすることもできない、さらに死を迎える心構えとか、最後にお別れをしたい人と会うとか、あるいは遺言をしっかりと書くとか、そういう機会さえも与えられないまま執行されています。明らかに人道に反し、人としての尊厳を踏みにじる残虐なやり方であるわけで、そのようなことが今回も三名の人に行われたわけです。これが違憲にして違法であるということで、先ほど申し上げたように現在、大阪での裁判が行われています。是非、注目し、応援してあげて下さい。

第四番目の問題は高根沢さんに当てはまるのですが、控訴を取り下げて死刑が確定しています。憲法では、裁判を受ける権利を十分に保障するということで、地裁、高裁、最高裁の三審制を採用しているのですが、高根沢さんの場合は一審の裁判だけで死刑が確定しています。これは公正な裁判の保障とは言えないわけで、この点からも問題があります。

4、法律の規定がない「死刑の執行者」

そしてもう一つ、この三人の全体について言えることですけれども、拘置所の職員が執行のボタンを押している、つまり死刑執行をしているわけです。これについては、いま東京地方裁判所で争っているのですが、法律の権限がないまま職員が執行のボタンを押している、法律に基づかない死刑の執行として、およそ許されない殺人行為に該当する行為なわけです。

私たちが主張しているのは、死刑の執行というのは刑罰ですから、刑罰は法律に基づいてしかできないわけです。憲法三一条は法律の規定なくして刑罰を科せられることはないと明記しています。誰が死刑を執行するかについて、過去の法律を見てみますと、遥か昔なのですが、今から一三〇年前に内務省訓令というものがありまして、それには「死刑執行は押丁が行う」と「看守及監獄傭人分掌例」に定まっているのです。押丁とはつまり看守の補助者なのですが、この人たちが死刑を執行すると訓令で規定しているわけです。ですからこの人たち以外には死刑を執行することは認めていなかった。

そのあと、この訓令が改定され、「看守及ヒ女監取締職務規程」で、今度は看守が上官の指揮を受けて死刑執行に従事すべしと規定されています。つまり、今までは押丁という人がやっていたのを、今度は看守が執行するんだと一九〇八年に規定を改定しているんですね。

ところが戦後になって一九九一年、「行刑施設の規律の維持等に関する刑務官職務規定」という規定が、先ほどの一九〇八年の職務規定に替わって新しく作られたんですが、そこでは死刑執行についての規定が削除されているわけです。

誰が死刑執行するかについては看守がそれをやると決められていたものが削除されたわけです。

そして二〇〇六年にやはり同じような改定がされまして、「刑務官の職務執行に関する訓令」になったのですが、ここでも誰が死刑執行するかについては削除されたままなんです。ですから現在も日本の法制度の中では、誰が死刑を執行するかについては、法律の規定がまったくないわけです。振り返ってみますと、死刑については刑事訴訟法で、法務大臣が命令する、検察官が指揮するんだとあります。同時に監獄の長、つまり刑事施設の長、あるいは検察官が立ち会うんだと、そこまでは法律の規定があるわけですけれども、それ以上、誰が執行するかについては法律の規定がまったくない、つまり無法の状態にあるわけです。ですから、現在行われている刑務官による死刑執行は、法律が認めていない違法な行為でして、それは法律によって許容されていない行為、まさに殺人という犯罪行為であるわけです。刑務官は、監獄の秩序を維持するだけでなく、受刑者に対する教育者だとされています。決して、死刑執行者ではないわけです。いずれにしても国会でしっかりと議論して、法律で定めるべきです。これについても、違法性を問うていかなければならないと思っています。

5、存置と廃止の懸け橋

昨年から大阪地裁、あるいは東京地裁で、このような死刑制度をめぐる個別の問題について裁判が提起されています。さらに死刑確定者の人たちが色鉛筆の使用を禁止されたことについても裁判を起こしていまして、これがマスコミでも取り上げられて、皆さんのなかでも問題として考えられているようになってきています。こうしたことを背景として、個別具体的な死刑制度の問題、死刑執行の問題を取り上げていくことによって、死刑の問題点を考えてもらう機会が少しずつ広がってきたと思うわけです。

一方でアメリカでは死刑廃止に向けた動きが大きく始まっているわけで、バイデン政権のもとで連邦では死刑執行が停止されていますし、さらに州と特別区においては、半数以上で死刑制度が廃止ないしは停止されています。アメリカの世論も存置と廃止が拮抗している状態になっているわけです。

国内における、死刑問題に対する問題意識の少しずつの拡大と、それから国際的な死刑廃止に向けた動き、こういうものを日本でも享受して、言い換えればテコにして、日本の中でも死刑廃止の流れを、もう一度大きく作り出していく必要があるだろうと思います。

まず私たちがやるべきことは、死刑廃止と存置とを両極のように隔絶させていてはいけない、そのために、その間を繋げるものとして懸け橋を用意していく必要がある、と私は思っています。それはやはり終身刑の創設ではないか。これを準備し、呼びかけること、それが必要ではないかと思っています。そしてさらに死刑をめぐる個別具体的な問題点を、裁判に訴え、同時に社会に、そして政治の場面で提起していく、今日も国会議員の皆さん方が見えていますが、ぜひ国会で死刑についての議論を展開してほしいと思うんですね。

先ほども指摘しましたけれども、日本の死刑は無法状態、法律はほとんどなく、法務省の思うままに恣意的にしかも徹底した秘密裏に死刑が執行されています。しかし死刑というのは極めて重大な刑罰でして、国家権力の行使の最たるものですし、一たび間違えばとても危険な、そして回復し難いものであるわけですから、これについて国民の目、法律の目が行き届いていなければならないのは当然のことです。国民主権というんでしょうか、法治主義というんでしょうか、とにかく国会で死刑について議論をし、無法状態にある死刑を法治主義、つまり国会、国民のコントロールの下に据えてもらいたいと思うわけです。以上のようなことを考えていまして、死刑の存置と廃止の議論に終始するのではなく、ぜひ死刑についての個別具体的な問題点に着目して、それらを俎上に載せて議論して、その抜本的な見直しと改善を促し、また死刑存置と廃止の間を対立したものとして議論をするのではなくその間を埋める議論をしてもらいたいと思います。一刻も早く、死刑の無法状態をなくし、法務省の思いのままの死刑の運用と執行を廃絶したいと思っています。

(二〇二二年一月二六日、フォーラム90、アムネスティ・インターナショナル日本、「死刑を止めよう」宗教者ネットワーク、監獄人権センター、死刑をなくそう市民会議、被害者と司法を考える会の六団体主催で参議院議員会館で開催した「古川禎久法相による死刑執行に抗議する集会」での発言。以下の発言も同様です。)

執行された藤城さんとの交流

片岡健（ノンフィクションライター）

1、報道での藤城さんへの印象

ノンフィクションライターの片岡と申します。主に事件関連の取材や執筆をしています。死刑囚の人たちにもたいへん関心があり、実際はどういう人なのか、ご本人たちに面会したり、手紙のやり取りをさせてもらって、記事に書いたり本に書いたりしています。藤城康孝さんにも、実際にお会いして記事に書いたり本に書いたことがありまして、どういう人だったか話をしてほしいという依頼を受けまして、私もお話したい思いがありましたので、この場で話させていただくことになりました。

端的に藤城さんがどういう人だったか

と言いますと、報道のイメージとはずいぶん異なる印象を受ける人でした。報道を見た人はたいへん狂暴そうな人というイメージを受けたんじゃないかと思います。そう思う根拠は主に二つあります。一つは起こした事件が凄まじい事件であるということです。藤城さんは一晩のうちに七人を殺害しています。被害者は両隣の家に住んでいた二つの家族の七人ですが、藤城さんが語った動機によりますと、普段から見下され、バカにされて恨んでいた、いつか殺してやろうと思っていたと、これは妄想性障害の影響だと思いますが、とにかくそのように供述しています。そしてその犯行態様も、深夜に両隣の家に押し入って刃物で刺したり、金づちで殴ったり、そういうとても恐ろしい殺し方をしています。そういうことで凶暴な人というイメージがついていると思います。もう一点は、報道で紹介された藤城さんの写真が、非常に険しい顔をしていたことです。目が吊り上がっていて、いかにも誰にでも噛みつきそうな、人を殺すようなことをしそうな、いかにも凶悪な殺人犯に見えるような写真で紹介されています。あの写真も、藤城さんのイメージを決定づけたのではないかと私は思っています。

2、実際の藤城康孝さん像

実際に会ってみると、むしろ真逆の印象を受ける人でした。藤城さんが裁判中の二〇一三年に大阪拘置所の面会室で会った第一印象は、率直に言いますと弱々しいおじさんだなというイメージでした。藤城さんはすごく背が低く、身長は一六〇センチあるかないかという程度だと思います。そして、すごく痩せている。夏だったので、藤城さんは面会室にタンクトップと短パンという姿で現れたのですが、タンクトップと短パンから伸びている手足が、本当に骨と皮ぐらいしかないんじゃないかと思うほどやせ細っていました。そして表情も、すごく穏やかな顔をしていて、険がとれていて、むしろのほほんとした感じなんです。たとえて言うなら、芸人の間寛平さん、ああいう穏やかそうな感じの人でした。内心、この人が本当にあんなにすごい事件を起こしたのかという感想を抱くぐらいの人でした。

性格はどういう人だったかといいますと、私は非常に律儀な人だったという印象を抱きました。最初に藤城さんからもらった手紙から、そのような印象を抱きました。私は誰に面会取材をするときでも最初は手紙を出します。実は藤城さんに面会取材の手紙を出したら、断りの手紙が届いたんです。その内容は、拘置所職員にいじめられていて、いま精神的にたいへんなので、片岡さんの取材を受ける余裕はないのです、ということなんですが、それがこのような文面で書かれていました。

「お手紙拝読させていただきました。ど

うもありがとうございます。私は、いま一部の職員から挑発や嫌がらせを受けつづけ、精神的な苦痛からとてもとても片岡様の望みに応じかねます。弁護士さんや視察委員会に苦情の手紙を出すのが精いっぱいで、自分の裁判のことより職員からのいじめのほうが気になるほどでして、まことに申し訳ありませんが取材は辞退いたしたく思います。」

いま読み上げただけでも分かるんじゃないかと思うんですが、たいへんていねいな言葉遣いをする人です。私は取材依頼の手紙を出すとき、返信用の切手を同封しておいたのですが、その切手を藤城さんは救援連絡センターに寄付させていただきました、取材を断るので申しわけないのですが、そのことをご了承くださいということも、律儀に断られていました。この文面もすごくきれいな字で書かれていまして、知的水準はそんなに低くない人だと思いました。

いま読み上げた手紙のなかで、拘置所職員のいじめが自分の裁判より気になるほどでして、と藤城さんが書かれていることについて、私はたいへん気になりました。私が手紙を出した時というのは、藤城さんが最高裁に上告していた頃で、既に一審二審で死刑判決が出ていましたので、このまま裁判で刑が確定したら死刑になるという命がかかった裁判よりも拘置所職員からのいじめのほうが気になるんだと、藤城さんは言っているわけです。私はこれがたいへん気になりましたので、再度、依頼の手紙を出して、じゃあ取材はいいので、せめていじめの話だけ聞かせてもらえませんかという手紙を出して大阪拘置所を訪ねたところ、藤城さんは面会室に出てきてくれて、話を聞くことができました。

3、妄想性障害

そのあと、藤城さんからいろいろいじめの話を聞かせてもらったのですが、結論から言いますと、これは事実ではないと私は思いました。事実ではないと言っても、藤城さんが嘘をついているということではないと思うんです。藤城さんは本気で辛そうにいじめの被害を訴えるんですが、それは拘置所職員からいじめを受けているという妄想に苦しんでいるということだと思うんです。なぜそのように言うかといいますと、先ほども言いましたけれども藤城さんは妄想性障害を患っていて、裁判で責任能力が問題になっていました。鑑定人の医師たちは、みんな藤城さんは責任能力に問題がある、心神耗弱は認められる状態だと言っていました。心神耗弱が認められたら減刑されるため、本来は無期懲役であるところ、裁判官が責任能力を認めて死刑にしました。私はそのような経緯を知っていたので、拘置所職員からのいじめの被害というのも、藤城さんの妄想じゃないかと思ったということ、それが一つです。

それと藤城さんが訴えるいじめ被害

は、やはり妄想にしか思えない内容でした。それについてちょっと紹介したいと思います。藤城さんはジェスチャーを交えて、必死で訴えられていたのですが、まずこんなことを言っていました。拘置所の収容者の人は、拘置所から提供される食事以外に自分で弁当を買うこともできます。藤城さん曰く、拘置所で弁当を買って、職員が房に入れるときに、上下や左右に揺するので、弁当箱の蓋を開けたとき、どちらかにいつも寄ってるんです、それはいじめですと必死に訴えてきました。ただ弁当箱のなかで中身がどちらかに寄っているというのは普通にあり得ることです。それを藤城さんは拘置所職員のいじめとしか思えないと。これはやはり妄想性障害の影響なんじゃないかと私は思いました。

その他に藤城さんが言っていたのが、房内のトイレで用便をしていたら、目の前の廊下を拘置所職員が行ったり来たりして、じっと見つめてくる、これはいじめだ、ひどい目に遭っていると藤城さんは言うのですが、やはりこれも妄想性障害の影響としか思えませんでした。なぜかと言いますと、拘置所職員は、そもそも収容者たちを監視することが仕事ですし、特に用便をしている時は衝立を立てますので、その向こう側で収容者が自殺をしてはいけない、何か悪いことをしてはいけないので、通常より監視を強くすると思うんです。しかしそれを藤城さんはいじめと認識していた。これも妄想性障害の影響が出ているのじゃないかと思いました。

それから藤城さんは言語障害があって、非常に滑舌が悪いのです。そのことについて拘置所職員から、「そんな喋り方しかできんのか」と言われると、それもいじめだと訴えていました。これも、拘置所職員がどのような言い方をしたかは分からないのですが、やはり言語がうまく伝わらないなか、相互にストレスが溜まるなかで、ちょっとしたことで諍いというかお互いにストレスが生じると思うんです。それを藤城さんはいじめと認識されていた。それもやはり妄想性障害の影響なのかなと私は思いました。

このようなことをお伝えするのに、どういう意図があるかといいますと、やはり藤城さんの妄想性障害というのは非常に重たいものだと、私は実際会ってみて、改めて思いました。裁判官は責任能力が完全に備わっていると認定していますけれども、やはり問題があったんじゃないか。もう一つ、言えるのが、先ほどの手紙にもありましたが、藤城さんはこの拘置所職員からのいじめが妄想なのに、これが自分の命がかかった裁判よりも気になっている、裁判どころじゃないと言っているということです。これは責任能力にも問題があるんですが、実は訴訟を受ける能力にも問題があったんじゃないか、そういうなかで裁判が行われたんじゃないかと感じました。本来は医療施設にいるような重篤な精神障害を負っている藤城さんと接しなきゃいけない拘置所職員たちもたいへんなストレスだったんじゃないかと思います。藤城さんもたいへんだし、拘置所職員もたいへんだし、そういうなかで、相互にストレスが生じて、たいへんしんどいことになったんじゃないかと感じました。

4、事件は防げなかったのか

　もう一つ私が気になったのが、この事件は本当に防げなかったのかということです。というのも藤城さんの妄想性障害というのは、実はこれも判決を見れば分かるんですが、事件の時だけの話じゃないのです。藤城さんはずっと事件の現場に住んでいた人ですが、小学生のころから周囲の人たち、同級生たちに馬鹿にされたとか見下されたという思いを抱いて、よくナイフを持って追いかけたり、そういうことをしたそうです。中学生ぐらいになると実際に刺すということもしていた。そういう藤城さんが事件を起こしたのは四七歳の時ですから、藤城さんは実に四〇年も、そういう状態で普通の生活をしている人たちと一緒におかれて、たいへんな被害妄想を持って苦しんで、それで怒りを爆発させて周囲の人たちに対して攻撃的になっていた。そういう状態が放置されていたのは、果たして藤城さんだけのせいなのか。実際、そういうなかで事件が起きるまでになにか防ぐ手立てはなかったのかと、そういうことが検証されないまま、すべて藤城さんが悪い、完全責任能力があったのだということにして出たのがこの藤城さんの死刑判決であったと私は思いました。結局、そういうことが検証されないままに執行されたのが、藤城さんの死刑執行だと思いました。

　そういう藤城さんについて、もう一つ紹介しておきたいエピソードがあります。それは、藤城さんから私が最後にもらった手紙です。私が藤城さんと面会したのは二回ですが、それ以後も何度も大阪拘置所を訪ねたり手紙を出したりしたのですが、二回面会したあとは、一切面会に応じてくれなくなりました。ただ、その最後の面会の一年後に、藤城さんから改めて面会お断りの手紙が届いたのです。

「何度も手紙ありがとうございます。片岡さんの心づくしを受けておきながら、まことに申し訳ないですが、面会は辞退いたしたく思います。どうかお元気で頑張ってください。」

　こういう手紙なんですが、まず感じるのが、面会取材なんか別に断ってもいいのに、そういうことをすごく申しわけなさそうに思っている。そう言いながら、私のことを激励してくれている。そして、この文章のなかでもう一つ私が気になったのは、「片岡さんの心づくしを受けておきながら、まことに申しわけないですが」という「心づくし」という言葉なんです。この「心づくし」とは、なにかな?とちょっと私も分からなくて記憶をたどって、思いあたったのが、どうやら私が初めて面会した日のあと、大阪拘置所の売店からジュースを三本と、ちょっとお菓子を差し入れたのですが、藤城さんはそのことをずっと律儀に思って、律儀に感謝していたみたいなんです。実際、初めての面会のあとに、そのような差し入れをして、二回目に面会で訪ねたときは、満面の笑顔で面会室に現れて、「あんなこと、せんでもいいのに」と感謝の気持ちを伝えてきたんです。ですから、そんな些細なことをずっと一年ぐらい覚えていて、面会の取材を断るのに、改めて「あのような心づくしを受けたのに申しわけないです」と伝えてくるような人でした。そういう藤城さんが、全部、藤城一人が悪いということにされて死刑判決を受けて執行されたのが、この年末に行われた藤城さんへの死刑執行だったということだと思います。

（かたおかけん＝著書に『平成監獄面会記――重大殺人犯7人と1人のリアル』笠倉出版社、二〇一九年二月刊がある。）

私の関わった死刑裁判

村木一郎（弁護士）

1、死刑／無期 判断がわかれた九事件

埼玉の弁護士の村木です。一九九〇年四月に弁護士登録をしましたので、今年の四月で三二年目になります。弁護士になってから、さいたま地裁の一審で、検察官から死刑求刑された事件を、これまで九件経験してきました。一審の結論は、五件が死刑判決、四件が無期懲役の判決でした。そして五件の死刑判決のうち、控訴審で無期に落ちて、そのままになったケースが二件あります。これは実は、良かったというべきではないのです。このうちの一件については、われわれは極度の精神障害で責任能力がない、無罪だという主張をしました。記憶されている方もいらっしゃると思いますけれども、二〇一七年に埼玉県熊谷市でペルー国籍の男性が地域住民の方を六人殺害した事件でした。この事件については、早々に無罪判決をして本国のペルーに戻して、精神科的な治療を受けるべきだと主張しましたけれども、裁判所に蹴られたという事件です。いま彼は府中刑務所に入っておりまして、私は月に一回の面会を重ねていますが、人間として完全に壊れています。再審請求をしなきゃいけないと思っていますが、そのとば口を現在、模索している状況です。

少し話を戻します。一審で、死刑求刑されたうち無期だと裁判官が判断した四件。うち二件は裁判官裁判時代、つまり裁判員裁判が始まる前のケースでした。残りの二件は裁判員裁判での判決です。裁判員裁判で無期になった事件については、検察官が控訴の申立てを見送り、確定しました。一方、裁判官裁判時代の一

審の無期判決については、検察官は両方とも控訴を申立てました。裁判官裁判時代の東京高裁の刑事部というのは、私の大先輩である第二東京弁護士会の神山啓文先生が的確な表現をしております。神山先生は、「村木なぁ、東京高裁の刑事部の裁判官には二種類しかいないんだ。悪い裁判官と、う～んと悪い裁判官。その二種類だ」と。それで、さいたま地裁で無期をいただいたケースは、二人とも東京高裁で見事にひっくり返り、死刑になり、そのまま最高裁まで私は頑張りましたけれども、死刑が確定しています。そのうちの一人が、あとで詳しくお話ししますけれども、岩森稔さんでした。もう一人の方は東京拘置所におられまして、私が再審請求をしていますが、いつ執行されてもおかしくないという気がしています。

2、高根沢智明さん

死刑求刑を受けた9件のうちの4番目が、高根沢さんでした。私は弁護士になるとき、「いずれそういう時が来るだろう」という覚悟を自分に言い聞かせました。それは、自分が弁護を担当した人が、死刑判決になって、それが確定して執行される瞬間です。高根沢さんは私にとって、弁護士になって三一年目に訪れた初めて死刑執行された人です。実は高根沢さんのケースにつきましては非常に心残りがありまして、私とあまりうまく信頼関係を築くことができないまま、一審で死刑判決が出てしまいました。岩森さん、あるいはこのあとに話をしますけれども、埼玉愛犬家事件の関根さんなどは、最高裁まで国選で引き継いで頑張りましたけれども、高根沢さんは、私とうまくいきませんでしたので、私が引き継ぐよりも、東京で別の弁護士がついて、新しい視点で頑張ってもらったほうがいいだろうと別の先生がおつきになりました。ところがその先生から、彼が控訴を取り下げてしまったという知らせを受けたときに、やはり愕然としました。その責任のほとんどは私がだめだったからだろうともちろん思いました。それから、いつかは執行されるだろうと。その後なかなか高根沢さんと会わないまま来てしまいましたので、昨年一二月、二人執行だという情報が流れたときに、いくつかのメディアから私の携帯に一斉に電話が来まして、これは誰かやられたなと思いましたが、それが高根沢さんでした。ということで、本来であれば高根沢さんにつきましては、控訴審の先生、それから再審請求については私が極めて優秀だと評価している坂根真也弁護士がやっていましたから、彼から話を聞くべきだろうと思いますので、私が多くを語るべきではないと思っています。

3、自然死を迎えた関根元さん

自然死を迎えた岩森稔さんのことです。実は私がお世話した死刑が確定した方のうちで、岩森さんは自然死を迎えた二人目になります。一人目は、かなり古い事件になりますけれども、埼玉愛犬家連続殺人事件の主犯とされた関根元さん。ちょっと見るとミュージシャンの泉谷しげるさんによく似ている方なんですけれども、この方について私は最高裁までお付き合いをして、再審のお世話もしてという関係にありました。死刑が確定したのは二〇〇九年六月でした。その後長く東京拘置所にいて、二〇一六年の一一月頃、健康を害して、外部の病院に救急搬送されたり、東京拘置所の五階の病舎に入ることもありました。関根さん、岩森さんについては、何かあるといけないと思い、拘置所当局には緊急連絡先として私の携帯と事務所の番号を登録してもらっていました。

関根さんには心臓疾患がありました。二〇一七年三月二七日の明け方四時ぐらいに、東京拘置所から私の携帯に着信がありました。こんな時間に東京拘置所からわたしの携帯に連絡が来るなんていうのは平穏な内容ではありません。関根さんが息を引き取りましたという連絡でした。関根さんには娘さんが一人おられて、私がすぐ連絡を取りますと、ご遺骨を引き取りたいという希望がありました。私はただちに東京拘置所にその旨を伝えて、その後の段取りを整えました。東京拘置所からは、すぐ近くにある斎場に私とお嬢さんとで出向いてくれと。指定された時間に行きますと、霊柩車が到着しまして、拘置所の職員が柩を出してきます。私も初めて知ったのですが、病死した方については東京拘置所のなかできちんと納棺を済ませてくれていました。斎場には私と娘さんの二人です。最後のお別れの時に、柩の窓を開けますよね。関根さんとはそれまで法廷以外ではアクリル板越しで会っていたわけです。その最後のお別れの時に、はじめて、私は関根さんの頬に手を載せました。穏やかなお顔をして、初めて関根さんの頬に触れて、情けないですけれど、私はその場で泣き崩れました。その後、無事に火葬を済ませ、お骨を頂戴して、お嬢さんと二人で東京拘置所に行って残っている遺品をすべて引き取って、という流れでした。

4、岩森稔さん

そして昨年の一二月一一日、日付が変わった直後に、また東京拘置所から私の携帯に着信があったわけです。これはまた何かあったなと。

実は岩森さんは二年ほど前から体調を崩されており、特に昨年一〇月にはかなり体調を崩して五階の病舎に出たり入ったりしている状態でした。死刑確定者の方が医療刑務所に行ったり、あるいは東京拘置所の五階の病舎に入るということは、実は安心することなんです。なぜだか分かりますか。日本の死刑執行というのは、病気を治して、健康体にしてから執行するんです。言い方を変えますと、病舎に入っているあいだは執行はない。だから岩森さんは、ちょっとひょうきんなところがあるものですから、病舎に入った時に、しばらく執行ないかもねというような話をした記憶があります。ただ岩森さんはなかなか勘の鋭い方でして、去年の一〇月に体調を崩されて、病舎から私の面会室に出てきたときに、二年近く執行がないですよね、村木先生と。今年、オリンピックも終わりましたよねと。「国会も終わると、一二月二八日までのあいだのどこかで、やると思うよ、村木先生」と。

岩森稔さんは死刑囚表現展に流山都というペンネームで応募していた。21 年の応募作「区長との面談」

私は岩森さんが体調を崩されてから頻繁に面会に行くことにしておりまして、岩森さんからは一二月二八日に面会ができれば、その年は執行がない。だから来年も村木先生と会えるということで、岩森さんとの最後の面会は一二月二八日にと約束していました。ところが一二月一一日。日付が変わった時に連絡をいただきまして、関根さんのことがありますので、私も直ちに同じ流れになるだろうと思いました。ところが、岩森さんにはお身内の方がいらっしゃるんですけれども、遺品を含め、ご遺骨も一切、引き取りを拒否されてしまいました。つまり関根さんの時はお身内が引き取る。岩森さんの時は、それを拒否するということで、東京拘置所の対応は関根さんのときとは一八〇度違っておりました。火葬に村木を立ち会わせるわけにはいかない。共同墓地に拘置所の判断で納骨するので、時期も、詳しいことも一切伝えることはできないという対応でした。ただ、遺品については引き取れる範囲で引き取ってもらって構わないということでしたので、後日、私は東京拘置所に行き、持てないものもありましたけれどもある程度、引き上げて、それから現金がそれなりにありましたので、それはフォーラム90に寄付させていただきました。

岩森さんは、もともとは運送会社の責任者をやったりしていて、芸術には長けていなかったはずなんですけれども、東京拘置所に入ってから絵を描くようになり、作品を出したりしていました。色鉛筆が使えたときは、毎年一二月になりますと翌年のカレンダーを一カ月ごとに色鉛筆で作って私のところに送ってくれたりしていました。カニが好きな人で、東京拘置所ではカニ缶が差し入れできまして上中下とありましたので、面会に行くたびに、私は一番高いたらばのカニ缶を入れてあげていました。

5、死刑は、一日も早く日本からなくなるべき

自然死、本当は幸せなことのはずです。でも病気になったら執行されない、元気になったら執行されるかもしれない。これは、私は普通の感覚ではないと思います。

長く弁護士をやっていますと、死刑だ無期懲役だということに少し鈍麻してしまうことが恐ろしくなります。私は、昨年取材の関係で三一年間の弁護士活動で無期懲役の確定者の方がどれぐらいいるんだということを自分のデータベースに当たりましたら、四二人いらっしゃいました。これは私の無力さを示すデータだと思っています。そのなかで、仮釈放になった人は、まだ一人もいません。ご承知のように、法務省は毎年一一月になりますと、前の年の無期懲役確定者の処遇について、極めて詳細なデータを踏まえて公表しています。だいたい一七〇〇人ぐらいの無期懲役確定者がおられ、毎年一桁、あるいは一〇人ちょっとの方が仮釈放になる。一方、二〇〇人以上の方が刑務所のなかで亡くなっています。つまり、現在、無期懲役というのは限りなく終身刑に近い

高根沢智明さん再審弁護人・坂根真也弁護士からのメッセージ

「12 /17 に高根沢さんに面会したばかりでした。

自分が執行されると全く予想していなかったと思います。

残念でなりません。

第３次再審請求ですが、

H30 年３月２日再審請求

令和３年 10 月４日意見書提出

で地裁段階でした。

不当な取調べで不本意な供述調書を作られ、刑事司法に対する不信感から控訴を取り下げています。

しかし結局、不当な取調べを明らかにしたいという思いから、その後再審請求を続けていました。

本人からは毎年写経を送ってくれたり、接見に行くと世間の情勢を心配したり優しい一面を持っている人でした。

状態になっています。私は、死刑などというものは、一日も早く日本からなくなるべきだと思っています。

死刑をなくすための、あるいは死刑をなくすべきための理由はたくさんあります。逆に死刑を残すんだという立場の方々の理由の一つに、犯罪被害者遺族という切り口を挙げる方がいらっしゃいます。少し考えてほしいんです。世界の多くの国・地域で死刑は廃止されています。その廃止したところの犯罪被害者遺族はなんの補償もなくて嘆き苦しんでいるんでしょうか。むしろ逆です。死刑を廃止しているからこそ、犯罪被害者、そのご遺族を国はていねいに扱うんだと、そういうことなんです。死刑という制度は、犯罪被害者やご遺族への対応として最も野蛮で、最もローコストな対策だと、そのことに気づくべきだと私は思っています。

奪われる、いのちを守る権利

岩井信（弁護士）

1、小野川さんの弁護人として

私は控訴審から小野川光紀さんの弁護人になりました。控訴審から上告審、第一次再審請求、そして今回、第二次再審請求中に死刑の執行を受けたということになります。私だけではなく、町田伸一弁護士と大森孝参弁護士と一緒に関わってきました。

一審判決が、高根沢智明さんと小野川さんの二人に対して死刑判決を言い渡しているのですが、判決にこういう言葉があります。「両名の刑事責任に径庭《けいてい》はない」。「けいてい」というのは、私も最初読んですぐピンとこなかったのですが、「へだたり」を意味する言葉です。両名の刑事責任に「違いはない」ということで、両名とも死刑にしたという判決です。二人のパチンコ店の従業員の方を殺害したという事件ですが、そこにおいて二人の責任に違いはないと。当然私は小野川さんの弁護人として、二人の間の刑事責任には「違いがある」ということを指摘し、弁論してきました。心理学者の方に供述分析をしていただいて、二人の会話の関係から主従関係があるとか、客観的なさまざまな事実から主従関係があるとか、そういうことを強調するわけです。それは結果的に、共犯者である高根沢さんのほうが刑が重いということを主張することになります。

ところが、やはり死刑執行の場面では二人は同時に執行されました。そういう意味ではまさに判決どおり、刑事事件の死刑の執行には径庭はありません。共犯者の死刑の執行は同時にする。それが日本における、不文律とされてきた一つのルールです。

今回は、この二年間、執行がないなか

での執行です。私は、法務当局は二年間執行がないために一定数の執行数を確保しようと考えたのではないかと考えました。共犯事件を執行することによって、二人という執行数を実施する。それにもう一人加えると、三人の執行になる。そういう判断をしたのではないかと、全く根拠はありませんけれども、そう思っています。そうしないと、この二年間の空白期間を埋めることができないと日本政府は思っているのではないかと。

そういうことを考えると、この一審判決の「両名の刑事責任に径庭はない」という言葉が、いま再び重くのしかかってきます。私は東京拘置所で、控訴審で高根沢さんに尋問をしました。主従関係があるという前提で高根沢さんにも質問をし続けました。私は小野川さんの弁護人であるので、高根沢さんに対しては反対尋問をしたことになりますが、私が尋問した相手が同時に執行されたのです。

2、執行当日

一二月二一日の当日、私は全く別件で、東京拘置所へ接見に向かっていました。ふと気づいたら九時半を過ぎていました。スマートフォンでニュースを見ていたら、共同電の第一報で執行があったという報道が出ていました。びっくりしました。胸騒ぎもしました。通常、最初は執行された死刑囚の名前はわかりませんが、少しするとメディアに執行場所などが出てきます。名前も見えてくる。ところが一〇時を過ぎても、明らかにならない。私は拘置所にほぼ近づいていて、その段階では誰かがわからなかった。私は正直、非常に胸騒ぎがしました。本当はその日は、予定していた被告人との関係でいろいろと議論をしなきゃいけないことがあったんですけれども、胸騒ぎがあったので、私が東京拘置所で再審をしている二人の死刑囚に面会の申し入れをしました。そうしたら、拘置所の受付の職員に「岩井先生」と言われて、「ちょっと廊下の奥側に行ってください」と言われたんですね。そこに行くとドアが開いて、中から主任の刑務官、一番上席のような穏やかな表情をした人が出てきました。「岩井先生」と。それで私が小野川さんの名前を書いた面会票を見せるわけです。見せるだけで何も言わないんです。「なんですか」と私はもうわかっていましたけれども、言いました。すると「いや、探しましたけれども、いませんでした」と。私は「そんなことないでしょう！執行でしょう！」って、私は本当にその場で、ちょっと大きな声で言ってしまいました。その刑務官は「いや、私たちはそれ以上わからないんです」とも言っていました。それが一〇時一五分ぐらいでした。

3、再審がたどった状況

小野川さんの事件は、二〇〇四年三月二六日に第一審判決があり、二〇〇六年九月二九日に控訴棄却、二〇〇九年六月九日に最高裁上告審判決があって、六月一九日に判決訂正申し立てをして六月二四日に棄却ということになっています。第一次の再審請求後、二〇一九年三月八日に、第二次の再審請求をしました。その年の八月には「補充書（1）」を、その年の一一月には「補充書（2）」を、その年の一二月に「補充書（3）」、二〇二〇年一月に「補充書（4）」を出していました。また証拠の開示請求も出していました。

ところが、そのあと、私たち弁護団で新たな補充書を出したり新たな新証拠を出すということができませんでした。客観的な事実経緯が争いにくい難しい事件だということは弁解にしかならないんですけれども、なかなか新証拠も出せない状態で二〇二〇年一月から出していないままだったわけです。

ところが去年の二〇二一年四月に、さいたま地裁が、検察官に「求意見」を出したわけです。「求意見」というのは再審請求においては、一応、双方の意見を聞くと。逆に言うと、双方の意見を聞けば、そのあと裁判所が結論を出すことができると、そういう手続きになっています。ですから求意見を出すということは、なんらかの結論に向けて、いつでも動き出せる状態を作るということになるわけです。検察は七月に意見書を出しました。そして去年九月二四日に、さいたま地裁は証拠開示については職権を発動しないという連絡をしてきました。ただ、職権発動しないという連絡だけで、再審請求自体の結論ではなく、あくまでこちらが求めていた証拠開示請求についてだったんですね。それが九月の下旬です。それからどうしようと考えあぐねている、というのは私の弁解で、何もしないかたちで一二月になっていました。だから私は胸騒ぎがしていたわけです。自分が何もしていなかったからです。

証拠開示をして、職権発動しないって言っていて、検察官が意見を出していて、それで次に来るのは決定しかありません。しかし、次の一手ができていなかった。だから胸騒ぎがして、胸騒ぎどおりの結果になりました。それが一二月二一日の執行です。

本当にそういう意味で、径庭がないということで共犯事件を狙ったのではないかと考えましたけど、一方で考えるのは、私たちが十分な弁護をしなかったから狙われたんだということです。正直、それしか自分の心の中にはないです。だから本当は、なかなか皆さんの前で話をするような言葉がないのです。

4、奪われる、裁判を受ける権利

先ほど安田さんも少し述べていましたけれども、再審請求中の執行というのは、非常に大きな問題があります。去年の九月二二日、難民不認定処分を出した人に対して強制送還を強行した事件で、東京高裁が取り消し訴訟や、裁判を受ける権利を侵害したとして、これを違憲だとする判決が出たのです。法律の条文解説書でも、憲法三二条の裁判を受ける権利というのは、司法拒絶をしてはいけないんだというふうに書いてあります。難民不認定処分を受けて、そのまま退去強制された人は、その結果について裁判で争う権利を、その相手方当事者である国によって強引に奪われ、送り返されたわけですね。権利を相手方に奪われたわけです。「自力救済」という言葉もありますが、国は、自力救済どころか自力で日本から放逐したわけです。

　再審請求中の死刑の執行は、退去強制のさらに極限の形態として、この世から放逐する、そういう処分です。それは憲法が定める「裁判を受ける権利」、これを全く保証しないとしか言いようがありません。日本の最高裁は、この裁判を

小野川光紀さんは麻酔切れというペンネームで、2021 年に初めて死刑囚表現展に５作品を応募し新人賞を受賞した。この作品はその中の３番目の作品「もう一度摑み取りたい」（A4）。
ちなみに他の作品タイトルは、「デッドマンズ・ウォーキング」「今の自分を動かしている。あの時の愛しい季節が」「自分の人生の不幸を呪うのはやめた。新しい一歩次の一歩」「再生」。

受ける権利の「裁判」の定義を、「対審で公開の裁判に限っている」のだと、これまでいろんな裁判の中で正当化しています。しかし日本国憲法の英訳では、「裁判へアクセスする権利」と書いています。裁判へアクセスする権利という観点から考えると、再審も、再審という対審、公開の裁判に向けてのアクセスする権利として再審請求をしているわけですから、そのアクセスする権利を奪っているということで、私は憲法三二条に違反する行為である、それが再審請求中の死刑の執行だと思っています。そもそも刑事訴訟法自体が再審を認めていますから、法律で認めたことを、相手方当事者である国が執行して強制的に終わらせようとするのは、法律ではなくて「力ずく」としか言いようがありません。

今回の再審請求中の死刑の執行の違法性、もしくは死刑の執行手続を規定する法律がなく、執行の権限が誰であるかが法律でも定められていないなかでの執行、もしくは心神喪失が疑われている人に対する死刑の執行。それが今の日本の状態なわけです。法律が守られているかどうかは、国に全部お任せするしかない、ブラックボックスになっているというのが、死刑執行にかかわる実態です。

5、執行六日前の小野川さんの手紙

小野川さんは非常にていねいな字や言葉で手紙を書きます。ご遺族に対しても、いつも毎年命日にお手紙を書いて、私のところに送ってきて、私が送らせていただいています。本件には被害者二人のご遺族がいらっしゃって、お一人のご遺族の方は峻烈な処罰感情をお持ちです。私たちも控訴審になってからお花を持ってうかがいましたが、玄関口で、玄関にも入れさせていただけませんでした。

もう一人のご遺族の方は、一審で小野川さんのご両親が直接お会いして、土下座して、そしてお手紙をいただいています。その手紙の内容は、少し刑を軽くすることを求めている文面が書いてあるワープロに、代わりに親族がサインをしている、そういう手紙が提出されていたわけです。それに対して、一審の検察官はそれに対抗して、そのご遺族の方のことを認識に問題がある方だという報告書を出してきました。ですから被害者の遺族の方の手紙についてはあまり考慮すべきではないと一審判決では書かれました。

私たちは控訴審で、もう一度、そのお母さまに会いました。施設にも行きました。なぜ施設に行けたかというと、被害者のご遺族の周りにいるご親族の方がご理解いただいて、車で送ってくれました。遺体を確認した方も、お母さまではなくて、叔父さまでした。事件はそういうふうに、直接の親だけではなくて多くの親族を巻き込むわけです。その母親がそういう手紙に署名した背景には、周りにいるいろいろな親族の方がいらっしゃったわけです。

死刑事件では、裁判所は常に被害者のご遺族の処罰感情に論拠を置きます。しかし、実際には被害者のご遺族にもいろんな方がいる。ご遺族の範囲にもいろんな方がいる。いとこの方には、控訴審でお手紙を出していただきました。直接「赦す」という言葉はもちろんありませんけれども、その手紙には「小野川の両親の気持ちは私にも痛いようにわかります、私も子どもを持つ親として」と書いてありました。しかし控訴審判決も死刑を維持して、刑事責任に径庭はない、となるわけです。そうなると被害者のご遺族の感情というのは、本当には考慮されていないのではないかと思います。少なくとも私たちが行った時にはちゃんと会話ができたし、息子さんに対する感情をお母さまが語ってもいました。いなくなったものは、もうしょうがないというようなな理解できるお言葉をおっしゃっていました。それは痛切な言葉なんですけれども、被告人に対する憎しみの言葉ではない言葉で出ていて、それを支える周りの親族がいて、それを支える周りの施設の人がいるわけです。ですから、ある感情だけを取り出せば峻烈な感情になるけれども、もっと全体の流れのなかで、そして時間の流れのなかで見る必要があると思います。

去年の一二月一五日、私は小野川さんから手紙をもらいました。執行された一二月二一日の六日前です。彼はいつものように、非常にていねいな言葉を書いています。彼は本当に相手のことを思いやる人です。全部手書きで書いてあります。

「今年は証拠開示請求に対して、裁判所が開示しないという判断をしました。この件に関する先生方の提出した証拠などを最初に目にした時、正直驚きました。このようなものがあるのかと。こりゃあすごいぞと。そう思っていた私は、当然、証拠開示されるのではないかと期待していたのですね。ですから、裁判所が判断した結果を知って落胆しました。しかしそれと同時に、落胆するってのも悪くないなとも思えたのですね。正確には、何かを期待するときの、あの感覚を久しぶりに味わえたからだと思います。だからと言ってなんども落胆したくはないですが。とにかく先生方のご尽力のおかげで、私は何かを期待することができました、というより、今も現在進行形で期待しています。これまでの先生方のご尽力に心より感謝いたします」。

彼は「今も現在進行形で期待しています」と書いていたわけです。

その六日後に、現在進行形を過去形にさせたのが、国です。しかし、彼に関わった私は、過去形にはできません。

(初出『フォーラム90』一八一号)

死刑をめぐる状況

2021—2022

再審請求中の死刑執行国賠訴訟

（再審請求中の死刑執行国賠・主任弁護士）
宇野裕明

1 この裁判で何を求めているのか

——最近、死刑廃止運動の中でいちばん憂慮している問題は再審請求中の人が片っ端から執行されていくことです。この裁判を提訴されたあとも執行は続いているわけで、この裁判の中で議論をしてこの流れを止めていくことができればありがたいのですが。執行順も一定程度決まっていたのが最近はもう恣意的にやっている感じですね。今回は加藤智大さんで有名死刑囚としてやられたのではないかと思うのですが、この裁判に期待することは大きいわけです。私たちが支援していた河村（岡本）啓三さんの弁護団が原告となっている裁判ということもあって、注目し続けたい裁判です。まずこの裁判の請求の意味について話していただけますか。

宇野　この裁判の意味は今おっしゃられたことに尽きるのですが、そもそも金子武嗣先生が死刑確定者人権基金を立ち上げられ、死刑廃止運動を抽象論で展開していてもおそらく日本で実現する方向になかなか動いていかない、具体的な事件があって裁判所の中で議論をさせてそれを世の中にも伝えていくという方法をとらなければ話が前に動かないんじゃないかというそこからスタートしています。私もその趣旨に賛同して今回の国家賠償請求事件を担当させていただくことになりました。

この国家賠償請求の意義としては再審請求中に死刑がじゃんじゃん執行されてしまうという現状を打破したいという思いでスタートしました。僕らが提訴したのが二〇二〇年一一月二五日なんです。提訴したことも踏まえて少し死刑執行に対して消極的な方向に傾いてくれればいいなあと思っていたのですが、その思いは儚く消え、昨年二〇二一年一二月二一日の執行、今年になってからも七月に再審請求中の方が執行されてしまいました。

　再審請求をするということはまさしくその人が死刑を受ける根拠になった根底が覆るかもしれないという状況なはずなんです。もちろん再審が開始されているわけではないのでその具体的な可能性が現実化しているとまではいえないのですがその入り口には立とうということで動いている状況ですからそのあとどうなるかというのは本来法務省が判断できる事項ではないでしょう。まさしく裁判所に申立てている再審請求だから裁判所に判断権があって、裁判所が判断してない事柄について勝手にこの再審請求は開始にならないから執行していいというのはあまりにも独善的ではないか。そういうところをなんとかしたいと再審請求中に死刑を執行するのは違法ではないかということを軸にすえています。

2　なぜ再審請求弁護人が原告なのか

宇野　弁護人が原告になっていることにもリンクしてくるんですが、執行されるという不利益を誰が被っているのかと言うと、受けた張本人はもう執行されてお亡くなりになっているわけですよ。じゃあ遺族かと言うと、遺族には遺族としての独自の再審請求権が別途設けられている。じゃあ遺族が、執行されて再審請求が終わった、不利益を被ったと言うなら新たに再審請求を起こしたらいいじゃないかと言われてしまう可能性がある。これを解消する方法として弁護人であった人たちが弁護活動をする権利を再審請求中の死刑執行によって奪われてしまうということに問題の本質があるんだというかたちで、弁護人のご協力も得てこの事件で国賠を起こしました。

――河村啓三さんの場合は執行後一年経ってから再審が棄却されていますね。それって裁判所によって扱いが違うんですか。

宇野　どうもそこは確定してないようですね。訴状の中でも引用していますが（前橋地裁高崎支部平成三〇年六月二五日の決定）、同じような裁判例が他にもあり、再審請求中に死刑が執行されたあとに再審請求に関する判断が下される。他方で昨年執行された件は死亡によって終了したという形で処理されてしまったと聞いているので、裁判所の中でも統一してないのかもしれません。

――東京拘置所で再審請求中に病死した人も死亡により手続き終了と自動的になってしまっていますね。

　しかし、この場合は違って、訴え

られている側が訴えている側を殺してしまうと訴状にありますが本当にそうですね。

宇野　異常事態ですよね。被告が原告を殺したので裁判、終りますといわれて、それで終っていいんですかというところで、万に一つの可能性かもしれないですけれど、もし再審請求が受け入れられて確定審の判断が覆る可能性が本当にわずかでもあるのであれば、それは尊重しなければいけないと思うんですよね。それが今の日本の現状でなされていないということ、これは本当に大きな問題です。病死の場合との違いもそこにあると思うんですよね。病気でお亡くなりになった場合は被告が意図的に訴訟を終了させているわけではない。国側を非常に悪く捉えてしまえば都合の悪い事件程死刑を執行してしまえばいいということになっちゃうわけですよ。再審請求されて、形勢まずいぞ、このままだと再審開始決定が出ちゃうかもしれない。だからやっちゃえというのができちゃうわけですよ、今は。実際にそんなことはしていないと信じていますが。それは究極の不正義ですよね。国が都合の悪い事実を覆い隠すために人の命を奪ってしまう、しかもそれで何も問題がないということになってしまっては、絶対に許されないと思うので。

3　死刑再審事件における弁護人の権利

――訴状に、死刑再審事件における弁護人の地位と役割について綿密に書かれていますね。

宇野　一つには本当に直接的な不利益を被った当事者はもうこの世におられないことと、遺族だったら別途の再審請求をすることができるのでそれをすればいいと言われてしまうところがあるので、そのあたりを国側に言いわけを許さないような形で国家賠償請求をする権利があるのはあとは弁護人ということで選択したということがあります。もう一つはやはり再審請求における弁護人の役割というのは非常に大きなものがあり、ただの代理人じゃないんですよね。身体拘束を受けてる方の刑事事件をやっておられる弁護人には理解していていただけると思うんですが、ご本人は捕まってるわけです。死刑確定者は自分で調べたり自分で証拠を集めたりできないんですよ。そうすると弁護人が全部引き受けてやるしかなくて、弁護人が弁護人だけでできるかというとそうじゃなくて、依頼者である確定者の人と相談をしてやる。俺の部屋のここにこんなの残ってたと思うんだけどと言われた時に見に行き探して来てこれかな、あれかなというのを持ち込んで相談し、こっちじゃなくてこっちです、他にもなかったですかというふうにお互い連係をしながら再審請求に耐えうる証拠を集めたり、あるいは相談をして新たな事実が見つかっていく、そういうことが起こっていくわけです。だから弁護人というのは単なる代理人ではなくてそういうふうに独自の役割を果たしている部分がある。そういう役割を果たし弁護活動を展開するわけですから、再審依頼人が執行されてしまうと弁護する権利というのもなくなってしまうと同時に奪われてしまう。

弁護権については、そうハードルの高い議論ではなく認められるのではないかと思っています。一つには接見交通権、捕まってる人とそこで面会して相談するという権利の関係で弁護権という議論が発展して来た歴史があるんです。捕まっている人をサポートするために弁護人が選ばれて会いに行き相談することになる。もちろん相談自体が実現しないとちゃんと弁護活動できないし、相談する時に立会いの職員が入っているような状態だったらまともに相談できないので、秘密性が保障されなければいけない。僕が弁護士になる前ですけれど、昔は捕まっている被疑者に接見すること自体がかなりハードルが高い所からスタートして来た歴史がある。接見指定書を貰わないと会えない、昔はキップと言っていたらしいのですが、キップを取って拘置所に会いにいって、ようやく会える。僕が弁護士になったときは過去の先輩たちがクリアしてくれていて会いに行けば、よほどのことがない限り会えるという状態からスタートしていたのですけど、そういうふうに弁護人が被疑者と会う、被告人と会うという一場面だけでも何十年も訴訟を積み重ねて拡張して来た。その中で弁護人が被疑者と会うというのは弁護権の一つに含まれているというかたちで承認する最高裁判決まで出ているので、それをさらに敷衍したものとして平成二五年に再審請求者と再審弁護人が面会する権利も、接見交通権という具体的な条文上の根拠はないけれども、秘密に面会して打ち合わせをする法的な利益があるということを承認させた最高裁判決がある。そこでも弁護権と直接的には書いてないですけれど、そういう秘密面会する利益はあると承認されている。そういう所からすると弁護人には被告人とか確定者の権利を代りに行使するだけではなくて、弁護人としての権利があるということは比較的容易にもって来れる。

4 自由権規約について

宇野 自由権規約はかなり大事な議論でして、同じ弁護団の中に川﨑真陽弁護士と定岡由紀子弁護士が入っていて、この二人が国際人権法に精通しておられる。

自由権規約六条四項というのが一番メインで闘われる土俵になると思うんですが六条四項の中では、再審請求と文言に直接書かれているわけではないのですが、恩赦とかそういう手続き中にはやってはいけないと書かれています。国側は再審請求は文言に含まれていないと言う、理屈としてはかなり稚拙な反論をされているんですけれど、ここらへんも再審請求が含まれてないんだったら、そのあとの規約人権委員会の勧告、つまり日本は自由権規約を批准しているのに再審請求がなされた時に執行停止の効果がないことになっている、これは問題でありませんかという勧告を何度も受けている。その勧告に対して、六条四項には再審請求なんて一言も書かれてはいませんよと、日本政府は公式回答としては一切言ってないんですね。公式回答で言ってないことを裁判のなかで独自におっしゃっているというふうにこちらは認識しているのでここは議論としては稚拙なお話をされていると思うんです。

国際人権法はその起源が大事になってくるのです。国際人権法が国際的に重要視されて来た一番大きな所がナチスドイツによる大量虐殺という所があって、その時に他国の人たちがドイツ国内でどういうことが起こっているか、認識はしていたんだけど、それに何か口を挟もうものならいわゆる内政干渉だということでなかなか口を突っ込めないみたいなことが合って、しかしそれじゃいけないよねという反省のもとに、人権というものはグローバルスタンダード、どの国でも守られるべき水準というものが合ってそれに違反した時には国外からでもちゃんと文句言わないといけないんじゃないかということで出来上がって来た制度ですので、日本はまさに今それをないがしろにしている状態なので、国際人権法の観点から見ても本当におかしな状態なのでそこをなんとかしたいということです。国側は反論としては基本的に刑事訴訟法を持ち出すんですね。刑事訴訟法に再審請求に執行停止はありませんとか、刑事訴訟法では執行停止の場合は具体的に定められていて再審請求は執行停止理由には含まれていませんとか、そういうことを刑事訴訟法を根拠に主張してくるんですが、実は条約というのは国内法より上位の法規範というふうに、これは法学部で習うレベルの話なので、上位の法規範がある以上は下位の法規範はそれに縛られるんですね。一番典型的なのは憲法。憲法は国内法の最高法規と呼ばれていて憲法に反する法律は効力を持たないと言われている。憲法に反する法律があったときどうなるのかというと二種類しか答えがなくて、一つはもう無効になってしまうというふうに捉えるのか、もう一つは一見すると憲法に反する法律に見えるけれども、合憲限定解釈というのですが、憲法に合致するように解釈するということでぎりぎり法律としての効力が保たれるというどっちかの解決しか用意されてないのですね。なので下位の法規範は上位の法規範を破れないというルールが現実にあるのでその観点からすると自由権規約に反する刑事訴訟法の条文があった場合には自由権規約に適合するように解釈するか、自由権規約に反しているからこの刑事訴訟法の条文は効力を持たないというふうに解釈するかの二択しかないのでそこには国側は正面から応えられないのではないかと思うのです。さっき言ったとおり文言上再審請求が含まれていないとかそういう屁理屈みたいな話はいうかもしれないですけど。

——訴状の中で「自由権規約を直接適用し、法律に優位する効力を認めた裁判例」として「受刑者接見妨害国賠」（徳島高裁）と「指紋押捺拒否事件」（大阪高裁）の二例が、「自由権規約に言及、援用して、法令違反を認めた最高裁判例」として「国籍法三条違憲判決」「非嫡出子相続分違憲訴訟」の二例が引かれていますね。

宇野　お恥ずかしい話なんですが、僕自身は国際人権法はあまり詳しくはないのですが、ほとんどの弁護士がそうなんですよ。自由権規約が存在することまでは法学部の授業で習うと思うのですが、具体的にどんな条文があってどう解釈されていてどう国内法上使えるのかについて認識がないというのが正直なところなので、国際人権法に反しているとか、他の条約でもいいですが条約を使って裁判をするという事例自体が多分ほとんどないと思いますね。なのでそこまで調べ上げて徹底的にやろうというスタンスの裁判は少ないので、数少ない裁判例の中でむしろこれだけの多くの裁判例で条約を使って勝ってますよという感じなんです。もちろん統計を取ってるわけではないですが条約を使って裁判するのは僕も初めてなので（笑）。

——提訴した後、被告国の答弁書に怒った金子弁護士が、鮮烈な意見書を出しておられますね。再審請求中の執行は許されないのが世界の人権のグローバルスタンダードなのに「この日本では、司法の救済を求める再審請求がされている間に、再審請求の相手方である法務省によって、死刑が執行されている。司法の救済を求める申立人が殺されている。なによりも司法が馬鹿にされているのである」「私たちのいるこの日本で、死刑確定者の不条理な状況、そして『姑息な言い訳』がまかりとおり、誰もそれを改めることができていないのである。原告代理人である私たちは、日本の司法において、この裁判所において、そして、日本の法律家の力でこれを改めたいと思っている。それこそが、この国に生まれた法律家の使命と思う」と熱く書かれています。

宇野　これは答弁書が出て来て第一回の弁論期日で金子先生が口頭で述べられたのですが、答弁書がかなり酷くて、自分たちが出している死刑執行に関する通達に関して知らないとか言う。そんな答弁ありますかという感じだったり、訴訟法上の戦略的な主張をこねくり回して展開しているみたいなところがあって正面から向かい合ってくるところが全然なかったのでそこに金子先生がお怒りになってその意見書を出したという流れなんです。

法は家庭に入らずという法律の世界で言われている格言みたいなのがあるんですね。例えば家庭内で子どもを懲戒するとか家庭内でルールを作ってやっていくかというのは各家庭ごとにあるはずです。ヨソはヨソ、ウチはウチみたいな。そんな感じで家庭内のことは家庭で決めてくれみたいな法格言があるんですけれど、しかしそれって時代の変化とともに今もう変わってると思うんです。

虐待の話なんてまさに典型的で、隣のウチで子どもの泣声がすると、今は通報する世の中です。通報されて児童相談所の職員が尋ねていった時に、ちょっとしつけただけですからというのは言いわけにならない時代になっている。それはなぜもたらされて来たかと言うとやはり各家庭に任せていては子どもの安全が守られないという発想が根底にあって、徐々に変わって来ていると思うんです。

まったく同じ話じゃないかと思うんですよ。国の話は国内でやればいいで解決がつかなかったから国際人権法ができている。その趣旨に賛同しているから日本も政府として批准しているわけです。だったらちゃんと従いましょうよということになってくる。国内のことは国内で処理すればいいとか国際的なことは全然無視していいなんて言うのはあまりにもグローバルスタンダードとかけ離れていると、金子先生が意見書に書いているとおりの状態だとしか言いようがない。

この訴状がけっこう面白いのは、金子先生が、この訴状を最終準備書面のつもりで書こうとおっしゃった。なので訴状で一通り述べたあとにおそらく被告はこういう反論をするだろうということを書き、しかもそれには理由がないということを何十頁も書いてるんです。裁判所もこんな訴状初めてだし、僕も書いたのは初めてです。裁判所は被告の反論まで書いてるし、それへの再反論まで書いているしびっくりしたと思うのです。それは金子先生の慧眼であり、素晴しい戦略であると思うんですが、裁判所に僕らがどれだけ本気でこの裁判をやっているのかはもう伝わっていると思うんです。被告の反論を見てとか、被告の様子をうかがってということではなくて、どうせ最終的にこの辺はどう言うかは見えてるから、打ち返せるものは打ち返しておくみたいな感じでやり切っている。かつそのとおりの展開になっているので被告はきっと国際人権法のことで文句を言うと思うけれど、それは間違ってますよということをこちらは次回反論していく予定になってますし、弁護権についてもいちゃもんを付けようとしていますが、そんなものは反論になりませんよと言うので、こっちで想定していたとおりの流れに入ってるなあという感じです。

（二〇二一年七月七日、大阪にて）

死刑をめぐる状況

2021―2022

告知当日の死刑執行は違憲国賠訴訟傍聴記

（関西救援連絡センター）
永井美由紀

1 国賠と「受忍義務不存在確認」を提訴

二〇二一年一一月四日、死刑確定者二名を原告として、死刑執行当日の朝、執行一、二時間前に告知を受ける現在の運用は違憲違法であるとして、国家賠償請求と「原告らには死刑執行告知と同日になされる死刑執行を受忍する義務がないことを確認する」訴訟が提起された。

現在の死刑執行は、死刑執行当日の二時間前までに告知される。これは法律の定めではなく、死刑執行の法務行政の運用（行政運用）としてなされており、憲法三一条の保障する「適正手続」に違反する、と訴状は述べる。

最高裁は、一九四八年の死刑合憲判決において「憲法第三十一条によれば、国民個人の生命の尊貴といえども、法律の定める適理の手続によって、これを奪う刑罰を科せられることが、明らかに定められている」と判示し、死刑制度は憲法三一条の「適正手続」に支えられなければならないとした。

刑訴法四七九条は、①心神喪失の状態に在るとき、②死刑の言渡を受けた女子が懐胎しているときは、死刑執行ができないと定めている。また、刑訴法五〇二条で、不服申立制度（執行異議制度・即時抗告制度等）が設けられており、裁判の執行を受ける者又はその法定代理人若しくは保佐人は、執行に関し検察官のした処分を不当とするときは、言渡をした裁判所に異議の申立をすることができる。この不服申立権は、死刑確定者等に、法的・制度的に保障された権利であるが、日本の死刑執行告知は、死刑執行の二時間前にしかなされず、死刑確定者は裁判所に不服申立することはできない。弁護人に連絡もできず、死刑確定者が不服申立権を行使することができないことは自明である。

死刑確定者に死刑執行について適切な

時期に事前に告知しないことは、市民的及び文化的権利に関する国際規約が定める「何人も、恣意的にその生命を奪われない」（六条）、「拷問又は残虐な、非人道的な若しくは品位を傷つける取扱い若しくは刑罰を受けない」（七条）、「自由を奪われたすべての者は、人道的にかつ人間の固有の尊厳を尊重して、取り扱われる」（十条）に違反し、違法である。

以上の訴因により損害賠償請求を提起すると共に、違法な死刑執行の受忍義務はないとして「公法上の法律関係に関する確認の訴え」も提起された。

2 第一回口頭弁論報告

二〇二二年一月一三日午後二時半から、大阪地裁二百二号法廷で、第一回口頭弁論が開かれた。係属部は大阪地裁第二民事部合議二係（森鍵一裁判長、日比野幹・豊臣亮輔裁判官）。代理人弁護士四名から、パワーポイントによる訴状のプレゼンテーションが行われた。

まず冒頭に、「死刑確定者の人権がないがしろにされ、国によって人間の尊厳が踏みにじられている。その現状を、なんとしてでも変えなければならないとの思いで、この訴えを提起した」と、この裁判を提起するに至った思いが述べられた。

また、現在、死刑確定者に対し、死刑執行当日の朝に、執行することを告知してから一、二時間の間に死刑を執行しているが、この執行のあり方は、法律で定められたものではなく、行政運用として行われている。「執行事務規程」には、①検事正が法務大臣に対し死刑執行に関する上申をし、②上申を受けた法務大臣は上申を検討したうえで検察官に対し死刑執行命令を行い、③法務大臣の命令を受けた検察官は刑事施設の長に対し、執行の指揮を行う、としか定められていない。「即日告知・即日執行」は違法であり、国に対し、慰謝料請求と「原告らには死刑執行告知と同日になされる死刑の執行を受忍する義務がないこと」の確認請求を行っている。

「即日告知・即日執行」の違法性は、憲法違反、市民的及び文化的権利に関する国際規約違反、人間の尊厳を損なう違法の三点に基づいている。

また、原告らにはいつも死刑執行の可能性があり、即時執行・即時告知の行政運用は行政処分ではなく、法令上の根拠もないため、義務付訴訟（行訴法三条六項）、差止訴訟（同条七項）の対象とはならず、刑の執行に対する異議申立（刑訴法五〇二条）も実質的ではなく、裁判中に執行されないためには、死刑執行受忍義務不存在の確認訴訟しか方法はなかった。

被告国からは、一月一三日付答弁書が既に提出され、その中で、①原告らが主張する権利ないし法律上保護された利益が何であるか、②いかなる事実に基づいて現時点で侵害されたと主張するのか判然としないとして、四項目の求釈明が出された。

原告代理人からは、「憲法三一条、国際人権自由権規約六条七条十条、人間の尊厳を保護する憲法一三条で保護されている「死刑執行の当日約二時間前に告知を受け死刑執行がなされることのない利益」であり、「訴訟提起後も即日告知・即日執行の行政運用が行われており、現に利益は侵害されている」との回答書が提出された。

3 第二回口頭弁論報告

四月二七日午後三時から開かれた第二回口頭弁論では、WEB 会議（進行協議）で確認された事項について、森鍵一裁判長から報告が行われた。

「死刑執行告知と同日になされる死刑執行を受忍する義務がないことを確認する」請求についての原告の主張の骨子が確認され、被告は今後の主張を検討することになった。被告は、この確認訴訟は法律上の争訟性が認められない等々により不適法な訴えであると主張している。

原告は「公法上の法律関係に関する確認の訴え（行訴法四条）であり、告知当日に死刑執行されるおそれがあり、原告らの権利利益が侵害されるのを予防するため、『死刑執行告知当日の死刑執行受忍義務の不存在』の確認が必要である」「刑訴法五〇二条の異議申立制度はあるが、当日告知での死刑執行の場合には争うことができない。現行の執行方法での死刑受忍義務の不存在の確認を求めているのではないので、被告の最高裁判例に基づく主張にはあたらない」と主張する。

また、原告らの権利利益とは「刑訴法五〇二条の裁判の執行に関する異議申立権」「自由権規約で保障された適切なときに死刑執行を告知される権利利益」「憲法一三条により保障された人間の尊厳」である。

原告は五月九日までに求釈明を提出し、五月二四日に進行協議が行われる。

この裁判では、国側代理人は再審請求中の死刑執行に対する弁護権国賠の倍以上である。矯正の実務に影響する内容なので、矯正局の訴訟担当者が代理人として出廷していると思われる。

4 第三回口頭弁論報告

八月三日午後三時から、二百二号法廷で口頭弁論が開かれた（事件名は「死刑の執行告知と同日の死刑執行受忍義務不存在確認及び国家賠償請求事件」）。

森鍵裁判長から、準備手続きで確認された事項が述べられ、原告被告双方が確認した。

五月九日付で、原告から認否などに関する求釈明が提出され、この日の口頭弁論において、被告第二準備書面が陳述された。

原告が根拠とする三点「刑訴法五〇二条」「国連自由権規約」「憲法一三条」のうち、被告の準備書面には「刑訴法五〇二条」への反論がないため、裁判所は被告に対し、一〇月一三日の次回準備手続きまでに書面の提出を求めた。

また一二月九日の次々回準備手続きまでに原告は、被告準備書面に対する反論を提出することとされ、また被告は、可能なかぎり次々回口頭弁論までに反論を行うことが確認された。

被告は準備書面で以下のように反論している。

「原告が主張する国連自由権規約六条、七条および十条には『適切な時期に死刑執行の告知を受ける権利又は利益』を明記した規定はない。また『一般意見書』は条約とは異なり、法的拘束力はない」とする。

また、死刑確定者には死刑受忍義務があり、死の受容について憲法上の権利保障は想定されておらず、憲法十三条を根拠とする原告の主張は理由がない。また、死刑確定時から「尊厳ある人間として自らの死を受容する」ことは可能である。現在の死刑告知の実施や時期等はリスク回避のための合理的な理由のもとに行われており、死刑執行に先立つ告知は刑訴法など法令上の規定ではなく、執行上の便宜のために行われているもので、執行の告知がなくても違法ではない。

註　刑事訴訟法五〇二条　裁判の執行を受ける者又はその法定代理人若しくは保佐人は、執行に関し検察官のした処分を不当とするときは、言渡をした裁判所に異議の申立をすることができる。

（初出「関西救援連絡センター」ニュースに連載）

死刑廃止をめざす日本弁護士連合会の活動報告 2021—2022

小川原優之（弁護士）

死刑をめぐる状況

1 はじめに

日本弁護士連合会（日弁連）は、小林元治日弁連会長を本部長とする「死刑廃止及び関連する刑罰制度改革実現本部」を設置しており、私は、この実現本部の事務局長を務めていますので、これまでの死刑廃止を目指す主な活動について報告します。なお、以下の報告で、意見にわたる部分は私見であることをお断りしておきます。

2 死刑執行の再開

二〇一九年一二月二六日の死刑執行後、約二年間死刑は執行されず、日弁連は、古川禎久法務大臣に、二〇二一年一二月二日付けで「死刑制度の廃止を求める要請書」を提出しましたが、同月二一日三名に対する死刑の執行が行われ、さらに二〇二二年七月二六日、一名に対する死刑の執行が行われました。

このような死刑執行の再開に対し、日弁連は「死刑執行に対し強く抗議し、死刑制度を廃止する立法措置を講じること、死刑制度が廃止されるまでの間全ての死刑の執行を停止することを求める会長声明」を発表しました。

3 シンポジウム

（一）「死刑廃止の実現を考える日二〇二一」

二〇二一年一〇月一二日に、日弁連主催の「死刑廃止の実現を考える日二〇二一」をオンラインで開催し、約五〇〇名の参加がありました。

当日は「死刑制度について」をテーマとした芥川賞作家の平野啓一郎氏による基調講演及びパネルディスカッションを行いました。パネルディスカッションでは、死刑問題への取組や死刑制度についての見解が示された後、日本が国際的潮流に乗り遅れている理由、死刑制度を廃止すべき理由、凶悪事件の加害者側の視点等について意見交換を行いました。

平野啓一郎氏は、二〇二二年六月、このシンポジウムでの講演などをもとにした、「死刑は必要だという心情」に向き合いつつ死刑廃止を訴える「死刑について」（岩波書店）を発表しています。

（二）第三一会期国連犯罪防止刑事司法委員会（コミッション）におけるサイドイベント「国民世論と死刑廃止のプロセス」

二〇二二年五月二〇日に、日弁連主催のサイドイベントをオンラインで開催しました。

当日は、佐藤舞氏（モナッシュ大学准教授）からミラー調査に関する基調講演、ロバート・ダンハム氏（Executive Director、Death Penalty Information Center (Pre-recorded)）からアメリカにおける死刑制度についての情報に関する講演（動画）、ラファエル・シュヌイユ＝ハザン氏（Ensemble contre la peine de mort 代表）からフランスの実情及びミッテラン大統領時代に死刑廃止がなされた経緯等についての講演が行われ、日本における死刑制度の世論調査や各国の死刑廃止に向けたプロセスを踏まえ、世論が死刑制度の廃止にどのような影響を与えるかの議論がなされました。

（三）シンポジウム「『名張事件』から、死刑えん罪を考える」

二〇二二年六月一三日に、日弁連主催のシンポジウムをオンラインで開催し、約二二〇名の参加がありました。

当日は、名張事件弁護団長の鈴木泉会員（愛知県弁護士会）から弁護団長報告、同弁護団の野嶋真人会員（第二東京弁護士会）から弁護団報告、再審請求人である岡美代子氏からのビデオレター上映、水谷規男氏（大阪大学大学院高等司法研究科教授）から第一〇次再審請求異議申立棄却決定の問題点等に関する基調報告、小倉孝保氏（毎日新聞論説委員）から名張事件を通して日本の死刑制度への問題等に関する基調講演がなされました。

4 今後の活動方針

（一）日弁連は、死刑制度の廃止を実現するため、法務省に死刑執行停止を要請するなど様々な活動を行ってきているのですが、二〇二二年六月、懲役・禁錮を廃止し「拘禁刑」として単一化するとともに、拘禁刑及び拘留に処せられた者に、改善更生を図るため、必要な作業を行わせ、又は必要な指導を行うことができるものとする「刑法等の一部を改正する法律案」が成立しました。これは明治四〇年の刑法の制定以来、初めて刑の種類の見直しを行うものですが、刑罰の目的を「懲らしめ」から「立ち直り」に大転換させた法改正といえ、わが国の刑罰制度のなかで、死刑の異質さが一層はっきりしてきています。

この法改正を踏まえ、死刑廃止実現本部としては、法務省内に、死刑制度を含む刑罰制度改革のための協議を行う審議会（有識者会議などを含む）が設置されるよう働きかけることを今年度の活動方針の一つとしています。

（二）また死刑制度を廃止するためには、最終的には国会における立法が必要であり、与野党を問わず国会議員に対する働きかけが重要なのですが、現在、「日本の死刑制度の今後を考える議員の会」（会長平沢勝栄衆議院議員。自民党）が超党派の国会議員により結成されています。

そこで当実現本部としては、この「議員の会」と連携し、国会議員に対し、死刑制度を含む刑罰制度改革のための協議を行う委員会などが設置されるよう、働きかけを行い、また各地において政党、国会議員に対する陳情活動を実施することを活動方針としています。

（三）わが国でも死刑の存廃をめぐる冷静な議論が徐々に行われるようになり、近年全日本仏教会が「死刑は釈尊の教えにあわない」という答申を発表し、前述したように平野啓一郎氏は「死刑は必要だという心情」に向き合いつつ死刑廃止を訴える「死刑について」（岩波書店）を発表し、また今年一月には法制審議会会長の井田良教授（中央大学大学院法務研究科）が、理論刑法学の立場から死刑廃止を求める「死刑制度と刑罰理論」（岩波書店）を発表しました。

この本は「死刑制度の存廃をめぐっては激しい意見対立が続いている。理論刑法学の卓越した研究者である著者が、刑罰論の観点から死刑制度を考える。死刑存置派、廃止派、あるいは日本の刑法学の通説がともに議論の前提に置く刑罰論＝応報刑論の意義を問い直し、その問題点を深く洞察することで、膠着した死刑論議に一石を投じる意欲的な書」です。

私は、死刑事件の弁護を数件担当し、被害者側の主催する死刑存置を求めるシンポジウムに参加し、被害者のご遺族ともお話をし、被疑者支援の弁護士とも議論してきたのですが、そこで被害者側が主張しているのは、まさに井田教授が整理されている「実害対応型の応報刑論」です。

そこでは「犯罪者処罰の場面は、被害感情の充足の要求と責任によるブレーキという二元的な対立を基調とするもの」でしかなく（158頁）、「右のような二元的対立が現実の裁判において現れるとき、被告人側の（全部または一部の）免責を求める主張も——それが当然に行われてよい正当な主張であったとしても——被害者遺族の側からは「反省の欠如」を示すものとして弾劾されることになる」（159頁。170頁）ことは、私が刑事裁判の場で、経験してきたことです。

それに対し、井田教授の提唱する「規範保護型の応報刑論」は、「責任主義の原則と刑法規範の保護は矛盾することなく整合的に理解されることとなり、社会化による社会規範の学習と内面化を補充・補完するものとして刑法が位置づけられることになる。われわれが刑罰制度という社会制度を合理的な形で理解しようとするとき、……規範保護型の応報刑論に立脚するほかはない」（171頁）という論理は、私にはとても魅力的に思えます。

井田教授は、根っからの「死刑廃止論者」とは思えないのですが、「規範保護型の応報刑論」を前提として、「個人主義を基本原則とする現在の日本国憲法の下では、公益のために人命を犠牲にすることは問題視されるのではないだろうか。そのように制度を理解するときには、死刑適用の抑制、さらにはその廃止も視野に入らざるをえないことになる。何より、そうしてはじめて（ただちに、死刑廃止の結論が導かれるものではないとしても）制度の利害得失を冷静に比較衡量する、理性的な議論も可能となる」（167頁）と、私も思います。

死刑を本当に廃止するには、根っからの「死刑廃止論者」ではなく、死刑存置論者や、どっちつかずの人と多く話をする必要があるのですが、この「規範保護型の応報刑論」は「活用可能」だと思います。

（四）二〇二四年にはまた政府による世論調査が行われます。あと二年しかありません。当実現本部としては、市民やマスコミに働きかけ、死刑制度の廃止を実現するために本年度も活動する方針です。

死刑をめぐる状況 2021—2022

この一年で四人が亡くなった「死刑囚の表現」が語るもの

第17回死刑囚表現展を終えて

太田昌国

コロナや給付金に触れた作品も

死刑囚表現展は第17回目を迎えた。今回は主として「社会との接点」という問題意識に基づいて、応募作品が語りかけてくるものを考えてみたい。まず、文字作品から。

姓名のアイウエオ順に重ねられた作品群に向かい合うと、毎年石川恵子の作品が最初に来る。いくつもの俳句・短歌作品の中で、次の歌に心を突かれた。

念願の「歎異抄」手に入れた　給付金で決断できた

新型コロナウイルスの蔓延で全面的に麻痺した社会生活に関わって、政府は経済対策として「給付金」の一律支給を実施した。ある時点で「住民基本台帳」に記録されていることが条件である。獄中の死刑囚も、収容されている拘置所の所在行政地の「台帳」に登録されている。支給は、当然にも、なされた。私は縁あって前からこの事実を知っていたが、一般的にはなかなか想像力が及ばないことかもしれない。「国民全体」に支給と言いつつも、その「国民」という概念が持つ排他性が、理不尽にも往々にして機能しているこの社会にあっては。

北村孝にも「コロナで大変な中不謹慎ですが給付や執行に関しても助かっている面があるので」という表現がある。給付金の支給もさることながら、彼からすれば、死刑執行がコロナ流行ゆえに見送られていると思えたのだろう。獄中の人びとは、情報不足の中、外部世界の出来事をしっかりと見つめていることがわかる。

石川恵子の歌に戻る。彼女は長いこと『歎異抄』が読みたかったのだと知れる。背景を想像してみる。親鸞の言葉が集められたこの小さな本は、いまなお、多くの読者を得ている。複数の解説書の新聞広告も、頻繁に大きく出ている。一般的に言っても、多くの人びとが本書から慰めか、励ましか、叱咤を感じ取っている証である。私も例外ではない。この書には、いわゆる「悪人正機」説がある。「善人なおもて往生をとぐ。いはんや悪人をや」。

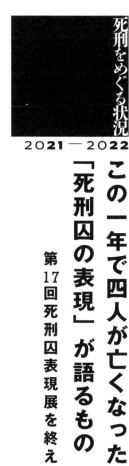

法律や道徳に基づいて判断される善人・悪人の区分を離れて、人間を原罪的な観点から見ると、阿弥陀仏の「救済」の対象になるのは、どんなひとなのか――そこには、人間存在の本質を捉えようとする、広くて深い視点がある。死刑囚には、こんな言葉にもすがりついて、自分が為したることを振り返りたいという思いが溢れ出るときがあるのだろうか。この歌は、そんなふうにも思いが及ぶ、深みを帯びた表現だと受け止めた。

　このように、作品そのものというよりは、作品の背後に想像される世界に思いを馳せる表現として、西山省三の歌も挙げたい。

　十一月　サソリ座の娘　今年三十歳

　事情がわからなければ、読む側に感慨は起こらないだろう。だが、西山には、二〇〇九年の第5回表現展への応募作品として、次の歌がある。

　十六年ぶりにあう十八歳の娘、「なんで殺したん」と嗚咽する

　作者が逮捕された時はまだ幼なく、父親が起こした事件も、問われている罪も知らなかった娘が、長じて十八歳になって初めて拘置所へ面会に来たときの情景をうたったものだろう。それからさらに十二年経ち、三〇歳になった娘との交流はどんなふうに続いているのだろうか。ふたつの歌の間にある十二年の歳月は、父娘にとってそれぞれどんなものだったのだろう？　わずかなりとも事情を知ったうえで、このような作品に接すると、なにかこみ上げてくるものがある。

植松聖の「事件」と「表現」に横たわる溝

　植松聖は、挿絵入りの散文的な作品を寄せている。彼が実際に犯した事件の重大さがあるから、死刑確定以前には、彼の言葉を聞くために大勢のジャーナリストが面会に訪れたようだ。そのうちの一人なのであろう、女性記者の顔立ちを描いた挿画は達者な筆遣いだが、文章は何を言いたいのか、何を伝えたいのか、判然としない。女性記者に対する独特の「視線」も気になる。特定の人びとに対する、憎悪に満ちた重大な事件を引き起こしてから五年半、そして死刑の一審判決を受け、控訴せずして死刑が確定してから四年足らず――彼には、まだ、自らが為したことについて正面から振り返るだけの時間が足りていないのだろうか。彼が為した「事件」と、送られてくる「表現」との間に横たわる深い溝を思う。

植松聖「（笑い）」

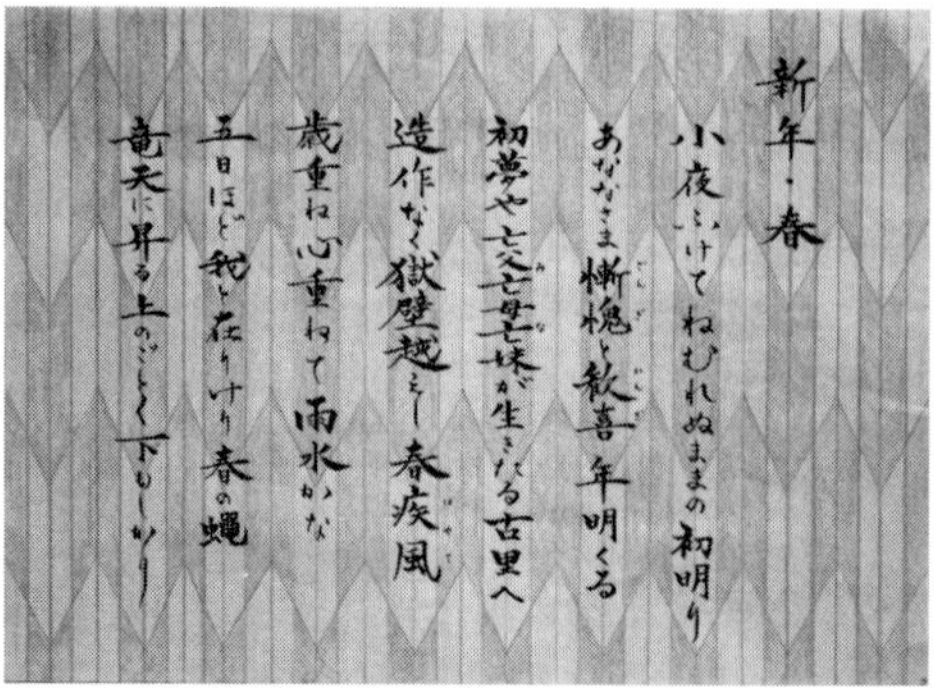

風間博子「獄の風　春夏秋冬二十八句プラス　二〇二〇年夏から二九二一年春」

風間博子の作品が湛える端正さは健在だ。色紙風に彩色された台紙のそれも、その上に書かれた俳句も、その文字も、すべてにおいて——それだけに、突然現れる

うっせいわ　叫びたき日もこもり居て

のような表現にビクッとする。末尾の「煩悩にまかせぶざまの極点／羅刹をまたぎまっとうに狂へ／百鬼に存しよごれて光れ／燐光をはなち死を屠れ」の4行とともに、作者の内面に潜む〈激しいこころ〉に触れたと思った。

加藤智大は「お弁当。」と題した四〇〇字詰め二一六枚の作品を寄せた。毎年連続的に応募してくる彼の表現に、私は彼の心境の微妙な変化を読み取ってきたが、本人からすれば、それは違うようだ。彼自身について、および引き起こした事件の理由について、外部からなされる報道や「識者」の間違った分析に基づいて解釈するから「変化」と見えるのであって、自分はもともとそうではない、と別な自画像を提示するのである。その叙述の過程で見えてくるものは、彼はすべてわかっているようだ、ということだ。自分が犯した事件の間違いについても、秋葉原「計画」の間違いについても、彼は自分自身に疑問を提起しては、読む側に考える時間を与えずに、的確に自答する。彼が持続してきたこの〈自己内対話〉が、同時に、出会うべき他者との対話を可能にしつつあるようだ。

北村真美の、俳句・川柳一九句の中では、「心にも鬼をかってた時がある」が心に残った。

坂口弘の論考「足元を見つめる」は、作者が獄中で会得し実践している尿療法が、「コビッド19を制圧」し、「老いのない世界を出現」させるという展望を語っている。推定や仮定、限られた私的体験などに基づいて論議が次々と展開していくので、作者が最初に設定している前提に納得できるものがないと、読み進めるのが難しいと感じた。坂口弘はかつて短歌を詠んでいて、そこでは多くのすぐれた表現に出会ったことを思い出した。

流山都の「散るならば」の一節「木槿のように朝に咲き夕方に咲いたまま散る様」は、白居易の「むくげの花は朝さきて夕にしぼ

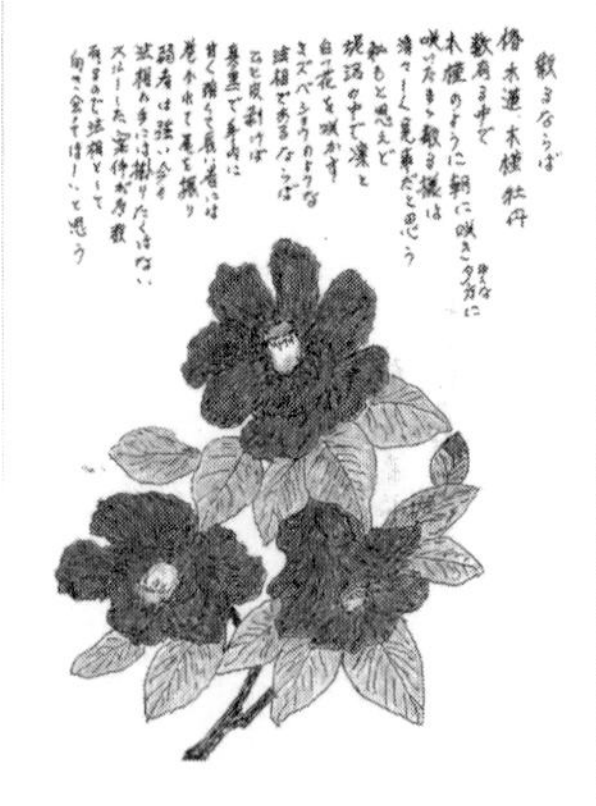
流山都「散るならば」

む。人の栄華のはかなきに喩ふ」から採られているのだろうか？　昨年の表現にも、『源氏物語』の桐壺更衣の歌の引用があった。古典に通じていると思われる作者の文章と、添えられている繊細な画が、今後どんな展開を見せるか、注目したい。

林眞須美からの久しぶりの応募

林眞須美から久しぶりに応募があった。「友ショウちゃんへ」は、二〇一九年に処刑された庄子幸一（表現展では、響野湾子のペンネームで知られた）との交流を語っている。確定死刑囚同士が手紙を直接的にやりとりすることは現状では（不当にも）できないが、工夫して間接的な交流を通じて励まし合っていたことがわかる。その媒介ともなっていたのが、この死刑囚表現展の場であったらしいことに、運営に関わる者のひとりとして、小さな希望を感じ取った。

檜あすなろからは、今年も小説7篇の応募があった。毎年のように言うが、この作者が、確定死刑囚として制度的に奪われている「社会性」を保ち続けるための努力は並大抵ではない。決して多くはないであろう情報源から、最新の社会状況を読み取り、それを作品に反映させる力には感心する。今回も、スマホ活用、キャッシュレス決済などの話題が、逮捕から十六年の人とは思われぬ手堅さで書かれていく。確定死刑囚の高齢化、忍び寄る認知症、拘置所の人手不足などを理由に、死刑囚もスマホを利用して外部と送受信したり、電子書籍で本を読んだりするといった「未来像」が先取りされている。宅配便業者が拘置所に営業拠点を設けるとか、死刑囚を配達人として雇用するとかいう発想にも、大胆で驚かされる。残る問題は、物語の展開の仕方と表現そのものにメリハリを欠いているために、いつも冗漫で、退屈な物語に終わってしまうという点にある。このことは、書き手にとことん再考してほしいものだ。

何力は、俳句・短歌・川柳に加えて、詩・聖歌詞・論考と多彩な作品を寄せた。論考は、自らが関わった事件について再審請求をした際の「陳述書」である。従来の作品からでも、供述調書の作られ方・通訳による翻訳の適格性などをめぐって、何力が批判と不満を持つことは知っていた。それがさらに詳しく展開されていて、日本の司法の現状を思えば、作者の主張に耳を傾けたいと思う。だが、「我と陳（共犯者・太田註）の祖父も戦時の被害者で　賠償放棄した分もある」とか「侵略の不幸清算したいなら　本件誤判も清算《ただ》すべし」のような短歌作品に接する思いは複雑だ。日本が中国に対して行なった侵略行為に関して、一九七二年日中国交回復当時の中国政府首脳は、確かに賠償請求を放棄した。そのような国家関係の中での中国の選択を利用して、作者個人が為した犯罪行為の相殺を図るのはあまりに我田引水的な物言いではなかろうか。この言い分は、「訴えすべきを必死に訴えし　お詫びすべきを深くお詫びす」という自らの本心に悖るのではないか。母語環境にない異国の地での、表現にまつわる苦労は第三者にもわかるが、論理と倫理は大切にしてほしい。

山田浩二の二つの短歌作品が物語るもの

山田浩二も随筆・詩・短歌と、数多くの作品を応募している。思いのままに書き連ねているという印象を受ける文章で、他者に理解されることとは別次元での表現と思える。その選択もあるとは思うが、次の二つの短歌作品が、作者がいる位置を正直に物語っているのではないだろうか。「なんでやろどうしてここにいるんやろ早よ醒ましてやこの悪夢」「辛過ぎて泣きたいくらい現実に土砂降り涙僕雨の中」——「悪夢」「辛過ぎて」「涙」などの言葉を使っている作者は、自分がいる場所をよく知っているのではないか。ここを正面から突き抜けることによってはじめて、作者の表現は他者と交感しうる端緒に就くのだと思う。

露雲宇流布は長編小説「総一郎と猫と二女」を寄せた。谷崎の「猫と庄造と二人のおんな」のパロディかと期待したが、外れた。パスティーシュという芸術技法は、現代日本の小説家では清水義範が得意で、中島京子にもその種の作品がある。それは前作の一部を模倣しつつ、解体し、混成し、寄せ集め——前作に似て非なる、新たな作品を生み出す技術だ。その境地を、書く本人も読み手も楽しめる作品を次回は書いてほしい。

絵画について

井上孝紘は、自由の身であったときには釣り船に乗って、釣りを楽しんでいたらしい。釣り舩と多様なルアーを描いている。毎回のことながら、その精緻な観察力と的確な描写力に眼を見張る。

初期に二回ほど応募のあった江東恒から久しぶりに絵が届いたのはうれしい。遠く過ぎ去った子ども時代を懐かしむような素朴画には、いくつもの物語が生まれそうな喚起力がある。

金川一からは九枚の多様な絵が届いた。いずれも、どんな物語が秘められているのだろ

井上孝紘「おら……、魚釣りさ行ぎてえだよ !!」

金川一「金魚」

うという関心が沸くが、「金魚のことば」に描かれた金魚の表情が豊かで、ほんとうに何かを言いた気で、楽しい。

川崎竜弥の色紙「官僚国家現象」からは、拘置所における死刑囚処遇への憤怒が溢れ出てくるようだ。「朕」と名乗って大時代的な言葉を吐く拘置所長を描く絵の、皮肉が利いている。

高尾康司からは、「ヤリイカ」など不思議な感覚に満ちた作品が寄せられた。獄中という閉ざされた空間にあって絵を描こうとする彼の中にあっては、シュールな想像力が自由に飛翔し始めるかのようだ。

西口宗宏「日日夜夜」
極彩色の迫力

西口宗宏は「日日夜夜」の共通題で、「詫びる／焦がれる／慄く／躓く／彷徨う／眠る」という、6つの動詞が表象する人間の姿を描いている。クローズアップされた手と足の「表情」は豊かで、タイトルの含意を十分に表現し、極彩色の迫力も並みではない。

植松聖、風間博子、加藤智大、長勝久、北村真美、原正志、林眞須美、何力、麻酔切れ、堀慶末、山田浩二、露雲宇流布の皆さんからも絵画作品が寄せられたが、触れる紙幅がなかったことをお詫びしたい。

今年の受賞者は以下のように決まった。石川恵子＝努力賞、風間博子＝継続賞、加藤智大＝対話賞、何力＝奮闘賞、金川一＝好奇心賞、高尾康司＝シュール賞、西口宗宏＝本格志向賞、堀慶末＝職人賞、麻酔切れ＝新人賞。以上である。優秀賞はなかった。

また、この一年を振り返ると、表現展に応募したことのある死刑囚が四人も亡くなった。いずれも拘置所内での病死である。高田和三郎八八歳、野崎浩（いつも音音《ねおん》のペンネームでの応募だった）六一歳、高橋義博七一歳、高橋和利八六歳の四人の方々である。それぞ

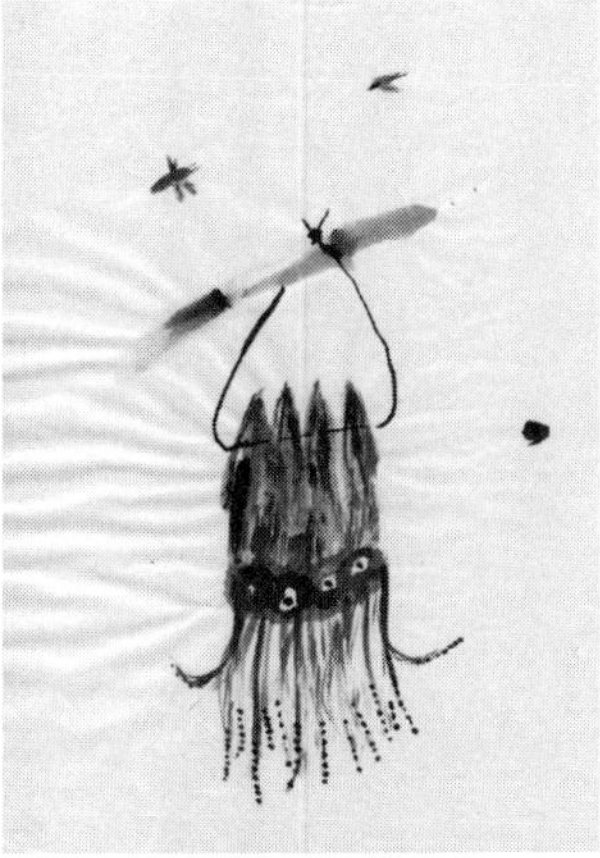

上から高尾康司「ヤリイカ」、麻酔切れ「デッドマンズ・ウォーキング」、西口宗宏「日日夜夜　其の伍　彷徨う」

れに想い出深い作品を思い浮かべることができる。

　また、例年、たくさんの短歌・俳句作品を応募して、表現展の場を活性化させてきた響野湾子は、二〇一九年八月二日、東京拘置所で死刑を執行された。先に触れたように、林眞須美が「ショウちゃん」と呼んで、励まし合いながら交流を続けていた人である。彼が遺した短歌六千余首の中から九一二首を選んだ歌集が『響野湾子短歌集　深海魚』として刊行された（インパクト出版会）。編者は、昨年まで審査員を務めた池田浩士である。俳句集も、まもなく、かちどき書房から刊行が予定されている。

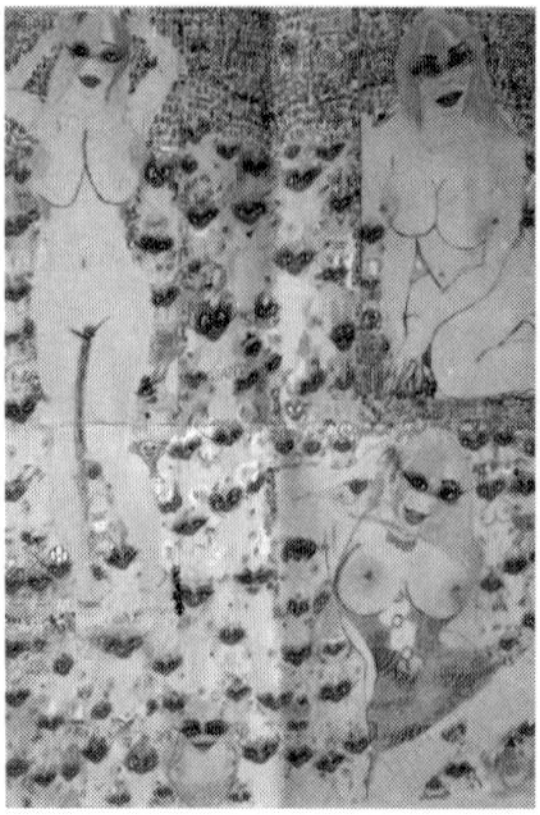

原正志「愛と平和・絆⑤」、

堀慶末「（自画像」

　来年二〇二二年の一月から一二月まで、パリのハレサンピエール美術館で開かれるアウトサイダー・アート展では、日本から死刑囚一四人の作品四三点が展示される。死刑制度が未だに残る「先進国」＝日本から出品される死刑囚の絵画作品を見て、死刑制度が存在しない社会のあり方に慣れた地域の人びとはどんな反応を示すだろうか。

（文中敬称略）

（初出『創』二〇二一年一一月号）

死刑囚表現展２０２１

　松本治一郎記念会館で11月5～7日に開催された「死刑囚表現展２０２１」には三日間で九〇〇人の方が来場した。そのうち二五一人がアンケートに記載してくれた。年齢別に見ると10代一二人、20代三八人、30代五五人、40代五九人、50代四四人、60代二二人、70代一九人、80代二人。初めての参加者は一七一人、ネットニュースで見た人が八六人来場した。

　共同通信の47ニュース、Yahooニュースの影響が大きかったようだ。ほかにroadsiders weekly、弁護士JP、『創』などにも掲載された。アンケートの多くはフォーラム・ニュース」１８０号に掲載した。

　この一年で、麻酔切れ（小野川光紀）さんと加藤智大さんが死刑を執行され、流山都（岩森稔）さんが病没された。残念でならない。（F）

死刑囚表現展文学作品の受賞作

深海魚　響野湾子短歌集　池田浩士編　2000円＋税

大道寺幸子・赤堀政夫基金　死刑囚表現展に2006年から19年まで（08年を除き）毎年応募、受賞した。

刑死した歌人の遺した遺した6千余首から912首を精選
上訴審棄却賜わる今朝よりは光り届かぬ深海魚となる
確定に決まりし日より亡者の如くずだらずだらと歩く癖つく
逝く先は月の砂漠と決めてをり戦に満ちたこの星を捨て
浅ましき獣の如き過去を持ち歌詠む事にひるみ覚える

鎮魂歌　闇サイト事件・殺人者の手記

堀慶末　2000円＋税
第13回大道寺幸子・赤堀政夫基金　死刑囚表現展特別賞受賞作
「いま、私は思います。残された時間をすべて、贖罪に捧げて行かねばいけないと。」

河村啓三の著作
1988年コスモリサーチ事件を起こし2004年死刑が確定。西成に生まれ夜の世界へ、サラ金を経て事件を起こす。獄中で自分の人生を振り返った第1作、宗教の世界に触れて行く第2作、獄中生活を描いた第3作がある。2018年12月27日、再審請求中に死刑執行。

こんな僕でも生きてていいの　2000円＋税
第1回大道寺幸子基金　死刑囚表現展優秀作品賞受賞作（2005年）

生きる　大阪拘置所・死刑囚房から　1700円＋税
第3回大道寺幸子基金　死刑囚表現展奨励賞受賞作（2007年）

落伍者　1700円＋税
第7回大道寺幸子基金　死刑囚表現展優秀賞受賞作（2011年）

鶴見事件 抹殺された真実　私は冤罪で死刑判決を受けた

高橋和利著　1800円＋税
第5回大道寺幸子基金　死刑囚表現展奨励賞受賞作（2009年）

1998年6月に鶴見で起きた横浜金融業夫妻殺害事件の犯人として死刑判決を受ける。一貫して「私は殺していない」と無実を主張し続けたが、2021年10月8日、東京拘置所で無念の死を遂げる。いま遺族が再審請求中である。本書は彼の無実の証明である。なお絵画表現でも受賞をしている。

極限の表現 死刑囚が描く　年報・死刑廃止2013　2300円＋税

極限で描かれたこれらの作品は何を訴えるのか。大道寺幸子基金表現展のすべて。加賀乙彦「〈悪人〉を愛する」、北川フラム「枠を超え埋め尽くす」、池田浩士編「響野湾子詩歌句作品集」、櫛野展正「アールブリュットと死刑囚の絵画展」、作品多数収載。

死刑囚90人　届きますか獄中からの声

死刑廃止国際条約の批准を求めるフォーラム90編　1800円＋税
2011年にフォーラム90が確定死刑囚に行ったアンケートの報告集。2005年から2011年までの大道寺幸子基金絵画部門受賞作品をカラー16ページ掲載。

死刑をめぐる状況

2021—2022

『免田栄さんを知っていますか？』開催に当たって

第一一回死刑映画週間

太田昌国（フォーラム90・死刑映画週間チーム）

歴史を、いくらか長めの射程で過去へ遡ったり、未来を展望したりすることの大切さを痛感する事態が、世界のあちこちで起こっている。

二〇二〇年五月、米国ミネソタ州ミネアポリスで起こった、白人警官による黒人青年殺害事件を考えてみよう。「ブラック・ライヴズ・マター」（黒人の命は大切だ）の運動はこれを機に一挙に広がりを見せたかに見える。だが、この運動の創始者である、パトリス・カーン＝カラーズとアーシャ・バンデリの共著『ブラック・ライヴズ・マター回想録——テロリストと呼ばれて』（青土社、二〇二一年）を読むと、二〇年の事件に先立つこと七〜八年間ほどに渡る前史があったことが知れる。黒人が白人警官に射殺されても、起訴されるどころか逮捕すらされない事件が幾度も繰り返され、それに抗議する動きを彼女たちが始めたのがきっかけだ。精神疾患に苦しむ兄を愛するパトリスは、兄が警察、裁判所、刑務所でいいようにあしらわれ、虐待される現実を知り、それを可能にしている地域社会の仕組みにこそ問題の根があることを理解する。彼女らの活動は、時代を象徴することだが、SNS上で「ブラックライヴズ・マター」のハッシュタグで拡散されて、米国全土に広がっていった。折からトランプ政権が発足し、大統領が自ら人種差別を扇動する言葉を吐き続け、その影響を受けた言動が社会の基底にもはびこり始めた。それに対する危機感が、ミネアポリスの事件を見て、溢れ出たのだ。

これに抗議する動きは、かつてのようにデモ、集会、暴動に終わることなく、人種差別の根底にある奴隷制や植民地支配を肯定する言動が継続している事実を一様に指摘している。その姿勢は、当然にも、過去を問いただすことによって未来を見通す方法を生み出す。射程の長さが、どうしても必要なのだ。米国では、この動きに気圧された為政者側の反応が目立ち始めた。二一年、イリノイ州エバ

インパクト出版会

新刊案内 2024 晩秋

113-0033　東京都文京区本郷 2-5-11 服部ビル 2F
☎ 03-3818-7576　FAX03-3818-8676
E-mail : impact @ jca.apc.org
HP　https://impact-shuppankai.com/
郵便振替 00110-9-83148

2024 年 11 月 10 日号
全国書店・大学生協書籍部・ウェブ書店よりご注文できます

「いくさ世」の非戦論
ウクライナ×パレスチナ×沖縄が交差する世界

佐藤幸男［編］　A5判並製　351頁　2500円＋税

戦争をしない、させない。人を殺さない、武器をとらない。戦争に対峙する精神を再考し、歴史の苦悶を「現在」の閉塞状況に接続させながら、植民地主義暴力を衝く思想を！　板垣雄三／佐藤幸男／小倉利丸／豊下楢彦／親川裕子／星野英一／松島泰勝／上地聡子／野口真広／小松寛／石珠熙

24年10月刊　ISBN 978-4-7554-0352-1

袴田さん再審判決・死刑廃止へ
年報・死刑廃止2024

年報・死刑廃止編集委員会［編］　A5判並製　235頁　2300円＋税

9月26日、静岡地裁で袴田事件再審判決公判があり、袴田巌さんは完全無罪判決を勝ち取った。無実を叫びながら48年獄に囚われ精神を病み、2014年に再審開始決定が出て釈放されたが検察の抗告で裁判が始まったのは昨年秋だ。袴田さんは88歳。酷すぎるこの国の再審法と死刑制度を考える。

24年10月刊　ISBN 978-4-7554-0353-8

合赤軍　遺族への手紙

子・江刺昭子 編　四六判並製 311 頁
円＋税
3 月刊　ISBN 978-4-7554-0348-4

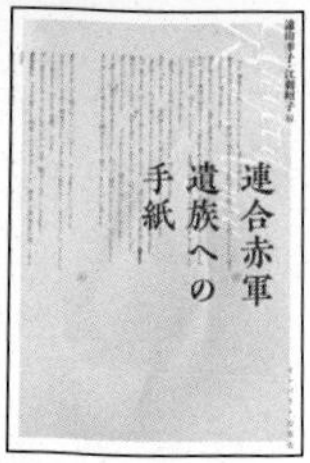

を経て発見された歴史的書簡集。娘を
た母の激しい怒りに直面し被告たち
見つめ直し、遺族たちに向き合う。
、森恒夫、植垣康博、吉野雅邦ら連
件の多くの被告たちからの事件直

ったかもしれない
軍派女性兵士の 25 年

江刺昭子 著　四六判並製 313 頁　2000 円＋税
22 年 5 月刊　ISBN 978-4-7554-0319-4

1972 年 1 月、極寒の山岳ベースで総括死させられた遠山美枝子。彼女はなぜ非業の死を遂げなければならなかったのか。当時の赤軍派メンバーや、重信房子らを取材し、これまでの遠山美枝子像を書き換える。【好評２刷】

民の日本風景

判並製 320 頁 2800 円＋税
N 978-4-7554-0346-0

者が、国境の深みから現
を照射する。第１章　平
第２章　日本のイメージ
いて／第４章　大学解体
間と空間の交差の中で／

葉が紡いだ物語

加 著　四六判上製 342 頁　1800 円＋税
0 月刊　ISBN 978-4-7554-0350-7

アラビヤ語で月を表す。かつて人々は、
いて自然の中で生きてきた。この作品
「カマル」を主人公にして、人びとの
がる自然や、森や生きとし生けるもの
の様を魂《まぶい》の容《かたち》に著した物語。著者は、
研究第一人者。

追悼・田中美津

かけがえのない、大したことのない私

田中美津 著　24 年 5 月増刷出来【好評 4 刷】
四六判並製 356 頁　1800 円＋税
ISBN 978-4-7554-0158-9

名著『いのちの女たちへ』を超える田中美津の肉声ここに！
田中美津を知ると元気と勇気がわいてくる。解説・鈴城雅文

［目次］１章・火を必要とする者は、手で掴む／２章・身心快楽の道を行く／３章・花も嵐も踏み越えて／４章・馬にニンジン、人には慰め／５章・〈リブという革命〉がひらいたもの／６章・啓蒙より共感、怒りより笑い　ミューズカル〈おんなの解放〉

土地の力が生んだ珠玉の作品集

大城貞俊未発表作品集

23 年 10-11月刊　各 2000 円＋税

第一巻　遠い空

四六判並製 416 頁 ISBN 978-4-7554-0337-8
遠い空／二つの祖国／カラス（烏）／やちひめ／十六日／北京にて
解説・小嶋洋輔

第二巻　逆愛

四六判並製 404 頁 ISBN 978-4-7554-0338-5
逆愛／オサムちゃんとトカトントン／ラブレター／樹の声／石焼き芋売りの声／父の置き土産
解説・柳井貴士

第三巻　私に似た人

四六判並製 442 頁 ISBN 978-4-7554-0339-2
私に似た人／夢のかけら／ベンチ／幸せになってはいけない／歯を抜く／東平安名岬／砂男
解説・鈴木智之

第四巻　にんげんだから

四六判並製 416 頁 ISBN 978-4-7554-0340-8
第Ⅰ部　朗読劇　にんげんだから／いのち—沖縄戦七十七年　第Ⅱ部　戯曲　山のサバニ／じんじん～椎の川から／でいご村から／海の太陽／一条の光を求めて／フィティングルーム／とびら
解説・田場裕規

明日は生きてないかもし

……という自

田中美津 著　四六判並製
1800 円＋税　19 年 11
ISBN 978-4-7554-029

「田中美津は〈人を自由
ている」（竹信三恵子

越えられなかった

女性飛行士・朴
加納実紀代 著 池
四六判並製 326
23 年 6 月刊　IS

1933 年 8 月伊
行士・朴敬元。
自己実現を希
な調査の元に
川玲子、加

Basic沖縄戦

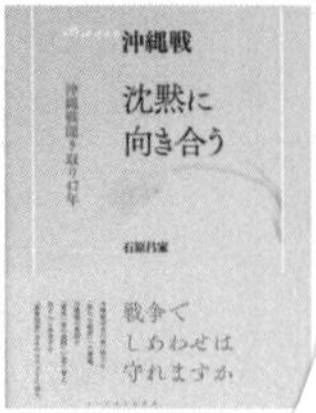

石原昌
2800
23

沖
球

連

遠山
2500
24 年

半世紀
殺され
は事件を
永田洋子
合赤軍事
後の肉声

私だ

ある赤

亡命市

山端伸英 著　四六
24 年 3 月刊　ISB

メキシコに暮らす著
代日本の社会と思想
和主義の再構築へ／
／第 3 章　国籍につ
のあと／第 5 章　時
第 6 章　闇の音

カマル

森を歩き、言葉

新里孝
24 年 1

カマルは
陰暦を用
は、少女
くらし繁
の生や死
沖縄の森林

土地の記憶に対峙する文学の力
又吉栄喜をどう読むか

大城貞俊 著　四六判並製 307 頁 2300 円＋税
23 年 11 月刊　ISBN 978-4-7554-0341-5

又吉栄喜の描く作品世界は、沖縄の混沌とした状況を描きながらも希望を手放さず、再生する命を愛おしむ。広い心の振幅を持ち、比喩とユーモア、寓喩と諧謔をも随所に織り交ぜながら展開する。

琉球をめぐる十九世紀国際関係史
ペリー来航・米琉コンパクト、琉球処分・分島改約交渉

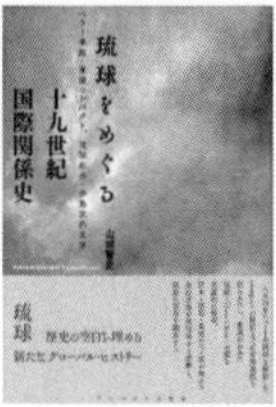

山城智史 著　A5 判上製 351 頁 3000 円＋税
24 年 2 月刊　ISBN 978-4-7554-0344-6

一八五四年にペリーが琉球と締結した compact の締結までの交渉過程を明らかにし、米国からみた琉球＝「Lew Chew」の姿を実証的に解明。日本・清朝・米国の三ヶ国が抱える条約交渉が琉球処分と連動し、琉球の運命を翻弄する。

3・11 後を生き抜く力声を持て
増補新版

神田香織 著　四六判上製 311 頁 2000 円＋税
23 年 11 月刊　ISBN 978-4-7554-0342-2

世の中はあきれ果てることばかり。でも、あきれ果ててもあきらめない。つぶやきを声に、声を行動に移しましょう。訴えは明るく楽しくしつっこく。神田香織が指南します。増補『はだしのゲン』削除にもの申す」

摂食障害とアルコール依存症を孤独・自傷から見る

鶴見俊輔と上野博正のこだまする精神医療

大河原昌夫 著　四六判並製 378 頁 2300 円＋税
23 年 11 月刊　ISBN 978-4-7554-0343-9

摂食障害と薬物・アルコール依存は家族と社会の葛藤をどのように写しているのか。恩師と仰いだ二人の哲学者、精神科医の語りを反芻しながら臨床風景を語る。

サハラの水　正田昭作品集

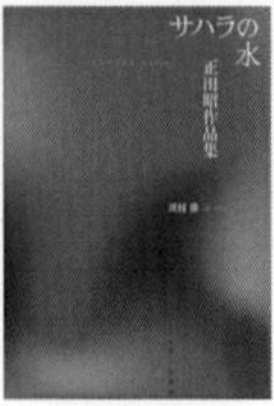

正田昭 著・川村湊 編　A5 判上製 299 頁
3000 円＋税 23 年 8 月刊
ISBN 978-4-7554-0335-4

「死刑囚の表現展」の原点！代表作「サハラの水」と全小説、執行直前の日記「夜の記録」を収載。長らく絶版だった代表作の復刊。推薦＝青木理「独房と砂漠。生と死。両極を往還して紡がれる本作は、安易な先入観を覆す孤高の文学である」。

昭和のフィルムカメラ盛衰記

菅原博 著・こうの史代 カバー絵
B5 判並製 123 頁　2500 円＋税
24 年 3 月刊　ISBN 978-4-7554-0347-7

安いけれどすぐに故障するという日本のカメラの悪評を、精度向上とアフターサービスで克服し、カメラ大国を作り上げた先人たちの努力の一端とフィルムカメラの発展過程を描く。

レッドデータカメラズ

昭和のフィルムカメラ盛衰記

春日十八郎 著 こうの史代 カバー絵
B5 判並製 143 頁　2500 円＋税
22 年 7 月刊　ISBN 978-4-7554-0322-4

デジタルカメラに押されて絶滅危惧種となったフィルムカメラ。3500 台のカメラを収集した著者がタロン、サモカ、岡田光学精機、ローヤル、ビューティ、コーワ（カロ）など今は亡きカメラ会社の全機種をカラーで紹介する。

ペルーから日本へのデカセギ30年史
Peruanos en Japón, pasado y presente

ハイメ・タカシ・タカハシ、 エドゥアルド・アサト、樋口直人 、小波津ホセ、オチャンテ・村井・ロサ・メルセデス、稲葉奈々子、オチャンテ・カルロス 著
A5 判並製 352 頁 3200 円＋税
24 年 2 月刊　ISBN 978-4-7554-0345-3

80 年代日本のバブル期に労働者として呼び寄せられた日系ペルー人。30 年が経過し、栃木、東海 3 県、静岡、沖縄など各地に根づいたペルーコミュニティの中から生まれた初のペルー移民史。スペイン語版も収録。

ンストン市議会は、過去の差別的な住宅政策や慣行で損害を被った黒人と子孫に賠償を行うことを決議した。同じ年、バイデン大統領は、百年前に白人による黒人虐殺事件が起こったオクラホマ州タルサ市を訪れ、人種差別根絶を誓った。

かつて奴隷制、奴隷貿易や植民地支配によって国富を蓄積した欧州各国にも、その影響力は波及した。侵略者、奴隷貿易で蓄財した人物、植民地戦争を指揮した軍人、奴隷制や植民地支配を肯定した国王や政治家の銅像（それは、決まって、都心の目抜き通りや大学構内に建てられていて、人びとの歴史意識を規定してきた）が次々に打ち倒された。かつての植民地帝国・オランダでの、過去の深い振り返り方には、学ぶべきものが多い。二一世紀に入って以降、オランダでは、過去の植民地支配時代の虐殺・暴力や奴隷制への関与に関わって、政府・国王・首都行政府のレベルでの「謝罪」表明がなされてきた。「ブラックライヴズ・マター」以降、それは深く市民社会の中に根を下ろしているかに見える。二一年以降の動きを列挙してみる。同国政府は、植民地起源の略奪文化財の無条件返還を決定した。アムステルダム国立美術館で「奴隷制」展が開催された。独立委員会は政府に対し、大西洋奴隷貿易は「人類に対する犯罪」だと認め、そこでオランダが果たした役割を謝罪すべきと勧告した。アムステルダム美術館は、王室が百年以上前から使用している「黄金の馬車」を展示し、奴隷制を想起させる金箔の乗り物を今後も使ってよいかを、来場者と市民に問いかける機会を提供した。国王は、それを受けて、二二年一月、「黄金の馬車」の使用を無期限に停止すると発表した――過去の歴史をどう捉えるかに関わって、地殻の変動が起きていることがわかる。ここでは、美術館の学芸員たちが、いうところの「オランダ黄金時代」という時代区分に含まれる「黄金」に着目して、そこに秘められた奴隷制時代の史実を明るみに出したことが大きな役割を果たしたようだ。

死刑制度の問題にしても、同じことだ。死刑制度を廃止した国を年代別に見ると、一九六〇年は八ヵ国、七〇年一三ヵ国、八〇年二三ヵ国、九〇年四六ヵ国、二〇〇〇年七五ヵ国、二〇一〇年九五ヵ国、二〇二〇年一〇六ヵ国となる。制度はあっても一〇年以上も執行がなく実質的に死刑を廃止している国を含めると、廃止国は一四三ヵ国に及ぶ。現代史におけるこの変化は私たちにとっても励みだ。目先の、一見「逆境」に見える情況に惑わされることなく、「死刑廃止前史」の歩みを弛まず続けること――それが、次の時代を生み出す力なのだ。

（初出・死刑映画週間配布パンフレット）

ゲストのトークから

まとめ
可知亮

第一一回死刑映画週間が開催された二月、ロシアによるウクライナへの侵略戦争は始まっていなかった。今、この戦争は世界を根底から揺るがしている。戦争は国家が殺人を認めた行為だ。一九四五年にアジアへの侵略戦争で敗北した日本は、敗戦後の現憲法で戦争を放棄した。日本は戦争を放棄したが、死刑は存置したままだ。国家が殺人を認めている制度が戦争と死刑だ。ＥＵ（欧州連合）、ウクライナは死刑を廃止している。ロシアは死刑執行を停止しているが廃止はしていない。戦争と死刑、これらを一日でも早く止めなければいけない。

今年の映画週間では、冤罪死刑囚を取り上げた映画が三作品上映された。『免田栄 獄中の生』『帝銀事件 大量殺人獄中三十二年の死刑囚』と米映画『黒い司法』。

免田栄さんは一昨年一二月に九五歳で亡くなった。死刑囚で再審無罪になった日本で最初の人だった。免田さんは、フォーラム90の活動にいくどとなく参加され、私たちに多くの教訓を残された。免田さんの得た、死刑はあってはならぬ。国家による殺人はあまりに残酷だ、とい

う結論を私たちは肝に銘じなければいけない。一方、帝銀事件の犯人とされた平沢貞通さんは、冤罪を晴らすことなく病死した。冤罪であることは明らかであったのに、存命中に再審にはいたらなかった。現在も遺族による再審請求が続けられている。

『黒い司法』はアメリカでのBLM（ブラックライブズ・マター）の運動を象徴するような作品だ。アメリカで始まったこの黒人差別BLMの運動に続いて、#MeToo運動が始まった。コロナ禍でアジア人差別のヘイトクライムが起こったが、それに抗する運動も全米で始まった。バイデン政権は死刑廃止を公約としている。なかなか先行きは見通せないが、少しずつではあるが米社会は変わろうとしている。日本も死刑廃止へと大きく舵を切らなくてはいけない。

他の上映した四作品も、死刑制度を象徴とする司法の問題とともに、差別・難民・格差・ジェンダーといった、今私たちに突きつけられた問題を描いたものだった。

浴田由紀子さん 狼をさがして

この映画は一九七〇年代半ばに三菱重工本社ビル爆破などを起こした「東アジア反日武装戦線」を韓国の監督が描いたドキュメンタリー作品。

浴田さんはこのグループに参加した経験を持つ人だ。浴田さん自身は長く海外にいたので詳しくは知らなかったけれど、帰国して救援をする人たちに家族や女性たちが多く、驚いたと語った。反日武装戦線のメンバーは三菱爆破が失敗であったことを認めながら、それを克服することが困難であったこと。彼ら自身が死刑廃止を訴え始めた時、これは新たな運動の始まりだと感じたとも語った。

（二〇一九年韓国、監督＝キム・ミレ）

桜井昌司さん 免田栄 獄中の生

桜井さんは、同じ冤罪被害者として免田さんには何度か会っていたけれど、事件に関しての話はほとんどしなかった。今回の映画を観て初めていろんなことを知った、とお話しされた。

死刑確定者が、死刑執行があるのではないかと毎朝恐怖していた様子を、桜井さんは拘置所にいる時に経験している。この映画で語っているが、免田さんは最初再審の方法さえ全く知らなかったとい

使用写真 ©Gaam Pictures

う。桜井さんたちは今、再審法改正を目指して運動をしている。法務省は検察官僚が牛耳っているけれど、何とか再審法の改正を実現したいと語った。（一九九三年日本、監督＝小池征人）

帝銀事件 大量殺人獄中三十二年の死刑囚
山際永三さん

山際永三さんは映画監督であり、多くの冤罪事件の支援活動をされている。この映画は、一九八〇年にテレビ放映のために作られた作品であり、原作・松本清張、脚本・新藤兼人、監督・森崎東という布陣であった。山際さんは、この作品は刑事からの視線で作られていて、そこに大きな問題がある、と指摘された。映画を作るなら冤罪死刑囚である平沢貞通氏の視点から作られなければいけない。と語り、この事件の本質にかかわるお話を始められた。（一九八〇年日本、監督＝森崎東）

黒い司法
庄司香さん

庄司香さんは学習院大学でアメリカ政治を研究されている。BLMで黒人差別がクローズアップされたアメリカで、どのように死刑制度が運用されているのか、が話された。バイデン大統領が死刑廃止を公約として掲げているが、合衆国の現状は簡単に連邦レベルでも死刑廃止になるのは前途多難であること。連邦裁判所の最高裁判事は保守派が過半数を占める中では、死刑廃止への先行きは今のところなかなか見通せないと話された。

（二〇一九年米国／監督＝ブライアン・スティーブンス）

女は二度決断する

山口薫さん

上映後なんみんフォーラム理事の山口薫さんが話された。この映画では、主人公の夫であるトルコ系移民が人種差別主義者によって爆殺される。そういったことを前提に、ドイツの移民政策の歴史が話された。日本の移民政策は世界標準からかなり遅れていることなども話された。死刑のないドイツと死刑のある日本、国民の感情の相違などにも言及された。

（二〇一七年ドイツ、監督＝ファティ・アキン）

裁き

佐藤大介さん

佐藤さんは、インドに数年間特派員として滞在した経験があり、日本の死刑制度に関しても、『ルポ死刑 法務省がひた隠す極刑のリアル』（幻冬舎新書）を書かれている。インドに関しては『13億人のトイレ下から見た経済大国インド』（角川新書）という著書もある。本映画は、インドのカーストと裁判所という、日本ではなかなか知ることができない問題を扱っている。佐藤さんは滞在した経験から、この映画から見えてくるインドの人々の生活と司法の関係などを面白く話された。

（二〇一四年インド、監督＝チャイタニヤ・タームハネー）

私は金正男を殺していない

太田昌国さん

金正男が殺害された原因（VXガス）に絡んで、太田さんの話は、サリン事件を起こしたオウム真理教から始まった。VXガスはオウム真理教も使用した経緯があるからである。その後、社会主義を僭称する朝鮮民主主義人民共和国が、どのような歴史を経て成り立ってきたのかが話された。そしてロシアのテロル、米国によるテロルの話に至った。

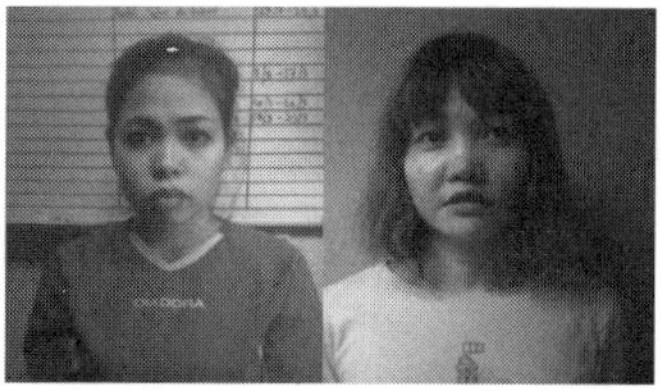

（二〇一七年米国、監督＝ライアン・ホワイト）

死刑関係文献案内 二〇二二年

前田 朗

一……「優しさ」の共同体へ

平野啓一郎『死刑について』（岩波書店、二〇二二年）は、一九九九年に小説『日蝕』で芥川賞を受賞した作家の講演記録である。具体的には二〇一九年一二月六日に開催された、大阪弁護士会主催の講演、及び二〇二一年一〇月一二日の日本弁護士連合会主催のシンポジウムにおけるコメント等を基に編集した講演録である。

平野には『決壊』（芸術選奨文部科学大臣新人賞）『ドーン』（Bunkamuraドゥマゴ文学賞）『マチネの終わりに』（渡辺淳一文学賞）『ある男』（読売文学賞）があり、エッセイ等に『「私」とは何か――「個人」から「分人」へ』『「生命力」の行方――変わりゆく世界と分人主義』『考える葦』がある。

本書は「死刑は必要だという心情」「『なぜ人を殺してはいけないのか』の問いに向き合って」「多面的で複雑な被害者の心に寄り添うとは――『ゆるし』と『憎しみ』と」「なぜ死刑が支持され続けるのか」「『憎しみ』の共同体から『優しさ』の共同体へ――死刑の廃止に向けて」の五つの柱建てで構成されている。

若い時期には死刑「存置派」だったという平野は、心情的な側面が大きく、「激しい怒りを覚え、やったことを考えるなら、死刑になるのもやむをえない」と思っていた。

ただ、一歳の時に父親が他界し、母子家庭で育ったので、子どもの頃から死について考えてきたという。もし父親が誰かに命を奪われ、奪った側がその後も生きているとしたらアンフェアと感じるだろう。心情的に死刑存置になるのはまさしく「やむを得ない」。また、「正しい理屈」に対する心情的な忌避感が存在し、左翼エリートの意見が社会に通じないことがあるという。

平野の立場が揺らぐようになったのは、

ヨーロッパの作家やアーティストとの出会いにより、彼らが死刑に強く反対していることを知るようになってからである。「人を殺してはいけない」という自明なことが揺らぎ始めたので、小説家として答えなくてはいけない。文学作品には加害者に焦点を当てるものが少なくないが、平野は被害者に注目した。そこで書いた作品が『決壊』であり、「全国犯罪被害者の会（あすの会）」にも取材した。被害者側に共感しながら作品を書いた。

「ところが、この小説を書き終わってみると、自分でも意外な心境の変化がありました。これはまったく意図していなかったのですが、とうとう、心の底から死刑制度に対して嫌気がさしていました。その時に初めて、人の意見がどうだということではなく、死刑制度はあるべきではないのだということを強く感じるようになりました。」

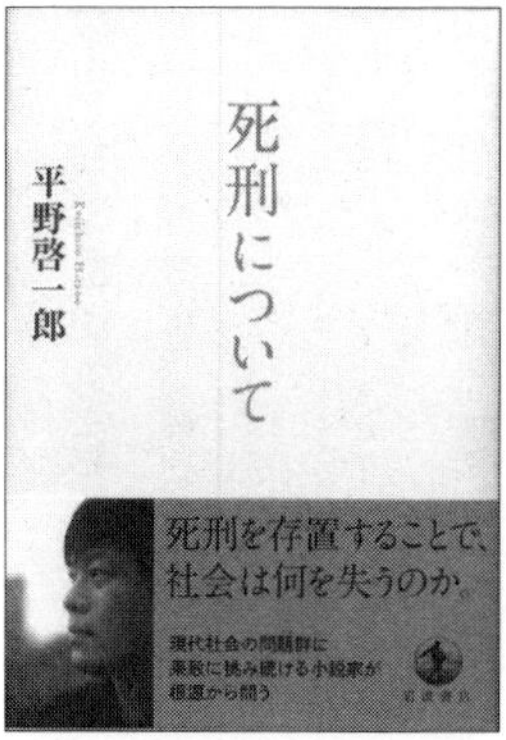
死刑について
平野啓一郎
死刑を存置することで、社会は何を失うのか。
現代社会の問題群に果敢に挑み続ける小説家が根源から問う
平野啓一郎『死刑について』（岩波書店、22年1月）

第一の理由は、警察の捜査の実態を知ったことである。冤罪による死刑について考えるようになった。第二の理由は、加害者の生育環境が酷いケースが少なくないことである。被害者が一番かわいそうなことは当然だが、社会から放置されて加害者になった人間の存在を消しても問題は解決しない。第三の理由として、「人を殺してはいけない」ということは絶対的な禁止であるべきことである。事情があれば殺してもよいと考えるべきではない。

平野は犯罪抑止効果にも疑問があるとし、死刑によって加害者に反省させることができるという考えにも疑問を差し向ける。暴力で言うことをきかせる社会は危険である。

「多面的で複雑な被害者の心に寄り添う」とは何を意味するのか。平野は「もし僕の家族が犯罪によって殺されるようなことがあったら、僕は犯人を一生ゆるさないかもしれない。でも、僕は死刑を求めません。こられは両立可能なのです」という。「ゆるし」と「憎しみ」の関係は、言われるほど単純ではない。ただ、死刑廃止運動には、被害者への理解、ケアの視点が弱かったことは否めない。「傷ついた人たちを受け入れていくという意思を社会が明確に示すべきです」。

平野は死刑廃止のために、粘り強く冷静に話し合うことを強調し、第一に、国際社会の中で議論することを指摘する。ノルウェーでの連続テロ事件やルワンダのジェノサイドを例に、愛や和解を例示する。第二に、基本的人権から考える必要性である。第三に、被害者のケアと加害者への視点である。

「人間に優しくない社会は、被害者に対

しても優しくはありません。むしろ、被害者への共感を犯人への憎しみの一点とし、死刑制度の存続だけで、被害者支援は事足れりとしてきたことを、私たちは反省すべきです。どのような支援が必要なのか？　それを考えるためにこそ、私たちは、憎しみのみの連帯から離脱し、被害者の多様な生活支援を真剣に考えなければなりません。」

最後に平野はこう問いかける。

「被害者に寄り添うから、死刑を維持すべきと考えるのか。被害者に寄り添うからこそ、死刑を廃止すべきと考えるのか。『憎しみ』で連帯する社会か、それとも『優しさ』を持った社会となるのか。死刑をめぐる議論は、この国と社会をどのようなものにしていくかという深い議論につながっていく問題だと、僕は考えています。」

二……………死刑囚の状況

佐藤大介『ルポ死刑――法務省がひた隠す極刑のリアル』（幻冬舎新書、二〇二一年）は、**『ドキュメント死刑に直面する人たち』**（岩波書店、二〇一六年）に加筆・修正を施した新版である。

佐藤は、二〇一八年七月六日のオウム真理教幹部ら七名の死刑執行から始める。この日の法務省記者会見室における上川陽子法相の記者会見は、執行した事実や事件の概要を述べるのみであり、記者らから次々と出された質問には「お答えを差し控える」を連発した。なぜこの七人の執行なのか。オウム真理教事件で死刑確定した一三人のうち七人を選んだ理由。執行時の様子はどうか。法相としての所感はどうか。いずれも回答がなかった。

佐藤は「過去の法相も、在任時に行った死刑執行の記者会見で、執行対象者を選んだ理由については説明を避けている。死刑執行という究極の国家権力を行使した責任者の姿勢としては、はなはだ疑問であるとの印象がぬぐえない」という。

日本の死刑制度は「密行主義」に支えられてきた。法務省はかつて執行の事実すら公表しなかった。確定死刑囚の氏名などを公表するようになったのは、鳩山邦夫法相時代の二〇〇七年一二月になってからのことだ。執行の経過は闇の中である。

佐藤によれば、「いつ、だれを死刑に処するかの権限は事実上、法務官僚に握られており、その手続きに外部からの検証を加えることはできない。さらに、確定死刑囚は外部との接触が厳しく制限されており、その姿をうかがい知ることも極めて難しい。死刑囚は、執行で生命を絶たれる前に、刑の確定によって社会から『抹殺』された存在になると言ってよい。」

そして、主要先進国で死刑を維持しているのは日本とアメリカのみであり、世界の多数派は死刑廃止である。「法務省は、死刑制度を維持する理由に『国民の支持』を挙げるが、同時に死刑に関する情報公開には消極的という、極めてバランスを欠いた状態が続いている」ので、死刑存廃論を闘わせる前に、まず情報公開が必要である。法務省の秘密主義にもかかわらず、ジャーナリストはさまざまな手立てを用いて死刑の実態を報告してきた。その先頭に立つ佐藤は、まず「死刑の現実」として死刑囚たちの日常を紹介し、二〇一二年に福島瑞穂参院議員が実施したアンケート調査などの情報を基に死刑囚の心中を推測する。

　また、死刑と償いについて、熊本県での強盗殺人事件で二〇一二年に死刑執行された松田幸則元死刑囚、一九八八年の名古屋アベック殺人事件で一審死刑から二審無期懲役刑に変わった受刑者、及び「全国犯罪被害者の会」（あすの会）のシンポジウムを基に、加害側と被害側の状況や人生や心理に迫ろうとする。

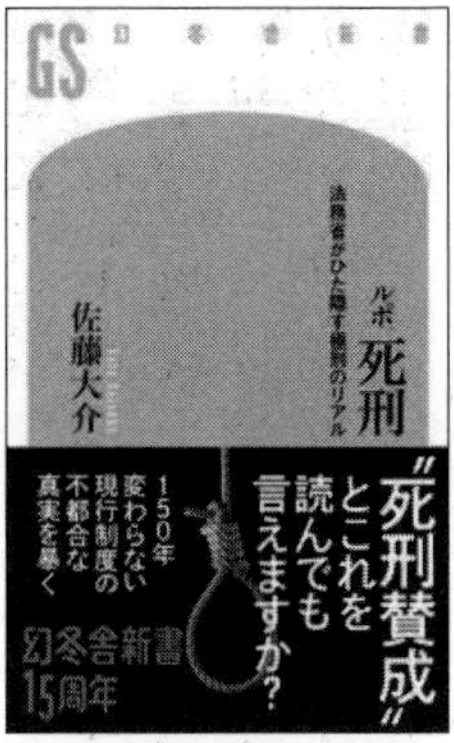

佐藤大介『ルポ死刑－法務省がひた隠す極刑のリアル』（幻冬舎新書、21年11月）

　さらに佐藤は、死刑の残虐性、世論と死刑、代替刑としての終身刑、死刑廃止へ向かう国際動向を紹介しながら、国連総会における死刑廃止決議に一貫して反対してきた日本政府の民主主義観や人権観が問われていると見る。結論は「日本が、自国の問題として国際社会の動きに背を向け、制度の見直しをしようとしない『死刑モンロー主義』は、もう限界に達している」である。

三……凶悪犯罪と死刑

永山則夫『法廷調書』（月曜社、二〇二一年）は、一九八六年一一月から一二月にかけて、東京高裁刑事三部の法廷で行われた被告人供述記録であり、裁判所による公判の速記録をもとにしている。

　一九六九年の「連続射殺魔事件」で、犯行時一九歳だった永山は、後に『無知の涙』をはじめとする膨大な著述で自らの思想を発表し続けた。ただ、捜査段階の供述調書に同意したため、一審・東京地裁の法廷では、永山自身の生い立ちや事件に至る経過が本人の口から詳細に語られることがなかった。一審における石川義博による精神鑑定があるが、本人の供述は二審・東京高裁における供述のみである。これが永山裁判における最後の証言となった。

　永山事件裁判は、少年に対する死刑をめぐり、死刑と無期懲役の判断基準をめぐり、長期的に闘われ、多くの法律家や評論家による論評の対象となった。永山はエッセイや小説を発表しつづけ、文芸評論の対象にもなった。これほど多くの論争を呼び、歴史に刻まれた事件は珍しいが、永山自身の供述記録は数が少ない。

その貴重な記録が一冊にまとめられた。

第一回の供述は、無期懲役を取り消して差し戻した最高裁判決をどう読んだかに始まり、永山は権力犯罪を告発し、権力が永山を利用して、泳がせながら、「連続射殺魔」キャンペーンを仕組んだと指摘する。続いて成育歴として、小学校も中学校も長期休学を続け、「網走番外地」生まれや、頬に傷があるために差別された体験が詳しく語られる。獄中で学んだマルクス主義をはじめとする諸学の話や、特に執筆したばかりの『大論理学ノート』の語彙をふんだんに繰り出した演説が続く一方で、自らの生育歴の箇所では端的な短い応答が目立つ。理論武装して世間や権力と闘う永山と、ひ弱でむき出しのまま苦悩する永山が交錯する。

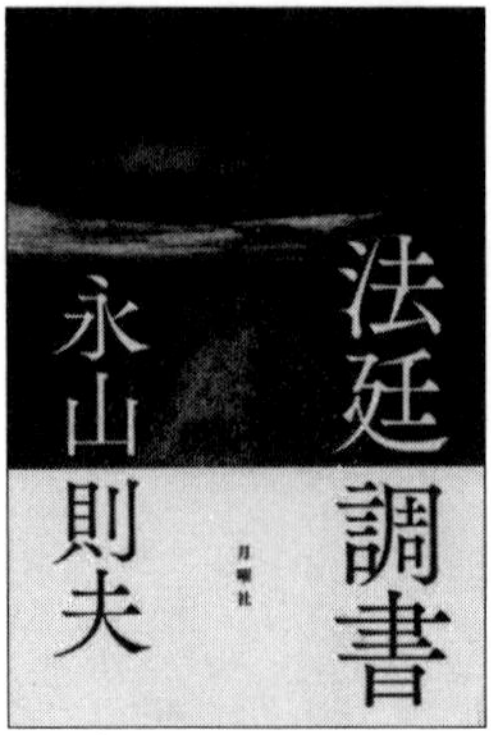

永山則夫『法法廷調書』
（月曜社、21 年 11 月）

その両者がどのように交錯しているのか。様々な解釈が提出されてきた。数々の「永山則夫論」が世に問われた。執行前の永山はその議論に自ら参入し、議論を盛り上げるとともに、議論を疲弊させていった印象がある。それは永山の生きざまにかかわり、思想にかかわるため、理論武装した永山は、国家権力や資本主義そのものを相手に堂々と闘わなくてはならない。退却は許されず、理路を徹底的に詰めていく以外に途はない。独自の「永山弁証法」が炸裂し続ける。ごくごく一部だけ引用してみよう。

「何ら落ち度がないということは日本国民である以上はないと思う。あの当時の永山則夫としては、日本だけが問題だったんだ。そして人を殺したんではないんだよ。その四人は一人の日本人であったわけ。あの当時は一億人全部憎いと思っていた。だけど今はちゃんと理由がある。善良なる市民と言うけれども、善良なる市民とはどういうものなんだろうか。おれはただの市民のほうが立派に生きていけると思う。そしてここは資本主義社会であって、ブルジョアジーの支配している社会である。そういう中で、そのブルジョアジーが搾取することによって罪があるし、そしてプロレタリアート、搾取されている方はこれを廃止しない限りは罪があるわけ、革命やらない限り、プロレタリアートというのは罪があるんだよ。だからブルジョアジーも罪があるし、犯罪者でなくてもだよ、一般のプロレタリアートも罪があると。そういう中であの当時の永山則夫としては、日本を相手に闘ったんだよ。だから日本の市民である以上は何ら落ち度がないとか、罪がないという感じは、あたらないんだよ。」

「マルクスも、さっき言ったように、非常に有能な人であると思うけれども、今では非常に古い人間である。非常に古い科学である。だから、国民というか、全部、右翼にいってしまうんだ。マルクス・レーニン主義の科学性が低下しているわけ。そして、一方では永山則夫の科学が進んでいるだけれども、それを国民は認めないからね。宗教に走る人が多くなってしまうわけ。この前のような自殺者が出て来るのも、左翼内部の道徳革命が必要なんだ。そして、それは科学的でなくちゃいけないんだけれども、マルクス主義という、これ自体、間違っているんだよ。未来においては科学的共産主義とか科学法則主義というのが正しいことであるわけ。そして、そのマルクスと永山則夫の違いは、新大陸を発見したコロンブスとアメリゴ・ヴェスプッチ、この違いなんだ。…（以下略）…」

永山の執行から四半世紀の時間が流れた。異形の「通り魔」とされ、死刑囚としても異例中の異例の裁判を実体験し、エッセイや文学表現においても異形の実績を積み上げて歴史に刻まれる作家となった永山則夫は、まだまだ論じつくされていない。永山が突き付けた問いの数々は、まだ「異形」という言葉でしか表現されていない。つまり永山則夫論は未完のままだということである。

永山則夫入門制作プロジェクト編

『**永山則夫入門**』（いのちのギャラリー、二〇二〇年）は、永山が残した膨大なノート類、日記など段ボール箱一二〇個に及ぶ遺品を記録、整理、保存するために二〇一二年に東京都北区に設置された資料室「いのちのギャラリー」を母体として制作された「入門書」である。

「死刑台から社会を問うた〝連続射殺魔〟」という言葉で、編者たちは、事件から半世紀以上を経た現在を問う。「事件から五〇年、処刑から二〇年　永山則夫を殺した日本社会はいま　無数の永山則夫を生み出しています」。編者らは「日本国家」と言わず「日本社会」を名指す。そして「無数の永山則夫」とは何を意味するのか。読者への問いかけは、編者らの自問の果ての問いでもある。

永山が育った青森県板柳町から眺めた岩木山の雪景色を背景に、永山の代表的な「詩」である「無知の涙」（一九七〇年）が印字される。

涙が頬にかかるとき
それは　無知の涙ではない
涙せる日を憧憬し　存在を置く
無知の涙とは　悠久の果てにも無いか
　も知れない
でも　それが　頬にかかるとき
私のその涙は無知ではなくなる

ページをめくると、一転して、事件へ

永山則夫入門制作プロジェクト編『**永山則夫入門**』（いのちのギャラリー、20年10月）

の引き金となる「浮浪者事件」のあった横浜桜木町の大岡川の川面と橋の写真に重ねて、編者は永山のもう一つの「詩」である「善人面したてめえらへ」を配する。

善人面したてめえらへの呪い
おれよ　たとえ　狂ったとしても
呪い　これだけは　のこせよ
でなければ生きられない

永山の生まれと生涯、引き起こした事件の数々、その悲劇に刻まれた歴史と人々の生きざまを丸ごと引き受けるために、本書は数々の写真、記録、年譜、評論を巧みに配置する。読者は、永山則夫が永山則夫にしかなりえず、永山則夫としてしか生きられなかった時代を読み取らなくてはならない。誰もが永山になりえたかもしれない時代から、誰も永山にはなれない時代へ。にもかかわらず、いまなお「無数の永山則夫」が生み出されてくるのはなぜか。

鉄人ノンフィクション編集部編著『日本の確定死刑囚』（鉄人社、二〇二二年）は、「全国7ヶ所の拘置所で執行の時を待つ確定死刑囚は、2022年6月時点で107人。彼らはなぜ極刑に直面することになったのか。本書は107人の犯した犯罪の動機、殺人の経緯、逮捕のきっかけ、公判の争点、確定後の動向など、わかる限り調べ、死刑囚1人につき2ページで掲載した1冊である。最高裁、もしくは控訴・上告取り下げで死刑が確定した期日の早い順に並べ、共犯の死刑囚がいる場合は、確定日の早い者のページにまとめている」。

一九六六年一二月に福岡市で発生したマルヨ無線強盗殺人事件の尾田信夫（最古参の死刑囚）、一九七四年八月に平塚市で発生したピアノ騒音殺人事件の大濱松三（最高齢の死刑囚）、一九七四年八月に東京で発生した三菱重工爆破事件の片岡利明に始まり、二〇一六年一月に浜松市で発生した浜名湖連続殺人事件の川崎竜弥（上告取り下げ）、二〇〇五年から一三年にかけて神戸市、貝塚市、伊丹市、向日市などで発生した関西青酸連続死事件の筧千佐子、二〇一五年八月に寝屋川市で発生した寝屋川市中一男女殺害事件の山田浩二まで、一〇七人の確定死刑囚について基礎データを紹介し、事件の特徴や供述の引用をもとに、詳しく紹介している。一部顔写真の入手できない例を除いて、大半の死刑囚の顔写真も掲載されている。

収められた一〇七人のうち、秋葉原無差別殺傷事件の加藤智大は本書出版直後の二〇二二年七月二六日に死刑執行された。これにより全国の拘置所に収容されている死刑囚は一〇六人になった。

鉄人ノンフィクション編集部編著『日本の確定死刑囚』（鉄人社、22年7月）

なお本書には、死刑囚データとともに「死刑をめぐる基礎知識」として、死刑と無期懲役に関する「永山基準」、刑確定から執行前のプロセス、及び死刑存廃論の解説も収録されている。この種の著書としては比較的詳しい解説と言えよう。

「裏モノJAPAN」などを得意とする出版社だが、犯罪、アニメ、芸能などの出版物も手掛けてきたようである。発行人の尾形誠規には、熊本典道元判事を描いた著書**『袴田事件を裁いた男』**（朝日文庫）がある。

石原慎太郎『凶獣』（幻冬舎、二〇一七年）は、池田小学校事件の宅間守の人生を描く。裁判資料、及び臨床心理士や弁護士へのインタヴューを基に、一部は小説としての創造を含んだ記録である。宅間の出生、幼児体験、成長過程、犯罪歴、結婚生活などを通じて、事件発生までを追いかける。原因を家庭環境に求めたノンフィクション作家の柳田邦男を短絡的であると執拗に批判し、事件の「わからなさ」を強調する。DNAなど先天性要因に着目するが、原因を特定はしない。

前半ではひたすら事件の異常性を強調する。「異常」「異形」という言葉がこれでもかと言わんばかりに羅列され、事件や背景や経過の分析ではなく、何が何でも異常であることが繰り返される。「この異常な事件を起こした異形な人物の異常な事件の芯にある、余人には覗いてうかがい知ることのできぬあの出来事」と言い、「異形な人間の恐らくそれも異形な心の深層を探って触れることのできる誰か」と言い、「被告の異常な経歴に関わる異常な供述から浮かび上がる異形な彼の芯の芯に潜んでいるマグマ」と言う。文学的表現方法を探ることは考えず、ひたすら「異常だ」と叫ぶだけの文章が延々と続く。常に「正常」であるつもりの己の高みから「異常」を裁断する視線に揺るぎがない。後半では裁判過程で被告・宅間に関与した臨床心理士と弁護士へのインタヴューが紹介される。ここでは単に「異常」を裁断するのではなく、事件と宅間をいかに理解するか、著者の問題関心に沿って再構成されている。その意味で前半の「異常」の強調は後半への伏線だったのかもしれない。しかし、結論は出ない。著者は最後まで、異常な事件であるとし、理解できない、わからない、で終幕を迎える。「私がこの出来事に目を見張り抱いた恐れとは何なのだろうか。それは存在というものの不可知さということだろうか。」

死刑論としては、死刑廃止には反対であると繰り返し、宅間と獄中結婚した死刑廃止論者の女性に対する批判と、死刑廃止論者の亀井静香への批判を綴る。た

石原慎太郎『凶獣』
（幻冬社、17年9月）

だ、理由に説き及ぶことはない。そして著者は一方で死刑を支持すると表明しつつ、他方で自分なら仇討ちをすると繰り返す。死刑と仇討の区別すらついていない。

四……………死刑と冤罪

殿岡駿星『濱松事件』（勝どき書房、二〇二二年）は、一九三八年～四二年にかけて遠州鉄道沿線で発生した連続五件、九人殺害八人負傷の濱松事件を追いかけたルポルタージュである。殿岡駿星は元新聞記者であり、**『犯人狭山事件より』**（晩聲社、一九九〇年）や、退職後にも**『狭山事件の真犯人』『三億円事件の真犯人』**（いずれも勝どき書房）を出版している。

濱松事件は殿岡駿星の父親でやはり新聞記者であった殿岡駒吉が青年時代に取材した事件である。殿岡駒吉が残したノートを基に、息子の殿岡駿星が改めて取材し、書き上げたのが本書であるという。

第一事件は一九四一年八月、静岡県濱名郡北濱村（現濱松市浜北区）で、芸者置屋に侵入した男が二人の芸妓を刃物で刺した。一人が死亡、一人が重症。

第二事件も一九四一年八月、第一事件の二日後、濱名郡小野口村（濱松市浜北区）で、料理屋に侵入した男が三人を刺殺した。捜査により、以前の事件にも注目が集まった。一九三八年八月、濱名郡積志村（濱松市東区）で、芸者置屋に侵入した男が二人を刺し、一人が重傷、一人が軽傷となった。武蔵屋事件と称される。

第三事件は一九四一年九月、濱名郡北濱村（現濱松市浜北区）で、農家に侵入した男が五人を刺して、一人死亡、他は重軽傷の被害である。

第四事件は一九四二年八月、濱名郡積志村（濱松市東区）で、農家に侵入した男が四人を刺殺した。

連続四件、九人殺害事件に浜松市民は恐怖に震えた。警察は必死の捜査を行い、戦時統制下とはいえメディアも騒然とした。

警察は、濱松市在住で仕事もしないでバクチばかりしていると噂の無職の森勝信に目を付け、別件逮捕した。一週間に及ぶ連日一〇時間以上の取り調べにもかかわらず、勝信は否認し続けた。家宅捜索にもかかわらずめぼしい証拠も出ない。唯一の「証拠」として、第四事件現場で発見されたのと同じ「マンガン抜き染め絣」の生地が勝信自宅からも発見された。犯行の証拠ではないにもかかわらず、これを盾に責めつけた結果、勝信は弟の森誠策の犯行だと供述した。

逮捕された森誠策は、聴覚障害で聾唖学校に通っていた未成年だが、厳しい取り調べや、「終わったら家に帰す」「お前は聾唖者だから、殺人をしても罪にならない」という騙し討ちの取り調べを通じて、自白に追い込まれた。

その過程を殿岡駒吉・殿岡駿星の父子は追跡する。

一九四四年二月二三日、静岡地裁濱松支部は被告人に死刑を言い渡した。上告したが、同年六月一九日の大審院で上告棄却により死刑が確定した。

弁護人は被告人が心神耗弱かつ聾唖者であると訴えたが、大審院はいずれも否定して上告理由なしと決定した。

一九四四年七月二四日、森誠策は九人殺しの犯人として死刑を執行された。一九二三年九月二三日生まれであり、二一歳であった。つまり、第四事件発生時には一八歳一一カ月、第一事件発生時には一七歳一一カ月だった。武蔵屋事件時は一四歳である。

殿岡駒吉・殿岡駿星の父子は数々の疑問を提起する。第一に、少年なのに少年事件として扱われなかった。第二に、刑法第四〇条（聾唖者）や第三九条（心神耗弱者）が適用されなかった。第三に、事件の動機が不明確である。「自己の利己心」などとされているが、犯行動機とは言えない。

殿岡駿星は時代背景に注目する。「丹下左膳のまねをした」をはじめとする供述を通じて浮かび上がるのは、戦時下の教育における「正義の刃」教育である。忠臣蔵、鞍馬天狗、国定忠治、宮本武蔵など、悪人を成敗することは正義であり、殺人ではないとされた。国家の「正義の刃」の論理で、誠策から自白を引き出したのではないか。

数々の疑問を提起した殿岡駿星は次のようにまとめる。

「戦争中であっても、学校で勉強したい少年が、学校へ行かずに農業の手伝いをしなければならない法律はない。特に、法律で守られているはずの、聾唖者であり、心神耗弱者である誠策さんの刑を軽減をせず、死刑の判決を下していいとは思えない。

大日本帝國の圧力は、マスコミだけではなく、警察、検察、裁判所の判事ら、司法全体にも及んでいた。聾唖学校の生徒であった誠策さんの、家庭の問題や、殺人の動機、学校生活などには全く触れていない、銃後の治安を攪乱した殺人鬼として焦点を当て、死刑判決へ導いていた。」

濱松事件
殿岡 駿星
戦時中の濱松市民が恐怖のどん底に
【1938年〜1942年】遠州鉄道沿線で発生
連続5件　9人殺害8人負傷
無視された日本國刑法40条
死刑は正しかったのか！？
殿岡駿星『濱松事件』（勝どき書房、22年3月）

石川逸子『三鷹事件　無実の死刑囚竹内景助の詩と無念』（梨の木舎、二〇二二年）は、詩人の石川逸子による冤罪三鷹事件報告である。なぜ詩人・石川逸子なのか。本書「はじめに」冒頭に、三鷹事件の犯人とされた竹内景助の詩「雨の降る日」が引用されていることで読者に合点がいく。死刑囚竹内は獄中で死をつづっていたのだという。これまで三鷹事件に関する著作は何冊も書かれてきたが、竹内の詩に言及したものはなかったと思う。

石川逸子は『狼・私たち』（H氏賞）『千鳥ヶ淵へ行きましたか』（地球賞）『ロンゲラップの海』（日本詩歌句協会詩部門大賞）などで知られる詩人である。ミニ通信「ヒロシマ・ナガサキを考える」（女性文化賞）も知られる。

三鷹事件は、一九四九年に三鷹駅構内で発生した電車暴走による六名死亡事件であり、松川事件、下山事件とともに国鉄三大事件として知られる。謀略キャンペーンにより、共産党員ら六名と竹内が共同謀議を行い、事件を引き起こしたとされた。ところが、一審の東京地裁は、共同謀議は空中楼閣と適切に判断して、他の被告人全員に無罪を言い渡したにもかかわらず、竹内による単独犯行とし、無期懲役を言い渡した。さらに東京高裁は、事実調べを行うことなく竹内に死刑を言い渡した。最高裁では、七名の裁判官が反対したにもかかわらず、八名の裁判官の多数意見により上告棄却され、竹内の死刑が確定した。

人生が削られていく

独房に秋雨冷たい
少年の日や
自由の青春には
雨垂の音も音楽と聴いたが
七年囚われの身には
それが忙しく時を刻む
容赦のないセコンドのようにひびく
こうして空しく
味気ない日々
人生が削られていく
暗い日々
戦争への日々
その無形の魔力に
プロテストしつつも
ああ　わが人生の侘しさよ

暗い塀
無教養な怒声
人生は益々孤独になる
哲学のないわたしの悔のように
雨垂は
霧雨集めて
タタタタ
トトトト　ポトポト　と時を刻む

他の共犯者たちの冤が雪がれたにもかかわらず、竹内は一審では無期懲役となり、二審では死刑を言い渡された。

事件の全体像は共産党員に対する弾圧であったが、共産党員の無実が明らかになる過程で、唯一、共産党員ではなかった竹内に罪悪が集中させられ、最終的に単独犯とされてしまう。弁護団も、共産党弾圧の不当性を追求するのが手いっぱ

石川逸子『三鷹事件　無実の死刑囚竹内景助の詩と無念』
（梨の木舎、22年3月）

いで、竹内救出に力が注がれることが少なかったという。

このため上告審では孤独な闘いが始まる。五万字に及ぶ上告趣意書を自ら書いた。上告書提出を繰り返し、支援を求める手紙を書いた。弁護団も手をこまねいていたわけではなく、上告審では竹内救出のため上告趣意書を練り上げた。

第一に、自白の強要（憲法第三八条二項違反）。

第二に、唯一の証拠が自白（憲法第三八条三項違反）。

第三に、事実調べなき有罪認定（憲法第一三条違反、第三七条違反）。

第四に、十分な証人調べなき不公正な裁判（憲法第七六条三項違反、第三七条違反）。

第五に、不利益情状認定の証拠も自白のみ（憲法第三八条三項違反）。

第六に、実現不可能なことを可能とした認定（憲法第三一条違反）。

第七に、争議行為禁止規定の違憲性を無視した認定（憲法第二八条違反）。

第八に、被告人の思想信条を理由とする情状認定（憲法第一九条違反）。

第九に、刑法第一二六条を適用した違法（憲法第三一条違反）。

第一〇に、結果的加重犯に死刑を課した（憲法第三一条違反）。

第一一に、死刑の残虐性（憲法第三一条違反）。

しかし、一九五五年六月二二日、最高裁は上告を棄却した。しかも、八対七という、たった一票の僅差で死刑を確定させる前代未聞の判決である。

石川逸子は裁判経過をたどりながら、竹内の詩を紹介していく。幼い日の故郷の思い出、独房の孤独、拘置所に飛んでくる雀、子どもへの思いをつづった詩を読み分けながら、石川は竹内の心境と人生と冤罪への怒りを共有し、読者に伝える。

無実を叫び続けた竹内は、一九六七年一月一八日、脳腫瘍のため帰らぬ人となった。激しい頭痛、嘔吐を訴えたのに、医療を拒否されたままの死去であったという。これにより再審請求の手続きは終了させられた。

遺族が獄死の責任を追及した損害賠償請求裁判では慰謝料支払いが認められた。判決には、再審の審理が進み、「年来の主張が認められて無罪の判決が得られる可能性もあった」と明記された。

松本宗堂『終わりなき帝銀事件——GHQの策謀と戦後史の迷路』（批評社、二〇二二年）は、画家・平沢貞通が死刑囚とされた謎の帝銀事件についてGHQの謀略と見る観点から全体を振り返る。占領期の一九四八年に発生した銀行強盗目的の毒殺事件で死刑判決を言い渡された平沢は、何度も再審請求を続けたが、一九八七年に獄中死した。その後も遺族の手によって再審請求が続けられた。

七〇年を超える歳月を通じて、本件にはGHQの影が拭えないことが繰り返し指摘されてきた。松本もGHQの関与を柱としつつ、日本司法当局も共犯とみる。「既述の私論では、この事件はＧＨＱ（アメリカ占領軍）と日本の刑事警察機構との共同謀議による犯行としている。そして事件の背景には、当時のアメリカが直面した東アジア情勢の急変が深くかかわっている」という松本は、「アメリカの犯行目的」を三つにまとめる。

「まず第一は、事件の捜査を隠れ蓑に旧日本軍の細菌戦計画の全貌を、同じ連合国の一員でもあった旧ソ連に先駆けて入手する。第二には、それまでのＧＨＱによる民主化改革で弱体化していた日本の警察力を、中国の共産主義化に対抗するための『防共の砦』の布石として増強し、さらには刑事警察機構の再構築によって強靭化を図る。もう一つは、日本の共産党員を中心とした労働争議を抑え込むため、全国規模の戸口査察（臨検）の実施である。」

この巨大な犯罪を繋ぐ謀略の数々を探索した松本は、なぜ平沢が犯人とされたのか、その経過を追う。

松本が帝銀事件に関心を持ったのは、一九八八年、のちに『疑惑』『疑惑α』（以上講談社出版サービス）『**帝銀事件はこうして終わった**』（批評社）を出版した佐伯省の知友だったことによるという。佐伯に誘われて帝銀事件の実行犯と疑われる人物の家を訪ねたり、後に一人で当該人物の家に不法侵入して調査したエピソードが「はじめに」において紹介されている。

その後、佐伯が残した膨大な資料を分析した結果たどり着いた仮説が「アメリカの犯行目的」という仮説である。通常なら時代背景として記述されるＧＨＱ占領下の歴史や東アジア情勢の変動が「犯行目的」そのものであったという大胆な仮説に説得力があるか否かは、読者の判断に委ねられている。

松本宗堂『終わりなき帝銀事件――ＧＨＱの策謀と戦後史の迷路』（批評社、22年7月）

帝銀事件関係文献は膨大だが、本書は繰り返しをいとわず基本的論点をカバーしている。「第1章　謎だらけの事件」では毒殺事件、二件の強盗未遂事件、小切手換金問題、検事調書捏造などの謎を提示する。「第2章　犯行毒物をめぐる攻防」では証人尋問や解剖鑑定経過をチェックして、薬物の謎、毒殺方法の謎に迫る。「第3章　巧妙に仕掛けられた罠」では松井名刺問題、詐欺事件の謎を追いながら、平沢が犯人に仕立てられた経緯を探る。「第4章　平沢貞通と実行犯」では三菱銀行事件、ＧＨＱ公衆衛生課、平沢逮捕の謎を検討する。「第5章　黒幕と実行犯」、「第6章　平沢貞通の嘘と真実」、「第7章　生贄」では、元秘密部隊員、指紋のない男、コルサコフ症、虎の金屏風などミステリー小説をもしのぐエピソードが次々と紹介される。「第8章　犯行の動機」では毒殺と人体実験の関連を通じて日本軍の秘密にたどり着く。帝銀事件について予備知識のない読者には、事件の舞台装置と一つひとつの意匠の組み合わせが異色ミステリーとなりながら、現実世界を揺るがしてきた歴史に立ち会うことができる。

そして「第9章　占領下日本の国家機構」において、松本はGHQ民政局と参謀二部の確執、第二次吉田内閣の成立、警察力の強化、裁かれなかった日本の裁判官という、戦後史スタート時点の日本の闇を提示する。ここに帝銀事件の本籍があると見る松本の叙述は「第10章　負の遺産」で、七三一部隊をはじめとする日本軍特務機関が、敗戦後も姿を変えてこの国の政治と社会に暗然たる位置を占めてきたことに焦点を当てる。

憲法上は三権分立が掲げられているのに、「かかる事態は主権在民という意識の醸成を妨げ、結果として国家権力の暴走を許すことにつながりかねなかった。現今の歪んだ権力構造の起源を知るには、やはり戦後の占領期にまで遡らなければならない」という。

北大生・宮澤弘幸「スパイ冤罪事件」の真相を広める会『冤罪の構図　松川事件と「諏訪メモ」』（二〇二二年）は、死刑冤罪・松川事件で、被告らのアリバイ証拠であるにもかかわらず検察側が隠蔽していた「諏訪メモ」を報じた倉嶋康・毎日新聞記者の回顧である。

一九四九年八月一七日に発生した松川事件では旅客列車が転覆し、三名の命が失われた。共産党員による犯行との謀略宣伝に乗じて、二〇人に及ぶ共産党員や労組員が逮捕され、一九五〇年の福島地裁判決では五人に死刑、五人に無期懲役、一〇人に有期懲役が言い渡された。一九五三年の仙台高裁判決では四人に死刑、二人に無期懲役、一一人に有期懲役、三人に無罪が言い渡され、審理は最高裁に移った。

一九五五年に福島に赴任した新聞記者の倉嶋康は、サツ回り取材の傍ら、無実を訴える「松川事件対策協議会」に日参し、公判記録を読みながら事件をフォローしている時に、「被告の一人にアリバイがある」という話を聞きつける。犯行の共同謀議に加わっていたと認定され、一・二審とも死刑を言い渡された佐藤一被告にアリバイがあるという。判決によると、犯行の二日前の八月一五日正午過ぎ、福島市の国労福島支部事務所で労組員たちが列車を脱線させる犯行の共謀を行い、佐藤はそこに出席した中心人物の一人であると認定された。

ところが、その時間、佐藤は労組員代表として、東芝松川工場で会社側との団体交渉に加わっていた。その記録が残されていることを知った弁護士が調査を開始した。団体交渉の経過を記載した記録（いわゆる諏訪メモ）が存在した。団体交渉に佐藤が出席していたことや、団体交渉打ち切りの時間が書かれている。これ

北大生・宮澤弘幸「スパイ冤罪事件」の真相を広める会『冤罪の構図　松川事件と「諏訪メモ」』（21年11月）

が明らかになれば、佐藤が共同謀議に参加できなかったことは明白だ。死刑判決の認定が完全に崩壊する。

諏訪メモは捜査機関に提出されていた。果たして警察にあるのか、検察が持っているのか。この段階で諏訪メモが存在することを朝日新聞がスクープした。倉嶋康は、諏訪メモが警察にないことをつかみ、福島地検にターゲットを絞った。宮本彦仙検事正に対峙した倉嶋は「検事の目」にひるみながらも、「あったのですね」と畳みかける。

「机をはさんで前に立った私に対して、宮本検事正は射るような視線で見上げました。3、4秒でしょうか。気迫で負けまいと思う私には今でも無限に長い時間だったと思えてなりません。『うん、あった』。体から力が抜けました。」

大学ノートに書かれた諏訪メモには、佐藤被告が出席していたことが書かれていた。倉嶋はデスクを説得して「世紀のスクープ」を世に問うた。

倉嶋は取材の経過を詳しく描き出し、その後の松川事件全面無罪に至る過程や、かかわった人々の記憶も記している。後に仙台高裁で差戻審の取材の際、ある検事と飲みに行ったところ「鉛筆1本で大裁判をひっくり返しやがって」などと伝法な口調で差しつ差されつするうちにグデングデンに酔った検事から「オレは検事よりも新聞記者になりたかったんだ」と言われたエピソードは楽しい。

二〇〇六年二月、倉嶋のもとに佐藤一から手紙が届いた。「突然の手紙で驚かれたことと思います。お会いしたいと思いながら数十年、さまざまなことに時間を費やしてしまいました。でも私を死刑台の前から連れ戻してくれた倉嶋さんのことは一度も忘れたことはありません。」

同年三月七日、倉嶋は佐藤と出会った。諏訪メモスクープから四九年、二人は初めての出会いであった。二人の出会いは当時の朝日新聞や信濃毎日新聞に報じられている。

なお、北大生・宮澤弘幸「スパイ冤罪事件」の真相を広める会は、戦時下、国防保安法体制の下、スパイに仕立て上げられた北大生・宮澤弘幸と北大教師ハロルド・レーンと妻ポーリン・レーンの冤罪事件を記録し、広める会である。

櫻井淳司『非暴力非まじめ　包んで問わぬあたたかさ』（ウネリウネラBOOKS、二〇二二年）は、フリー牧師で、非暴力トレーニング・ピースセンター「いのちの和泉村」代表の櫻井の非暴力思想のエッセンスである。単なる「無力」ではなく、「総合力」「抗する力」としての非暴力を説く。「第四章　生への畏敬」において死刑と殺人について所見を開陳している。キリスト教独立学園教員時代に接した死刑囚T教援に関連して、「やられたからやりかえすという復讐心を満たそうとするのは、昔の思想である。むしろ、殺人犯が悔い改めて自分の罪を詫びること、自由を束縛される中で日々を供養と奉仕にあて、よりよく生きることの方が、どれほど生命尊重の考えを人々に知らせうることだろうか」と述べる。

袴田事件をはじめとする冤罪に関して、「無実の死刑囚」の存在に言及し、死刑判決を下した熊本典道元裁判官の反省と謝罪にもかかわらず、いまなお死刑が維持されていることを批判し、「このような良心的な裁判官の声は黙殺され、日本の死刑制度は今も続いている。日本の司法に潜む巨大な暴力は何としても否定されなければならぬものである」とする。

さらに櫻井は、無差別殺人事件が絶えないことに触れ、「私たちの暴力を防ぐ力は向上していなかったようだ。自他に対して『生への畏敬』を抱くことを生き方の基本とする人間を育てなければならない。そのためには息の長い教育が必要であろう。どんなに行き詰っても、『それでも生きる』『それでも殺さない』というライフスタイルを育てる必要がある」という。

五……死刑と文学

殿岡駿星編『響野湾子俳句集　千年の鯨の泪櫻貝』（勝どき書房、二〇二二年）は、二〇〇一年の大和連続主婦殺人事件により、二〇〇三年に横浜地裁で死刑を言い渡され、二〇〇四年に東京高裁で控訴棄却、二〇〇七年に最高裁で上告棄却され、死刑が確定した庄子幸一の俳句集である。庄子幸一は響野湾子《きょうのわんこ》名義で数多くの短歌と俳句を詠んだが、短歌については『深海魚　響野湾子短歌集』（インパクト出版会、二〇二一年）が刊行されている。

反戦自由律俳人・橋本夢道の次女と結婚した殿岡駿星は、新聞記者時代に『犯人狭山事件より』（晩聲社、一九九〇年）を著し、退職後にも『狭山事件の真犯人』『三億円事件の真犯人』（いずれも勝どき書房）を出版するとともに、『橋本夢道物語――妻よおまえはなぜこんなに可愛いいんだろうね』『橋本夢道の獄中句・戦中日記』（いずれも勝どき書房）を送り出してきた。刑事犯罪・事件と俳句の双方に通暁した殿岡は、二〇一九年の「死刑囚表現展二〇一九」で、響野湾子の俳句に出会い、衝撃を受けた。

「千年の鯨の泪櫻貝」というわずか八文字、一七音の俳句が殿岡の想像力を痛撃した。「千年の鯨」「泪」「櫻貝」という語句の連なりが、地球誕生以来、四五億年

殿岡駿星編『響野湾子俳句集
千年の鯨の泪櫻貝』
（勝どき書房、22年4月）

の歴史を引きずりだしてくる。俳句という短かすぎる定型詩が、想像をはるかに凌駕する表現であり得ることを、殿岡は響野湾子に激突する体験を通じて理解した。橋本夢道を通じて俳句の世界に踏み込んでいた殿岡ゆえに、響野湾子の俳句の真髄を直ちに理解し得たのだろう。

二〇〇六年から死刑執行された二〇一九年まで、響野湾子は一五九七句を残したが、本書には年代順に八一三句が収録されている。

巻末の殿岡による解説「響野湾子の俳句鑑賞」では、「渡辺白泉」「文芸人の忌日」「世情」「家族」「生き物」「宇宙」「獄中」「贖罪」「思索」「処刑」のテーマごとに代表作がまとめられている。

「文芸人の忌日」では例えば次の句である。

亡命にあこがれし日ありチェーホフ忌
修司の忌戦後生まれも老ひにけり
初風呂や管野須賀子も吐きし息
錆を噛む施錠の音や幸徳忌
弾丸のやうな詩列や晶子の忌
病んで寝て重力を知る多喜二の忌

「宇宙」では響野湾子の独特な宇宙観が示される。

獄窓の暗し銀河は滴れど
「三界は」はかなき石鹸玉の中
天の川漕ぎ去る人の背の淋し
静かなる銀河の中に短波聴く
満月は化石地球は生きて蒼
イエスには宙　釈迦には浄土春うらら

そして「処刑」では、東京拘置所で次々と執行されていった死刑囚への思いと自分に迫る執行への予感を詠んでいる。

新月や断頭台の刃の如し
大寒の斎場のびゆく薄煙
今朝二人獄舎の闇に初時雨
群青の空刑死ある春の群青
落雷や独房《へや》歩き出す死者の影
狂《ふ》れをりし人の処刑のぬめりの夜

六……刑法学と死刑

著名な刑法学者による死刑廃止論として貴重な二冊が出版された。

菊田幸一『死刑と日本人』（作品社、二〇二二年）は、死刑廃止運動と理論を牽引してきた第一人者による「死刑の精神史」である。

近年、「人を殺して死刑になりたかった」という供述が目立つようになってきた。供述の一部だけを切り取って立論することはできないが、死刑制度が凶悪犯罪の動機になっているとすれば、制度の存続意義を見直す必要があるだろう。菊田は、このことも含めて、「刑法の根幹にして最大のテーマ」である死刑問題に取り組んできた。死刑制度を維持する根拠の一つに死刑を支持する国民感情があげられるので、「日本人の国民感情の根源」に目を向ける必要がある。「本当にわれわれ日本人は、死刑を欲しているのだろうか。もしそうだとしたら、それがどんな契機で、どのように形成されてきた意識なのか」を解明する必要がある。かくして菊田は「死刑制度を通じて考える日本人論」に向かう。

文化論又は日本人論としての死刑論は、「第三章　武士道という精神史」で展開される。

「武士道が死刑を身近なものにしたのか」と問う菊田は『戦陣訓』の「生きて虜囚の辱を受けず、死して罪禍の汚名を残すこと勿れ」を引用し、「みずからの出処進退に責任を取り、死をもってケジメをつける。あるいは恥辱を抱きながら生きながらえるよりも、いさぎよい死を尊ぶ精神文化。これら武士道は日本人の貴重な精神文化だともされている。だがその文化を提唱したのは、自殺を禁じるはずのキリスト教徒であった」として、新渡戸稲造の『武士道』が仏教と神道について基礎知識をもたずに愛国主義を称揚した誤解を指摘する。「それにしても、この武士道という言葉に、われわれ日本人は何となく納得してしまうようだ。この死をもって贖えという思想が、今日の死刑制度を存続させる意識のなかに、連綿と生きているのではないだろうか」としつつ、奇妙なねじれが介在することに注目する。

死刑と日本人
Kikuta Koichi
菊田幸一
21世紀のいま、死刑は本当に必要なのか?

菊田幸一『死刑と日本人』
（作品社、22年7月）

菊田は、「切腹が武士の道の本質でないことも、歴史的には明らかである。江戸時代に儒教的な忠君思想、滅私奉公の考え方が定着するまで、武士の精神世界はきわめて合理的な、そしてじつに、卑怯な戦略戦術思想だったからだ」と述べ、『平家物語』の一節を参考例として、「合戦中の命乞いに言葉たくみな騙し討ち、そして卑怯な手柄の横取り、さらには証拠を突き付ける手柄への執着」を読み取り、「武士道の潔さ」とは無縁の文化を発掘する。菊田はさらに室町時代の「本人切腹制」や「喧嘩両成敗」にも言及しつつ、武士の在り方の変遷を踏まえ、時代状況や合戦の実相の中で、その現象形態も変化したと論じる。

神道や仏教も死刑肯定ばかりではなく、天台宗の平成九年の「死刑制度に関する特別委員会」の見解を紹介する。ねじれの解消は、神道を宗教ではなく国家の行政機関に組み込んだ明治政府の施策の影響が大きいという。「神道は宗教ではなくなったのだ。逆に言えば、国家を宗教で統合することは放棄された、あるいは失敗したのだ。じつに日本人の宗教心の希薄さは、ここに淵源があったといえよう」と見る菊田は、神道の宗教からの分離と天皇の政治からの分離（統帥権）が同時並行した「天皇制国家において死刑はおおいに発動された」と指摘する。

「第四章　われわれは死刑を望む国民になった」で、菊田は、大日本帝国憲法下でも近代的で民主的な憲法への道が残されており、民間の憲法草案がその途を示していたことや、明治期に死刑廃止論が唱えられていたことを確認したうえで、日本国憲法における死刑論を展開する。憲法と刑法の矛盾を、最高裁判決が糊塗したことによって、日本に死刑が定着していった経過を見る。

菊田は「第五章　死刑に犯罪抑止力はあるのか」で、逆に死刑が凶悪犯罪を招き寄せることに注目し、「第六章　本当に日本人は死刑を求めているのか」で、冤罪による死刑問題を「国家による回復不可能な犯罪」と指摘し、「第七章　死刑廃止論としての終身刑」で、アメリカにおける終身刑の実態を紹介して、終身刑への移行による死刑廃止を説く。

なおコラム「死刑をめぐる作品」で、ベッカリーア『犯罪と刑罰』、ドストエフスキー『罪と罰』、ユーゴー『死刑囚最後の日』、トルストイ『復活』、及び永山則夫『無知の涙』を取り上げている。それぞれ興味深いが、ここも日本文学に即して論じた方がよかったのではないだろうか。

井田良『死刑制度と刑罰理論』（岩波書店、二〇二二年）は、司法研修所参与や法制審議会会長などを務める刑法学者による死刑廃止論である。『変革の時代における理論刑法学』（慶應義塾大学出版会）、『講義刑法学・総論〔第二版〕』（有斐閣）、『講義刑法学・各論〔第二版〕』（有斐閣）の著者である。**井田良・太田達也編著『いま死刑制度を考える』**（慶應義塾大学出版局、二〇一四年）がある。

書名に「刑罰理論」とあるように、井田は死刑論議の前提になっている刑罰観そのものを問い直す姿勢を打ち出し、存置論も廃止論も「同じ刑罰の理解」を共有しており、「その刑罰の理解は根本的に誤ったものである」という。具体的には「同害報復から規範の保護へ」、「実害対応型の応報刑論から規範保護型の応報刑論へ」というスローガンに示されるように、「規範保護型の応報刑論」を推奨し、この立場から死刑廃止の必要性を論証しようとする。

「第一章　日本の死刑制度とその運用」では、①現行法における死刑、②刑事裁判と死刑、③死刑と量刑、④死刑とその執行について、死刑制度と運用の現状把握を行う。

「第二章　死刑制度の刑罰理論的基礎」で、井田はこれまでの刑罰論の在り方を検証して、問題点を抽出しようとする。死刑制度を正当化する論理はいかに構築されているかを、オーソドックスな実害対応型の応報刑論が相当の説得力を有して、広く支持されている現実を踏まえ、「人道主義のパラドックス」が生じる理由を問う。もちろん、応報刑論には「刑罰の本質としての責任非難」というブレーキが存在するが、そこから明らかになることは「刑罰制度の基礎には、相互に対立する方向に作用する二つのベクトル」が存在することだという。かくして井田は二元的に規定された刑罰理解を見直す必要性に立ち至る。

「第三章　重罰化傾向はなぜ生じたか」で、井田はこの二つのベクトルが重罰化・厳罰化を帰結したことを点検する。①平成時代における刑法思想の変化、②立法裁判実務行刑実務に見る重罰化、③永山事件と光市母子殺害事件、④重罰化の要因と背景とたどる論旨は明快である。

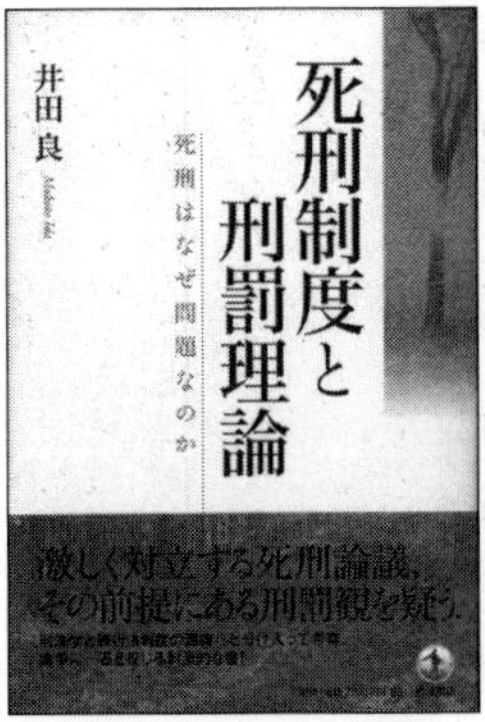

井田良『死刑制度と刑罰理論』（岩波書店 22 年 1 月）

死刑をめぐる論議は、法的理性と被害（者）感情のはざまで展開されてきたため、多くの論者が「冷静な議論を」と唱えつつ、実は極めて感情的な議論を展開してきた。その点では、井田の議論はまさに冷静な法的議論を構築する周到な議論となっている。それゆえ、被害感情についても、感情論は感情論として尊重しつつ、法的理性の中に組み入れる理路を提示しようとする。「第四章　被害感情と現行の刑罰制度」において、井田は、①被害感情とその量刑における考慮、②被害感情の充足を阻むものとしての責任非難、③被害感情と責任非難の対立関係という手順で刑罰制度の在り方を見直し、「再考——刑法は何のためにあるのか」として、「犯罪者処罰の全体像」、「刑法による法益保護のメカニズムの在り方」を探る課題を抽出する。

かくして本論となる。井田は「第五章　同害報復から規範の保護へ」において、あらためて①刑法による法益保護のメカニズムを整理し、②刑法は何を保護するのかを論究し、③実害対応型の応報刑論から規範保護型の応報刑論へと議論を推し進め、その初発の論拠として④ヘーゲルの刑罰理論を召喚する。重要な叙述が続くが、ごく一部を引用しておこう。

「刑法という法律が予定している社会秩序の維持とは、個人が生まれ育つ過程における社会化のメカニズムの中で規範意識が形成されることを踏まえ、それを刑法およびそれに基づく処罰により補充・強化することにより実現すべきものである。非難という否定的評価を伝達し、これにより規範意識に訴えることを通じて刑法のルールを守らせるために刑法は存在している。」

刑法の存在意義を説いた平明な短い文章に、井田の明晰な問題意識はしっかりと刻まれている。処罰は、特定の被害者のために行われるものではないし、誰かの被害感情を満足させるために行われるものでもない。そうした副次的作用が生じることは認めつつも、井田は刑法の根本に目を注ぐ。

「犯罪者の処罰が必要とされるのは、刑

法規範に違反する行為が有責に実行されたのに、そのまま見過ごされるとすれば、その規範の有効性に疑いが生じ、法益を保護する力が失われてしまいかねないからである。」

刑罰の論拠としての規範確証を、井田は「刑法の駆動力は、規範保護の要請に求められなければならない」と表現する。国家刑罰権の論理を国家そのものから内在的に分析する。

「犯罪後における処罰と責任非難は、犯罪の時点における規範意識への訴えかけによる個別予防の実効性を確保するために行われる。そして、具体的な事件が起こり、その犯人の行為に刑法の規定が適用される、まさにその段階においては、この個別予防こそが刑法の本質的な任務といわなければならない。」

この刑罰観から死刑を見るとどうなるか。それが「第六章　死刑存廃論議に与える示唆」である。井田は、①実害対応型の応報刑論が導く隘路、②規範保護型の応報刑論が描く犯罪者処罰の全体像、③公益実現のための刑法、④放置してはならない被害感情という手順で検討を加える。結論は次のようにまとめられる。

「したがって、規範保護型の応報刑論の立場からすれば、現行法における死刑制度は、殺人を禁止する刑法規範の保護のために犯人の生命を奪う制度、したがって、公益のために個人を犠牲にすることを本質とする制度として捉えられることになる。戦前の日本のような国家主義的な政治体制の下では、そのことに心理的抵抗は働かなかったのかもしれないが、個人主義を基本原則とする現在の日本国憲法の下では、公益のために人命を犠牲にすることは問題視されるのではないだろうか。そのように制度を理解するときには、死刑適用の抑制、さらにはその廃止も視野に入らざるをえないことになる。何より、そうしてはじめて制度の利害得失を冷静に比較衡量する、理性的な議論も可能となる。」

刑罰理論そのものの見直しを提唱する井田の論理は、刑法学においても論争の的になるかもしれないが、ていねいに論述されているので、誰もが前向きの議論でもって応答しようと考えるに違いない。そこに本書の第一の特徴がある。

同時に叙述が平明であり、読解のためには法学、特に刑法学の知識がそれなりに必要となるにしても、一般の市民にも読み解きやすい著作となっているのが第二の特徴である。

2021—2022

死刑をめぐる状況

死刑に直面する人の権利の保障を

死刑廃止に向けた国際的動向

中川英明（公益社団法人アムネスティ・インターナショナル日本　事務局長）

1 はじめに

世界最大の人権NGOであるアムネスティ・インターナショナルは、犯罪の種類や状況、犯罪の有無、個人の特質、死刑執行方法などを問わず、例外なく死刑に反対しています。死刑は「生きる」という最も基本的な人権である生存権を根本から否定する刑罰だからです。一九七七年に「死刑は生きる権利の侵害であり、究極的に残虐で非人道的かつ品位を傷つける刑罰である」と「死刑のためのストックホルム宣言」で述べて以来、アムネスティ・インターナショナルは死刑の全面的な廃止に向けて活動を続けてきました。

一九八〇年には国連でも死刑廃止条約を検討・起草するための作業が始まり、一九八九年の国連総会で自由権規約第二選択議定書（いわゆる死刑廃止国際条約）が採択（総会決議四四／一二八）され、死刑廃止へと向かう世界的な潮流の源泉となりました。死刑廃止が国際条約で定められたということは、死刑を違法化することが国際法で定められたということです。そして、そのことは絵に描いた餅ではなく、徐々に具体化されてきています。国連は死刑制度を世界からなくすための努力を続けており、二〇〇七年以来八回にわたり、死刑廃止を視野に入れた死刑の執行停止を死刑制度存置国に対して求める総会決議（所謂モラトリアム決議）を採択しています。八回目となる二〇二〇年の決議に賛成したのは一二三カ国（日本を含む三八カ国が反対、二四カ国が棄権）にのぼりました。死刑制度廃止の世界的な潮流は脈々と続いており、積極的に死刑を存置しようとする国は今や世界の圧倒的少数派となっています。

一九九〇年に死刑制度を廃止していたのはわずか四六カ国でしたが、それから三〇年あまり経った二〇二一年末の時点における死刑廃止国は一〇八カ国にのぼります。通常犯罪に対してのみ廃止した国（八カ国）と事実上の廃止国（二八カ国：死刑制度を公式に廃止してはいないが、過去一〇年間に死刑執行がなく、死刑執行をしない政策や確立した慣例を持っていると考えられる国をアムネスティ・インターナショナルはこう呼んでいます）を含めると、世界の三分の二以上にあたる一四四カ国で法律上または事実上、死刑が廃止されているのが今日の世界の現実です。

2　二〇二一年の死刑執行と死刑判決

アムネスティ・インターナショナルでは、世界各国の死刑制度と死刑執行の状況を継続的に調査し、毎年その結果を報告書にまとめて公表しています。二〇二二年五月に発表した最新の報告書「二〇二一年の死刑判決と死刑執行」の概要を以下にご紹介します。

【アムネスティ・インターナショナルが確認した死刑判決・執行の数について】

以下の文中や図表の中で数字の下に「＋」がついている場合、例えば、マレーシア［一四＋］は、マレーシアで少なくとも一四件の死刑執行または死刑判決があったことをアムネスティは確認したが、実際の数は一四件より多いと考えていることを意味します。

国名の後に「＋」がついているが数字がない場合、例えば、オマーン［＋］は、その国で一件以上の執行または判決があったことをアムネスティは確認しているけれど、信頼に足る数値を出せるほど十分な情報を得ていないことを意味します。

世界的および地域別の総計では、年間数千件の執行があると言われている中国と北朝鮮の場合も含め「＋」は二件としてカウントしています。

今や死刑制度を存置する国は世界の少数派ですが、二〇二一年の死刑執行数と死刑判決数は前年から増加しました。アムネスティ・インターナショナルの調べでは、世界の死刑執行数は、前年比で二〇％増え（二〇二〇年の四八三＋件から二〇二一年は五七九＋件）、死刑判決数は四〇％増えています（一、四七七＋件から二、〇五二＋件）。

これらの数値に含まれていない中国の死刑判決数と死刑執行数は、それぞれ数千件とみられ、世界最多の死刑国と言える状況が続いています。死刑について秘密主義を貫く中国、北朝鮮、ベトナムの他にも情報の開示を制限している国が数カ国あることが、世界の死刑動向を調査する上で今回も障壁となりました。

死刑の執行が確認できた国の数は前年と同じ一八カ国でしたが、この数は、アムネスティ・インターナショナルが記録を取り始めて以来、前年に続き最も少なく、死刑を執行する国は世界の少数派であることがあらためて確認できました。

死刑執行数が二〇二一年に増加したことには、イランで前年から二八％増えた（二〇二〇年の二四六＋件から二〇二一年の三一四＋件）ことが大きいのですが、この件数は同国の執行数としても二〇一七年以降で最も多いものでした。イランで死刑執行が増えた背景にあるのは、薬物関連の犯罪での死刑執行が一三二件もあったことです。この数は前年二三件の五倍以上であり、死刑執行数全体の四二％にあたります。薬物犯罪の死刑執行は、サウジアラビアでも前年の二七件から六五件へと二倍以上増えています。

新型コロナウイルス感染症のパンデミック（世界的大流行）対策としての制限措置が解除されたり代替策が取られたりしたことから、バングラデシュ、インド、パキスタンなどでは、死刑判決数が二〇二〇年より大幅に増加しました。その一方で、パンデミック対策に伴う制限や規制により訴訟手続きや予定されていた絞首刑が延期されたため、シンガポールでは二年続けて死刑執行がありませんでした。

人権危機が進行したいくつかの国では、国際人権法や国際人権基準に基づく保護措置が無視され、政権による弾圧の一環としてデモ参加者や少数派の人びとに対する死刑判決が言い渡されています。国軍が戒厳令を発令したミャンマーでは死刑判決が急増し、軍事法廷における略式裁判や控訴の余地がない裁判で民間人が裁かれました。九〇人近くに対して恣意的な死刑宣告がなされましたが、法廷に被告人が不在のケースもありました。政敵やデモ参加者を標的にしたものだと考えられています。

エジプトでは、拷問で引き出された自白に基づく死刑判決や大量処刑などが横行する事態が続きました。イランでは「神に対する敵意」などの漠然とした容疑で、また政治的弾圧の手段として、少数民族の人びとにたいして死刑判決が下されま

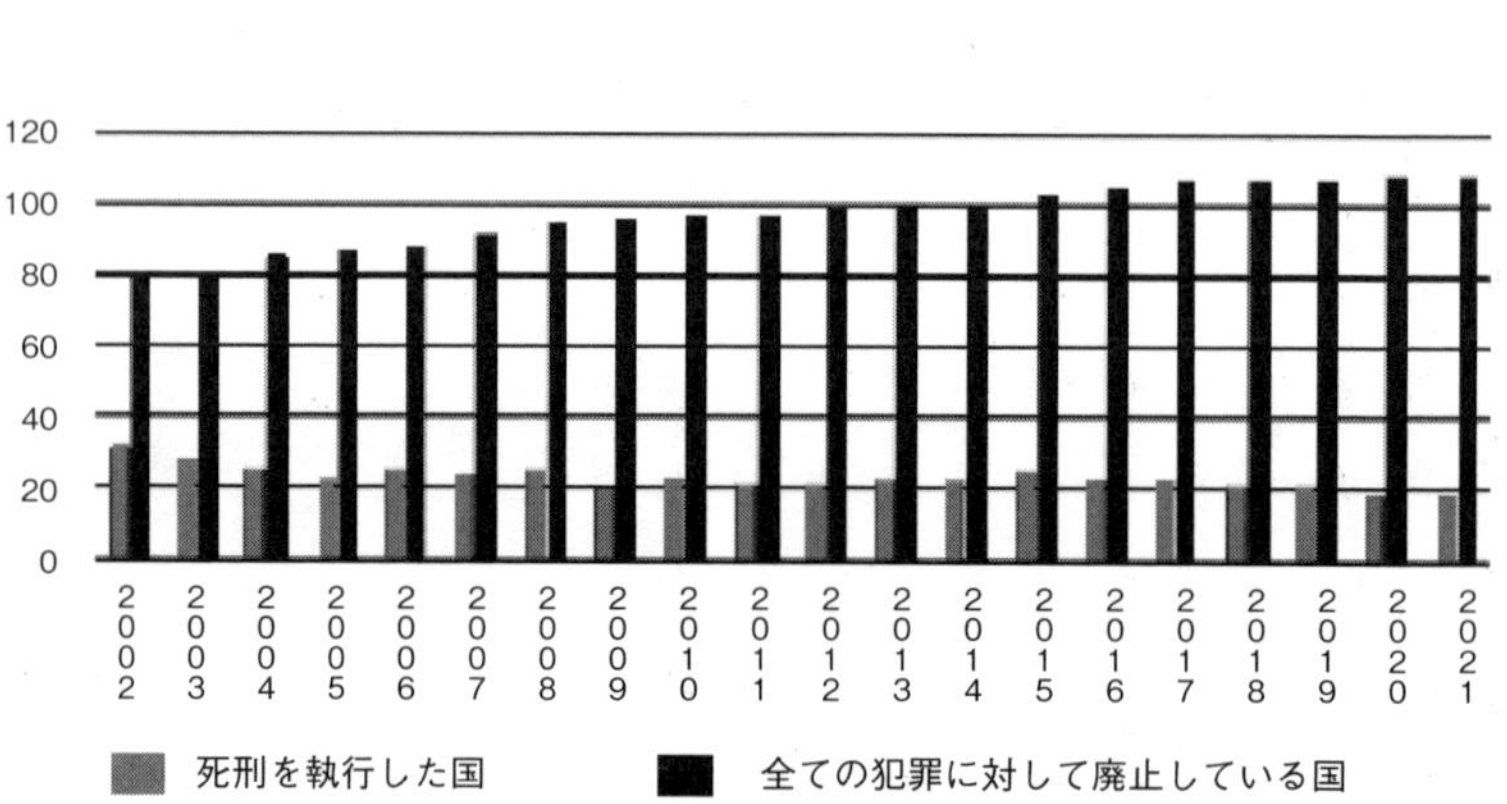

死刑廃止国数の推移

した。確認できた死刑執行のうち少なくとも一九%（六一件）は、イランの総人

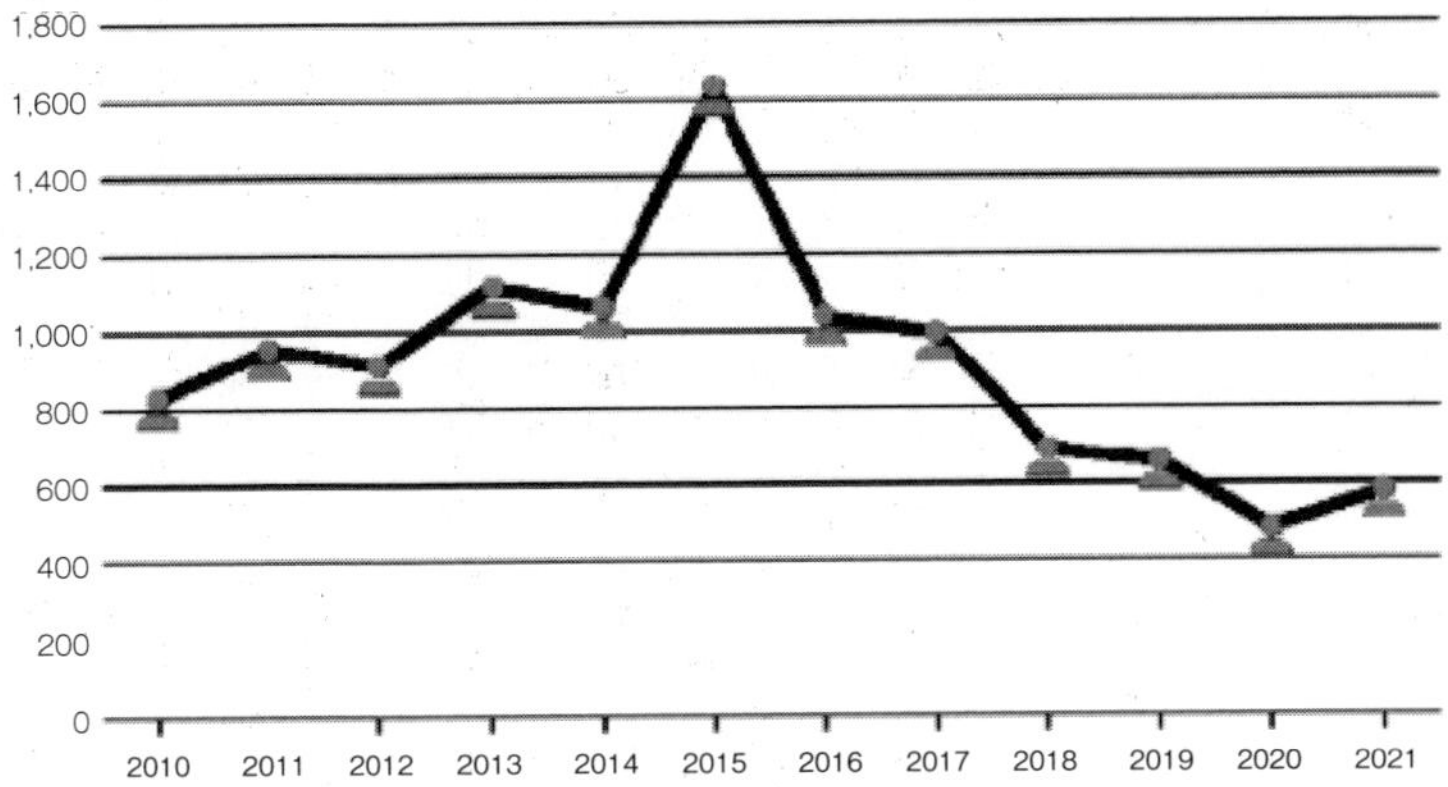

死刑執行数の推移（2010～2021）

口約五%を占める少数民族バローチの人びとに対するものでした。またサウジアラビアでは、テロ関連の犯罪容疑で九人が処刑されました。そのほとんどが殺人、暴行、共謀を伴う犯罪容疑に対するものでした。例えば、六月に処刑されたサウジアラビアの少数派シーア派の若者、ムスタファ・アル＝ダーウィッシュは、暴力的な反政府デモに参加したとして死刑判決を受けていました。

このように死刑という残虐な刑罰の廃止に向かう潮流が後退するような動きがあった一方で、死刑廃止を後押しするような動きもありました。

二〇二一年の画期的な出来事の一つに、シエラレオネ議会が死刑を全面的に廃止する法案を全会一致で七月に可決したことが挙げられます。また、一二月にはカザフスタンの大統領が死刑を全廃する法案に署名しました。さらに、三月にはバージニア州が米国で二三番目の死刑を廃止する州（米国南部の州としては初めての死刑廃止）となりました。

ほかにも数カ国で死刑廃止に向けた前向きな動きがありました。アルメニアは死刑廃止条約（死刑廃止を目的とする自由権規約第二選択議定書）を批准し、中央アフリカ共和国とガーナでは死刑廃止法案が立法機関に提出されました。パプアニューギニアは二〇二二年一月の議会開幕に先立って死刑に関する国民的協議に着手しました。また、マレーシア政府は、死刑に関する法改正を二〇二二年第三四半期に審議すると発表しました。フィリピンでは、死刑制度を支持していた上院議員三人が死刑制度への反対を表明したため、死刑制度復活のおそれは少なくなりました。

米国は連邦政府による死刑執行を一時的に停止する決定を七月に行いました。カザフスタン、ロシア、タジキスタン、マレーシア、ガンビアは、死刑の執行停止を継続しています。タイでは、ワチラロンコン国王による二度の恩赦で、死刑

四の数が大幅に減りました。米国バージニア州のラルフ・ノーサム州知事は、死刑廃止法案に署名する際に、同州で何世代にもわたり死刑廃止に向けて活動してきた人びとのたゆまぬ努力に感謝の意を表しました。

このように世界の動向は明らかに死刑廃止に向かっていますが、二〇二一年に確認された死刑の増加は、死刑廃止に向けた働きかけを緩めるのは時期尚早であることを示しています。世界から死刑執行と死刑判決がなくなる日まで、この残虐な刑罰の適用に伴う人権侵害と死刑制度が抱える不公正さを訴え続ける必要があります。

アムネスティ・インターナショナルが確認できた二〇二一年の死刑執行数は世界で五七九件であり、二〇二〇年の四八三件よりも二〇%増加しました。しかし、一部の国で死刑が増加傾向にあったとはいえ、確認できた二〇二一年死刑執行数が歴史的にみて少なかったことに変わりなく、アムネスティ・インターナショナルが記録を取り始めた二〇一〇年以降で二番目に少ない執行数でした。ただ、これには数千件ともいわれる中国の死刑執行数は含まれておらず、多数の死刑執行が行われていると思われる北朝鮮とベトナムの情報もほとんど入手できなかったことには留意する必要があります。北朝鮮に関しては情報を独自に検証することは不可能ですし、ベトナムの死刑統計は国家機密扱いとされています。ベラルーシなど他のいくつかの国でも、秘密主義の壁に阻まれ、公表するに値する十分な統計情報を得ることができませんでした。

二〇二一年に世界で死刑執行が確認された五七九人のうち、女性は二四人（四%）であり、その国別の内訳は、エジプト（八）、イラン（一四）、サウジアラビア（一）、米国（一）でした。また、アムネスティ・インターナショナルが二〇二一年に死刑執行があったことを確認したのは一八カ国であり、この数は記録を取り始めて以来最も少なかった二〇二〇年と同じでした。二〇二〇年に死刑を執行したインド、カタール、台湾では、二〇二一年の執行はありませんでした。しかし、二〇二〇年に執行のなかった日本およびベラルーシと二〇一七年以来執行のなかったアラブ首長国連邦の三カ国が二〇二一年に死刑を再開しました。米国では、ミシシッピ州とオクラホマ州がそれぞれ二〇一二年、二〇一五年以来なかった死刑執行を再開しました。

確認できた限りでは、イラン（三一四+）、エジプト（八三+）、サウジアラビア（六五）の上位三カ国が、世界の死刑執行数の八〇%を占めています。特に、イランとサウジアラビアでの増加が世界の執行数増加に影響を与えています。イランでは、前年の二四六+件から二八%増え、サウジアラビアでは前年の二七件から六五件と倍増しました。また、ソマリア（一一+→二一+）、南スーダン（二

+↓九+）、イエメン（五+↓一四+）でも顕著な増加がみられました。一方、エジプトでは二二％減（前年の三倍だった二〇二〇年の一〇七+から八三+）、イラクでは六二％減（四五+から一七+）、米国では三五％減（一七から一一）と、死刑執行数が減少しました。

【二〇二一年に死刑を執行した国と件数】

中国［+］
北朝鮮［+］
ベトナム［+］
オマーン［+］
イラン［三一四+］
エジプト［八三+］
サウジアラビア［六五］
シリア［二四+］
ソマリア［二一+］
イラク［一七+］
イエメン［一四+］
米国［一一］
南スーダン［九+］
バングラデシュ［五］
日本［三］
ボツワナ［三］
アラブ首長国連邦［一+］
ベラルーシ［一+］

死刑執行数の推移（二〇一〇‐二〇二一）

二〇二一年に確認できた死刑判決の総数は二、〇五二+件で、前年の一、四七七+件から三九％増加しました。

ただし、国によって死刑判決に関する情報の性質や情報量が異なるため、国ごとの数字や傾向の比較を行うことには無理があります。例えば、アムネスティ・インターナショナルは、以前から死刑判決が多かったマレーシア、ナイジェリア、スリランカにおける二〇二一年の死刑判決についての公的な統計を当局から入手することができませんでした。ベトナム政府は死刑判決に関する数字を公表していませんが、当局が一部公開した情報によれば、毎年数百件の死刑判決が出されていることがわかっており、二〇二〇年一〇月一日から二〇二一年七月三一日の間の死刑判決数が前年比約三〇％増加したことは確認できています。

【二〇二一年に死刑判決を下した国と件数】

二〇二一年に死刑判決を言い渡した国は以下の五六カ国で、前年の五四カ国より二カ国増加しました。

アフガニスタン［二+］
アルジェリア［九］
バングラデシュ［一八一+］
ベラルーシ［一］
ボツワナ［六］
カメルーン［四+］
中国［+］
エチオピア［+］
コンゴ民主共和国［八一+］
エジプト［三五六+］
ガンビア［三］
ガーナ［七］

ガイアナ［四］
インド［一四四］
インドネシア［一一四＋］
イラン［＋］
イラク［九一＋］
日本［三］
ヨルダン［一一＋］
ケニア［一四］
クウェート［五＋］
レバノン［一二＋］
リビア［＋］
マラウイ［一一＋］
マレーシア［一四＋］
モルディブ［一］
マリ［四八］
モーリタニア［六〇］
モロッコ／西サハラ［一］
ミャンマー（ビルマ）［八六＋］
ナイジェリア［五六＋］
北朝鮮［＋］
オマーン［＋］
パキスタン［一二九＋］
パレスチナ国［二一＋］
カタール［＋］
サウジアラビア［八＋］
シエラレオネ［二三］
シンガポール［一〇］
ソマリア［二七＋］
南スーダン［一〇＋］
スリランカ［八＋］
スーダン［七＋］
シリア［＋］
台湾［二］
タンザニア［＋］
タイ［＋］
トリニダード・トバゴ［三］
チュニジア［三＋］
ウガンダ［二＋］
アラブ首長国連邦［九＋］
米国［一八］
ベトナム［一一九＋］
イエメン［二九八＋］
ザンビア［九＋］
ジンバブエ［一］

二〇二一年には、前年に死刑判決を出したバーレーン、コモロ、ラオス、ニジェールで新たな死刑判決がなかった一方、前年に死刑判決がなかったとされるエチオピア、ガイアナ、モルディブ、オマーン、タンザニア、ウガンダで死刑判決が言い渡されました。

シエラレオネで確認された死刑判決数は二三件で、前年の三九件から大きく減少しましたが、いくつかの国では死刑判決数が大幅に増加しました。その理由として挙げられるのは、新型コロナ感染症対策に伴う規制や制限が緩和されたことに伴い司法手続きが再開されたことや、オンラインでの審理が増えたこと等があります。こうした理由でバングラデシュ、インド、パキスタンなどでは死刑判決が増加したほか、ミャンマーのように死刑判決を宣告しやすくするような法案を可決した国もありました。

二〇二一年に死刑判決を言い渡された女性は一〇人で、その国別内訳は、バングラデシュ（一）、コンゴ民主共和国（一）、ガイアナ（一）、インドネシア（三）、マレーシア（三）、パキスタン（一）でした。しかし、多数の死刑判決を下していると思われるイランやサウジアラビアなどの国から性別ごとの正確な件数を入手できなかったため、実際の判決数はこれらの数字より多いはずです。

　二〇二一年に前年よりも死刑判決数が増加したのは以下の国々です。

アルジェリア（一＋↓九）
バングラデシュ（一一三＋↓一八一＋）
ボツワナ（一↓六）
コンゴ民主共和国（二〇＋↓八一＋）
エジプト（二六四＋↓三五六＋）
インド（七七↓一四四）
イラク（二七＋↓九一＋）
ヨルダン（二＋↓一一＋）
レバノン（一＋↓一二＋）
マラウイ（二＋↓一一＋）
モーリタニア（一＋↓六〇）
ミャンマー（一＋↓八六＋）
パキスタン（四九＋↓一二九＋）
ベトナム（五四＋↓一一九＋）
イエメン（二六九＋↓二九八＋）。

3　国際法違反の死刑

　二〇二一年も依然として国際法・国際基準に違反する死刑の適用がありました。以下にいくつかを例示します。

・イエメンでは、少なくとも九件の公開処刑が行われました。
・一八歳未満で犯した罪による処刑は、イランで三人、イエメンで一人ありました。一八歳未満で犯した罪で死刑判決を受け収監されているのは、イランで八〇人、モルディブで五人、ミャンマーで少なくとも二人とみられています。
・日本、モルディブ、シンガポール、米国など数カ国には、死刑判決を受けている精神障がい者や知的障がい者がいるとみられます。
・アルジェリア、バングラデシュ、カメルーン、エジプト、イラン、ミャンマー、ナイジェリア、パキスタン、サウジアラビア、ソマリア、シンガポール、イエメンなどでは、国際基準に則った公正な司法手続きを経ることなく死刑判決が下されました。
・エジプト、イラン、サウジアラビア、イエメンでは、拷問や虐待で強要されたとみられる自白に基づく裁判で死刑判決が言い渡されました。
・アルジェリア、バングラデシュ、コンゴ民主共和国、エジプト、ヨルダン、マリ、ミャンマー、パレスチナ国、イエメンでは、被告人不在の法廷で死刑が宣告されました。
・カメルーン、ガーナ、イラン、マレーシア、ナイジェリア、パキスタン、シエラレオネ、シンガポール、トリニダード・トバゴ、ザンビアで、絶対的法定刑としての死刑が宣告されました。

・カメルーン、コンゴ民主共和国、ミャンマー、イエメンでは、民間人が軍事法廷で死刑を言い渡されています。バングラデシュ、エジプト、ヨルダン、パキスタン、パレスチナ国、イエメンでは、特別法廷で死刑判決が下されました。

　死刑制度を維持する国においても、死刑は「最も重大な犯罪」のみに制限するよう国際法は求めています。その定めに反して死刑が故殺以外の犯罪に適用されている例があります。

　薬物犯罪：中国（＋）とイラン（少なくとも三一四件中一三二件、執行数の四二％）の二カ国で、少なくとも一三四人が薬物犯罪で処刑されました。この一三四人は世界の死刑執行件数全体の二三％にあたり、二〇二〇年の三〇人から大きく増加しました。ベトナムでも薬物犯罪に死刑が適用されているとみられていますが、数値を示せるほどの情報は得ることができませんでした。

　次の一一カ国で、薬物犯罪により計二二〇件の死刑判決が言い渡されました。二二〇件は二〇二一年における世界全体の死刑判決数の一一％であり、二〇二〇年（一七九件）比で二三％増となりました。

バングラデシュ（一八一件＋中二件、一％）
エジプト（三五六件＋中一〇件、三％）
インドネシア（一一四件中九四件、八二％）
イラン（＋）
マレーシア（一四件＋中五件、三六％）
パキスタン（一二九件＋中二件、二％）
シンガポール（一〇件中八件、八〇％）
スリランカ（八件＋中一件、一三％）
タイ（＋）
アラブ首長国連邦（九件＋中一件、一一％）
ベトナム（一一九件＋中九三件、七八％）

汚職などの経済犯罪での死刑判決：中国

　冒涜罪またはイスラムの予言者を侮辱した罪：パキスタン

　強かん：エジプト、インド（被害者は子ども）、イラン、パキスタン、スーダン、サウジアラビア

　反逆罪、国家治安に反する行為、外国機関との共謀、スパイ行為、国の方針への異論表明、反乱やテロへの参加、権力に対する武力蜂起、その他国家に対する犯罪（いずれも犠牲者の有無は問われない）：イラン、サウジアラビア、イエメン

　死刑適用範囲の拡大：ナイジェリア（三州）

4 地域別の動向

■南北アメリカ

米国連邦政府では、トランプ政権が退陣前の最終週に三件の死刑を執行した一方で、バイデン新政権は発足後の七月に

連邦政府による死刑の執行を一時停止する決定を行いました。

バージニア州は米国で二三番目の死刑廃止州となりました。オハイオ州は三年連続で、すべての死刑執行を延期あるいは停止しました。

南北アメリカの国々では、米国を除き、一三年連続で死刑の執行がありませんでした。

※米国の司法管轄別内訳

・死刑執行数：五つの州と連邦政府による死刑執行がありました。

アラバマ（一）ミシシッピ（一）ミズーリ（一）オクラホマ（二）テキサス（三）連邦政府（三）

・死刑判決数：七州

アラバマ（四）カリフォルニア（三）フロリダ（二）ネブラスカ（一）オクラホマ（四）テネシー（一）テキサス（三）

・死刑囚の人数：二八州と連邦政府には死刑囚がおり、次の八州にはそれぞれ一〇〇人以上の死刑囚がいます。カリフォルニア（六九四）フロリダ（三一八）テキサス（一九八）アラバマ（一六八）ノースカロライナ（一三五）オハイオ（一三一）アリゾナ（一一二）ペンシルベニア（一〇九）

米国では過去数十年にわたり死刑執行数が減少しています。この傾向は二〇二一年も続き、年間の執行数は一一件と一九八八年以降で過去最低でした。二〇二〇年の一七件と比べても三五％減、一〇年前の二〇一二年（四三件）と比べて七四％減っています。

米国における死刑執行数は、前年同様、新型コロナのパンデミックに伴う制限と訴訟の影響を受けています。二〇二〇年はパンデミックの影響で州レベルでの死刑執行はありませんでしたが、連邦レベルでは七月に一七年ぶりに死刑が執行されました。さらに二〇二一年一月には退陣間近のトランプ政権により、三人が執行されました。二〇二一年第一四半期の執行はこの三人だけでしたが、州レベルでは、五月に死刑執行が再開されました。その結果、二〇二一年には前年と同じく六州で死刑執行がありました。ミシシッピ州とオクラホマ州では、それぞれ二〇一二年と二〇一五年以来初めての死刑執行が行われ、テキサス州の死刑執行数はこの年もすべての州の執行総数の約四〇％を占め（総数八件中三件）、オクラホマ州がそれに続きました（二件）。オハイオ州では、州の致死注射法に問題があるとする知事の命令による死刑執行の延期が続いたほか、他のいくつかの州でも、薬物の調達や致死注射手順に問題があり、死刑執行が中断されていました。前年に死刑執行があったジョージア州とテネシー州では二〇二一年は執行がありませんでした。

米国ワシントンDCの死刑情報センターのまとめによると、二〇二一年の死刑執行日数（四五日）は、二〇二〇年（六二日）に比べて大幅に減少しました。

アムネスティが記録した死刑判決数は

吏用されているもので、
すものではない。

説明のある11カ国は、過去５年間死刑執行が続いた国。

数字右の「＋」は、「少なくとも」を意味し、「14＋」なら「少なくとも14件の執行があった」ことを示す。数字なしの「＋」は、1件以上あったことは確かだが、具体的な数値を示すほど信頼できる情報を得られなかったことを意味する。

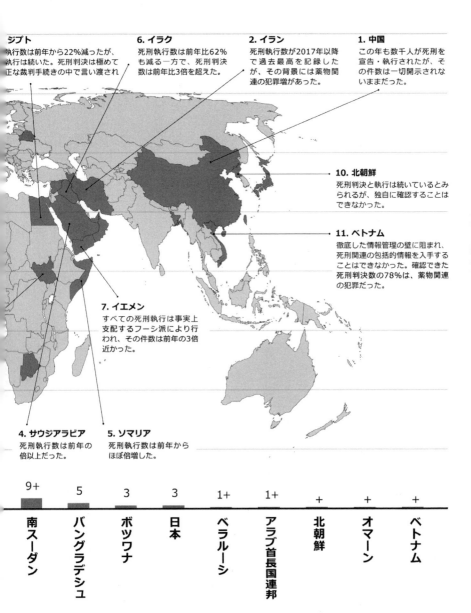

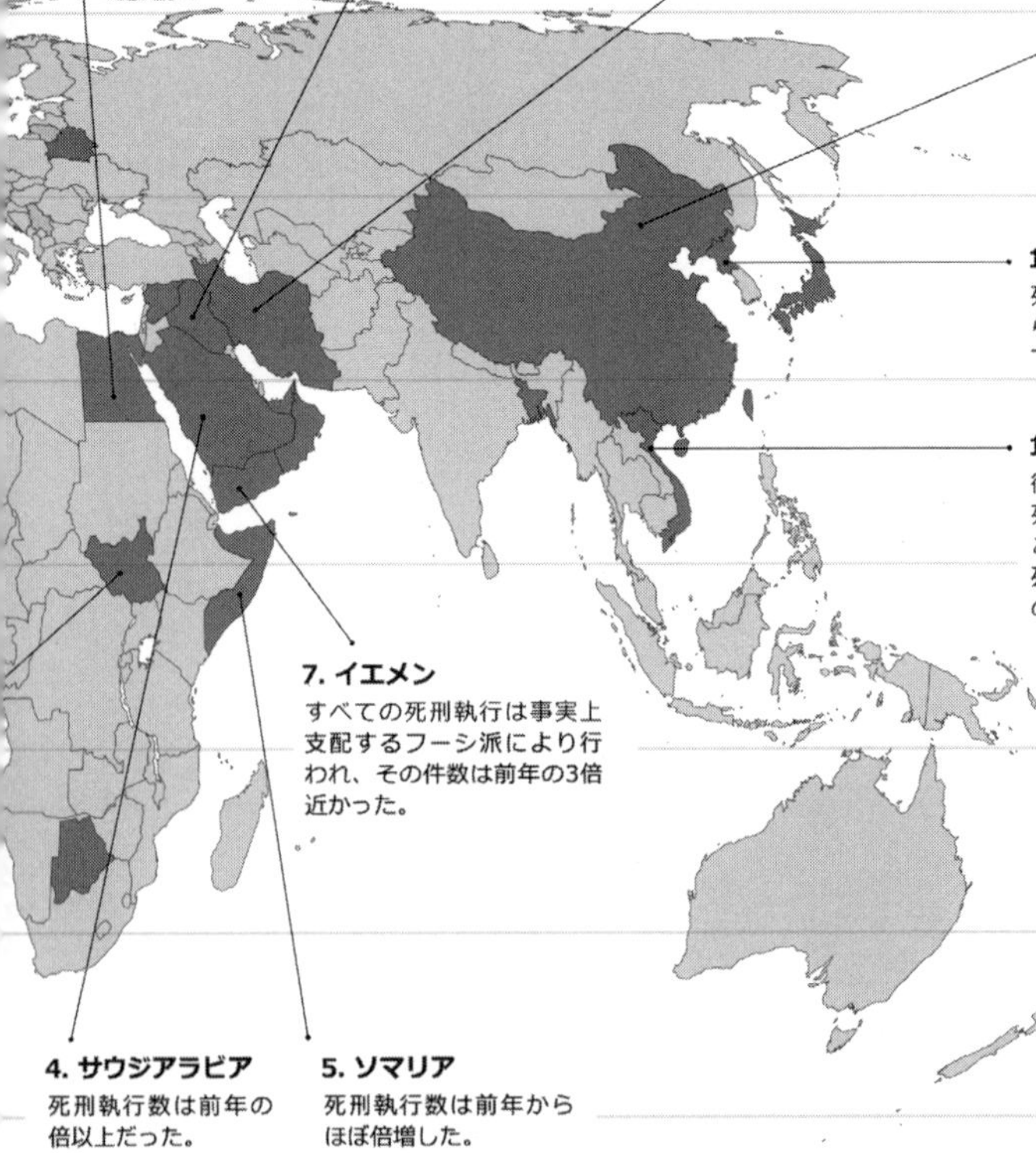

南スーダン
バングラデシュ
ボツワナ
日本
ベラルーシ
アラブ首長国連邦
北朝鮮
オマーン
ベトナム

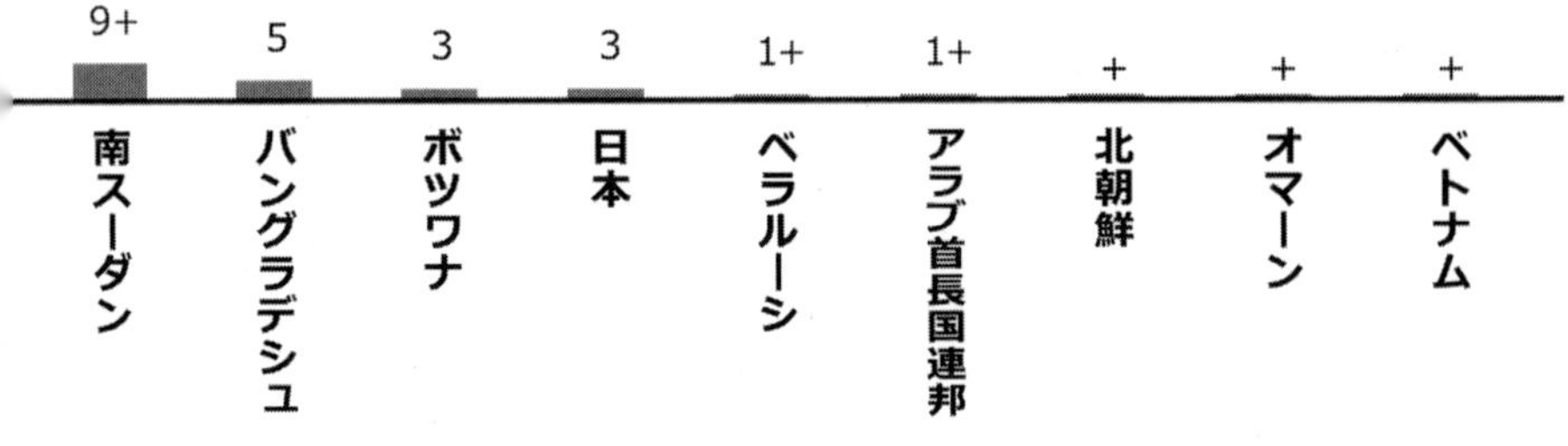

ジプト
執行数は前年から22%減ったが、
執行は続いた。死刑判決は極めて
正な裁判手続きの中で言い渡され
6. イラク
死刑執行数は前年比62%も減る一方で、死刑判決数は前年比3倍を超えた。
2. イラン
死刑執行数が2017年以降で過去最高を記録したが、その背景には薬物関連の犯罪増があった。
1. 中国
この年も数千人が死刑を宣告・執行されたが、その件数は一切開示されないままだった。
10. 北朝鮮
死刑判決と執行は続いているとみられるが、独自に確認することはできなかった。
11. ベトナム
徹底した情報管理の壁に阻まれ、死刑関連の包括的情報を入手することはできなかった。確認できた死刑判決数の78%は、薬物関連の犯罪だった。
7. イエメン
すべての死刑執行は事実上支配するフーシ派により行われ、その件数は前年の3倍近かった。
4. サウジアラビア
死刑執行数は前年の倍以上だった。
5. ソマリア
死刑執行数は前年からほぼ倍増した。

9+
5
3
3

2021年死刑執行国

本地
アム

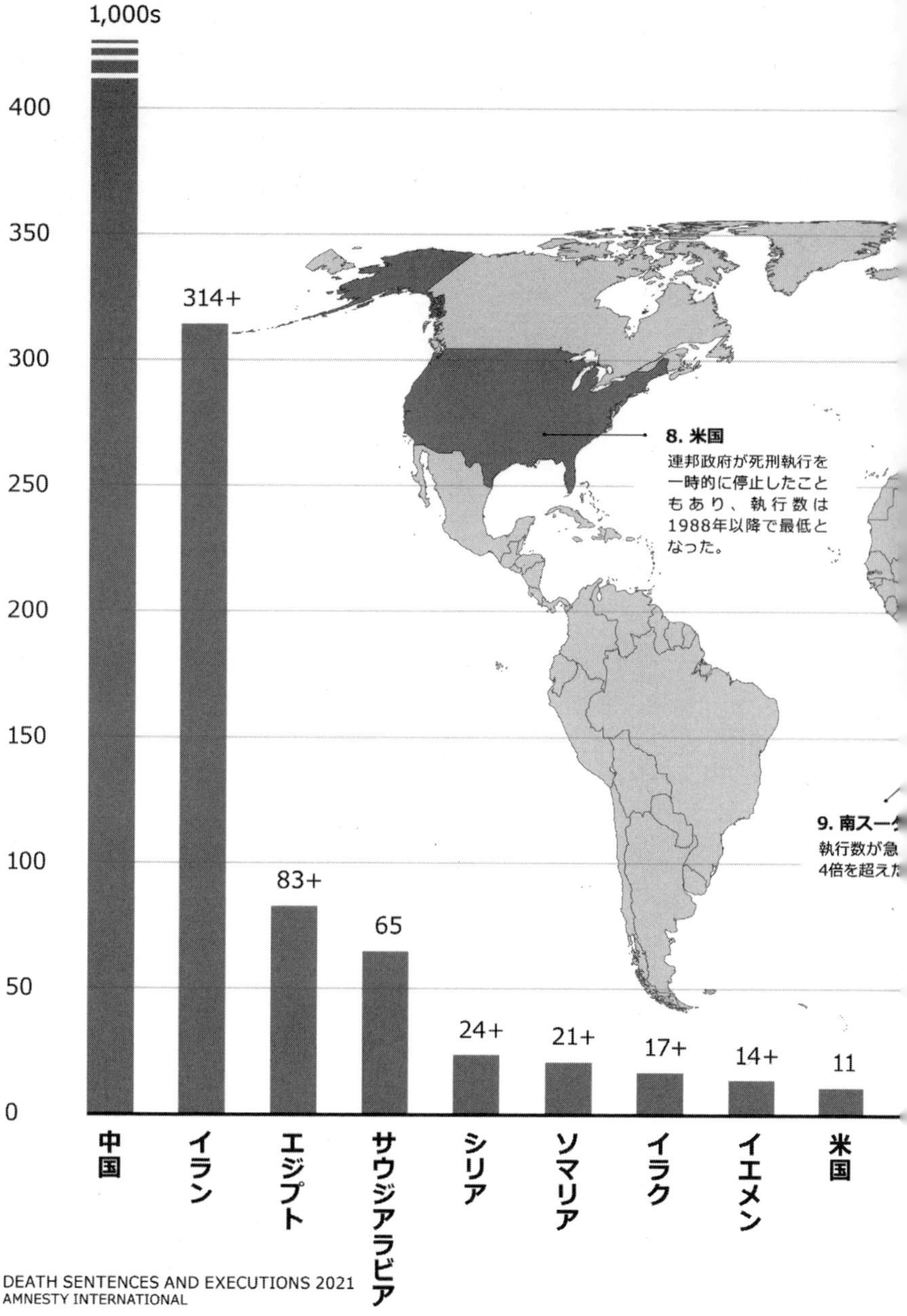

DEATH SENTENCES AND EXECUTIONS 2021
AMNESTY INTERNATIONAL

前年と同じ一八件で、一九七二年に米最高裁が現行法による死刑の適用を違憲と判断して以来、二年連続の最低値にとどまり、二〇一九年の三五件と比べほぼ半減しています。この数字には、新型コロナ感染症パンデミックへの対応による裁判手続きや陪審裁判の遅れがある程度の影響を及ぼしているものと考えられます。死刑判決は、二〇二〇年と同様に七つの州で言い渡されました。アラバマ、ネブラスカ、テネシーでは一年ぶりに死刑判決がありましたが、前年に死刑判決があったアリゾナ、ミシシッピ、オハイオでは死刑判決がありませんでした。フロリダ州の死刑判決は前年の七件から二件に減少し、オクラホマ州では前年の一件から四件に増加しました。

　米国以外の南北アメリカ地域では、ガイアナとトリニダード・トバゴで計七人の死刑判決が下されました。トリニダード・トバゴには、米国を除いた南北アメリカ地域の死刑囚数の五六％にあたる八〇人の死刑囚がいます。同国は、この地域では唯一、殺人罪に絶対的法定刑としての死刑を存置しています。アンティグア・バーブーダ、バハマ、ベリーズ、キューバ、ドミニカ、グアテマラ、ジャマイカ、セントクリストファー・ネイビス、セントルシアの九カ国では、死刑囚数はゼロで、新たな死刑判決もありませんでした。グレナダとセントビンセントおよびグレナディーン諸島には二〇二一年も一人ずつの死刑囚がいました。

南北アメリカ大陸における特筆すべき動き

　二〇二一年の米国における状況は二〇二〇年とは逆で、連邦レベルでは死刑執行を停止したのに、州レベルでは中断していた執行が複数の州で再開されました。連邦レベルではトランプ政権が死刑執行にこだわり続け、一月二〇日に退陣する直前の四日間に三人の死刑を執行しました。三人のうち二人が新型コロナウイルスに感染しており致死注射による死刑執行が拷問にあたるなどの理由で違憲となるおそれがあるため、法的な問題を検討する必要があると連邦判事により刑の執行が一時停止されましたが、政権が上訴し停止措置は無効とされました。

　一月三日に第一一七回連邦議会が始まり、連邦・州レベルで死刑廃止を目指すと選挙で公約していた民主党のバイデン政権が就任準備を進める中、連邦政府による死刑執行の流れを反転させる最初の兆しが現れ始めました。アヤナ・プレスリー下院議員、エイドリアーノ・エスパイラット下院議員、リチャード・ダービン上院議員の三人は、連邦政府死刑廃止法案を提出しました。これは、二〇一九年七月、トランプ政権が二〇〇三年以来中止していた連邦政府による死刑執行の再開を発表したのと同じ日に提出した法案を再提出したものでした。その後の二〇二一年にメリック・ガーランド司法長官が、「連邦政府致死注射手順」の補遺および「連邦政府執行の方法」規則、ならびに前政権が採用した「司法マニュアル」改訂作業が終わるまでという条件付きで、死刑執行の一時停止を正式に発表しました。しかし、連邦検事局は他の複数の事案で死刑執行を支持する主張を同年末まで続け、一方でトランプ大統領は死刑囚に対する減刑措置を取らず、死刑廃止法案は連邦議会において審議待ちのままの状況でした。また、キューバにあるグアンタナモ米海軍基地の軍事委員会では、六人の男性が訴追され死刑宣告を受けていました。

州レベルでは、パンデミック対策に伴う制限解除が始まる中、バージニア州では死刑廃止が決議された一方、いくつかの州では中断していた死刑執行を再開する動きがありました。五月一四日、サウスカロライナ州のヘンリー・マクマスター知事は、感電死、致死薬注射、銃殺刑による死刑執行を認める法律を制定し、同州では一〇年ぶりとなる二件の死刑執行を六月一八日と二五日に行う命令を発しました。しかし、同州の最高裁判所は、致死注射や銃殺による刑の執行は現実的に実施が不可能であり、また、死刑囚には三つの執行方法のいずれかを選択する法的権利があるとして、執行命令を無効としました。八月にはオクラホマ州の死刑囚七人が同州の致死薬注射手順の合憲性を問う異議申し立てを行い、ジョン・オコナー司法長官が死刑執行の代替手段を示さなかった、あるいは異議申し立てに参加しなかったと主張しましたが、同州では一月二八日に二〇一五年以来初となる死刑執行が行われました。五月には、アリゾナ州当局が、シアン化水素を用いて窒息させる死刑執行に備えてガス室の改修を行っていたことが明らかになりました。

また、アラバマ州は、新型コロナ感染拡大防止のために死刑執行にあたり死刑囚にマスクの着用を求める、処刑場における立ち会いを制限する、窒素ガスを用いた処刑施設を建設する、などの要件が盛り込まれた改訂版執行手順書を拠り所として死刑執行にこだわる姿勢を維持しました。アラバマ州では、パンデミック後の最初の死刑執行が二月から一〇月に延期されましたが、この判断は、死刑執行の際に精神的指導者の立ち会いと支援を認めるかどうかという法的問題を裁判所が検討した結果とられたものでした。この問題が検討される過程では、死刑執行手順の改正をめぐり知的障がい者が受けている差別やリスクも明らかになりました。アラバマ州では、死刑執行の方法について、致死薬注射と窒素ガスのどちらを選択するか、二〇一八年に刑務所当局が死刑囚らに対して書面で回答を求めた際に、重度の知的障がいを持つ死刑囚に対しては、法律や窒素低酸素執行についての説明がなく、執行方法の選択期間が一週間を切っていることも知らされなかったといいます。二〇二一年に処刑された男性は致死薬注射を選択していましたが、彼が当局の書面の内容を理解できていなかったという本人の主張も記録されていました。その後、執行方法変更の申し出があったにも関わらず、州はこの申し出を受理しませんでした。この男性の弁護人は、州が男性の障がいに配慮せず、米国障がい者法に規定された権利を侵害したと訴えましたが、その主張は州裁判所と連邦裁判所に退けられ、男性は一〇月二一日に処刑されました。

精神障がいや知的障がいを持つ者に死刑を適用することについて、他の州でも問題視される状況が続く中、ミズーリ州では、アーネスト・リー・ジョンソンが、知的障がいの証拠を提示し、胎児性アルコール症候群の診断を受けていたにもかかわらず、一〇月五日に処刑されました。米国で二〇二一年に死刑に直面した人びとの裁判には人種差別や偏見への懸念が付きまとっています。一一月一八日に死刑執行が予定されていたオクラホマ州のジュリアス・ジョーンズは、執行の数時間前にケビン・スティット知事が刑を減刑したために処刑を免れました。法律防衛・教育基金は、ジョーンズの裁判においては陪審員の一人が被告についてあからさまな人種差別的蔑称を用い「ジョーンズはリンチされるべきだ」というような発言をしていたと訴えていました。米州人権委員会も、公正な裁判を受ける権利、法の適正手続き、法の下の平等の権利が侵害された疑いがあるとして、ジョーンズの死刑執行を停止するよう予防措置をとりました。六月には、バージニア州知事ラルフ・ノーサムが、白人女性を強かんした罪で一九五一年に処刑された黒人青年七人に死後の恩赦を与えました。七人全員が、不公正な手続きの末、白人だけの陪審員により死刑を宣告されていました。

検察官の不正行為が明らかにされる状況は、米国の各地で続きました。一例として、ミシシッピ州では、過去に有罪判決を受け死刑を宣告された二人の男性が無罪となりました。ＤＮＡ鑑定が証拠として提出されたことで有罪の証拠が捏造された可能性が出てきたからでした。これにより、死刑判決を受けたものの後に無罪となった人の累計は二〇二一年末で一八六人となりました。

■アジア・太平洋地域

中国は依然として世界一の死刑執行国でした。中国、北朝鮮、ベトナムが貫く秘密主義により、死刑執行数が最も多いこの地域における執行状況を正確に把握することは今回もできませんでした。

ミャンマーでは、二月以降、戒厳令下で死刑執行が著しく増加しました。インドとパキスタンでも死刑判決の件数が大幅に増加しました。

この地域では五カ国で死刑執行が確認されています。この件数は二〇年以上ぶりの少なさでした。タイでは二〇二一年にも死刑囚に対して刑の減刑がありました。

アジア・太平洋地域で二〇二一年に死刑執行があったことが確認できた国は、バングラデシュ、中国、日本、北朝鮮、ベトナムの五カ国で、二〇二〇年よりも一カ国減少しました。前年に執行があったインドと台湾では二〇二一年は死刑執行がなかった一方、日本は二四カ月ぶりに三人の処刑を行いました。シンガポールでも死刑執行が予定されていましたが、新型コロナウイルス感染拡大に伴う規制と制限のために保留となり、二年連続で執行がありませんでした。パキスタンでも前年に続き死刑執行がありませんでした。死刑に関する情報を開示しない中国、北朝鮮、ベトナムでは、統計数値の入手と評価が不可能でしたが、数千人規模の処刑が続いているものと考えられます。アフガニスタンでは、二〇二一年八月にタリバンが実権を掌握して以降の統計情報を確認することができませんでしたが、少なくとも二件の死刑判決が下されたという情報は得られました。

この地域における二〇二一年の死刑判決数は八一九件で、二〇二〇年の五一七件に比べ五八％増加しました。この増加は、インド、パキスタン、ミャンマー、バングラデシュ、ベトナムで死刑判決が増えたためです。インドをはじめ各国で新型コロナウイルス感染症拡大対策に伴う規制が緩和されたことや、ミャンマーで大人数に死刑を科すことを容易にする法律が可決されたことが、地域全体の死刑判決数増加につながったと考えられます。

死刑判決があったことが確認できた国は二〇二〇年と同じく一六カ国でした。モルディブで二年ぶりに死刑判決が下されましたが、二〇二〇年に死刑判決があったラオスでは二〇二一年には死刑判決はありませんでした。

アジア・太平洋地域における死刑執行には、依然として国際法や国際基準に違反している事例が多数ありました。また、国際法が死刑の適用を認める「最も重大な犯罪」にあたらない犯罪にも広範囲に死刑が適用されており、麻薬関連犯罪や汚職などの経済犯罪のほかに、国際法では犯罪と認めていない「冒涜」などの罪による有罪判決もありました。

犯行時に一八歳未満だったが死刑判決を受け、その判決が見直されないままの死刑囚がいることがモルディブとミャンマーで確認されています。これらの死刑判決の多くは、緊急事態法で設置された裁判所や、通常の裁判所と並行して特定の犯罪を裁くために設置された法廷で下されたものです。

パプアニューギニア政府は、二〇二二年一月の国会開幕に先立ち、死刑制度に関する国民的協議の取り組みに着手しました。マレーシアも二〇二二年一〇月までに死刑制度に関する法改正を行うと発表しました。タイのワチラロンコン国王は二度にわたって恩赦を与え、二〇二一年末における同国の死刑囚の数は大幅に減りました。フィリピンでは、三人の著名な死刑支持派議員が死刑制度に反対すると表明し、死刑が再開されるおそれは当面なくなりました。

アジア太平洋地域の特筆すべき動き

バングラデシュでは、五件の死刑執行があり、前年の二件から倍増しました。処刑されたのは殺人罪で有罪となった四人と二〇〇五年に起きた爆弾テロで有罪となった一人でした。新たに一八一件の死刑判決が下されましたが、うち二件は麻薬関連の犯罪だったほか、三三件は被告人不在のまま特別法廷で判決が言い渡されました。

中国における死刑の執行に関する数値は、引き続き国家機密とみなされ、客観的な精査は不可能でしたが、アムネスティ・インターナショナルの調査によると、二〇二一年に下された死刑判決数と執行された死刑の数は、これまでと同様の数千件あると考えられます。透明性を向上させる近年のいくつかの取り組みを損なう動きとしては、最高人民法院が運営するオンラインデータベースから多くの判決情報が恣意的に削除されたことがあります。アムネスティ・インターナショナルは中国当局に対し、死刑執行に関する全面的な透明性の確保と統計数値の公開をあらためて要求しました。

同国における死刑は、国際法や国際人権基準における「最も重大な犯罪」に該当しない非殺傷犯罪を含む四六の犯罪に対しても依然として適用されています。アムネスティが収集した情報によると、死刑の適用は主に殺人罪に対して行われましたが、数は少ないものの麻薬関連の犯罪にも死刑が適用されていました。さらに、複数の裁判において、公正な裁判を受ける権利の侵害や、国際法で禁止されている精神障がい者や知的障がい者に対する死刑の適用が行われていると懸念される例も見受けられました。特に、国連が制定する「国際薬物乱用・不正取引防止デー（六月二六日）」が近づく時期に、薬物関連の犯罪に対する処刑が再び増加したようで、「懲罰的なアプローチが人権を侵害し、最も社会的に疎外されたコミュニティをさらに追い込む」とする国連の研究が最近発表されたにもかかわらず、このような傾向が続いています。国際薬物乱用・取引防止デーの前日には「法に従って麻薬犯罪を厳罰化する」という政策姿勢を明確に示すために、最高人民法院は二〇二〇年以降に結審した一〇件の事件を取り上げた新しいガイドラインを発表しました。この一〇件のうち、四川省の裁判所で有罪判決を受けた農民の男性を含む二件について死刑執行が行われたことが確認されています。

また、八月には、遼寧省高級人民法院が、同じく麻薬取引で有罪とされたカナダ人のロバート・シェレンベルクの控訴を棄却しました。ロバート・シェレンベルクは二〇一四年に逮捕され、二〇一八年一一月に実刑一五年の有罪判決を言い渡されていますが、高級人民法院は一審の刑が軽過ぎるとして裁判のやり直しを命じ、翌二〇一九年に行われたわずか一日の審理の結果、シェレンベルクには死刑が言い渡されました。一〇月には、麻薬密売の罪で死刑を言い渡された香港出身の男性の死刑が深圳で執行されました。この男性の家族は、男性が複数の薬物依存、幻覚、適応障害などの精神障がいを患っているとメディアに話していましたが、この証言は裁判でも控訴審でも採用されませんでした。

二〇一五年以来初となる経済犯罪による死刑囚の執行が一件ありました。一月五日に国有金融会社の元幹部が賄賂を受け取ったとして、天津市第二中級人民法院で死刑判決を受けましたが、一月二一日には天津市高級人民法院で控訴が棄却され、最高人民法院の審査を経て一月二九日、一審判決から二四日後に、この元幹部は処刑されました。この裁判があった一年前には刑法が改正されており、中国当局が、特に国民が強い関心を持つ国家公務員の犯罪を利用してメッセージを発信するために、死刑に頼っていることがあらためて浮き彫りとなりました。

市民が関心を寄せる事件で死刑の適用にこだわる当局の姿勢は、長引く新型コロナ感染対策にも見られました。七月、ハルビン市中級人民法院は殺人罪に問われていた被告に死刑を宣告しました。被告は、感染対策としての移動規制業務にボランティアとして参加していた男性を殺害したとされています。

中国当局は、新疆ウイグル自治区においても政治的手段として死刑を利用しています。過去数年間にわたり、「人民戦争」や「厳打高圧」運動の一環として、著しく不当な司法手続きを経て秘密裏に死刑が適用されてきたとみられていますが、その対象は同自治区内で多数派を占めるイスラム系少数民族です。四月には元地方公務員に対し、「分離主義」などの非暴力の罪で、執行猶予付きの死刑判決が下されています。

八月二〇日、全国人民代表大会は、無期懲役や死刑が問われる刑事事件で、個人的に弁護士が雇えない場合、法的支援を義務付けるなど、全国的に法的支援を受けやすくするための新法を採択しました。

前年の二〇二〇年には四年ぶりに四件の死刑執行があったインドでは、二〇二一年は死刑執行がありませんでしたが、デリー国立法科大学のプロジェクトが示す数値では、二〇二一年に下された死刑判決の数（一四四件）は、二〇二〇年（七七件）に比べてほぼ倍増しています。性犯罪に関する事件が全体の過半数を占め、死刑囚の数（四八八人）は二〇〇四年以降で最も多くなりました。いくつかの州では、密造酒による死亡や強かんなどの事件で死刑を科すことを可能にする法改正が採択されています。

インドネシアにおける死刑判決数は、二〇二〇年の高水準が二〇二一年も続き、年間の合計数はほとんど変化していません（二〇二〇年は一一七＋件、二〇二一年は一一四＋件）。新型コロナの感染拡大を受けて二〇二〇年から対面での司法審理の実施が断続的となり少なかったことを考慮すると、この判決数はさらに深刻だと言えます。二〇二一年の死刑判決は、八〇％以上にあたる九四件が薬物関連犯罪、一四件が殺人、六件がテロ関連犯罪であり、死刑判決を受けた者の中には、女性一人を含む外国籍の七人が含まれていました。

日本は二四カ月ぶりに死刑執行を再開し、一二月二一日に、いずれも殺人罪に問われた男性三人を処刑しました。うち二人は再審請求中でした。再審請求中の者に対する死刑執行は死刑に直面する者に対する権利保護の保障を求める国連決議（この国連決議の採択には日本も賛成しました）や国際人権規約に対する重大な違反行為です。

日本ではまた、複数の地方裁判所で新たに三人に死刑判決が下されました。アムネスティが入手した公的数値によると、女性一人を含む二人の上告が最高裁で棄却されたほか、上訴取り下げが二件あり、合わせて四人の死刑が確定しました。一二月三一日の時点で、合計一一七人が死刑判決を受けているとされ、外国籍の六人を含む一〇八人の死刑確定者がいます。

死刑確定者が訴訟を起こしたことで、過酷な拘禁状況や、執行通知がわずか数時間前だという死刑執行時の制度運用の問題に注目が集まりました。日本の死刑確定者は依然として独房に収容されており、適切な保護措置や定期的な精神鑑定が行われていないため、精神障がい者や知的障がい者に死刑を科すという国際法および国際基準への違反が放置されたままとなっています。

二〇一四年に釈放されて以来、袴田巖は自らの再審開始請求についての東京高等裁判所の判断を今も待ち続けています。静岡地方裁判所が二〇一四年に下した再審開始決定は二〇一八年に東京高等裁判所によって覆されましたが、この高裁決定を最高裁判所は二〇二〇年一二月に取り消し、審理を東京高裁に差し戻しました。袴田は一九六八年に不当な裁判で有罪判決を受け、死刑確定者として収監されている間に重度の精神障がいを負ってしまいました。

マレーシア矯正局によると、一〇月一二日時点で一、三五九人が死刑判決を受けており、そのうち八五〇人は刑が確定して恩赦請求中でした。また、九二五人が薬物関連の犯罪での死刑判決でした。控訴審で刑が確定した八五〇人中の五二六人（六二％）が外国籍で、うち四三一人が薬物関連の犯罪で有罪となっており、死刑が確定した八五〇人のうち五一％（外国籍五二六人のうち八二％）が薬物関連の犯罪だという驚くべき割合です。外国籍五二六人のうち薬物関連以外では、八四人が殺人、八人がマレーシアのスルタンあるいは統治者に対する戦闘行為、二人が誘拐、一人が銃器関連犯罪で有罪判決を受けていました。

議会・法務担当大臣のダトゥクセリ・ワン・ジュナイディ・トゥアンク・ジャーファー博士は一二月二九日、死刑の代替手段を検討する特別委員会の報告書が内閣に提出されること、および死刑法を改正する法案の草案を二〇二二年の第三四半期までに議会に提出する予定であることを発表しました。二〇一八年七月に決まった死刑執行停止は、引き続き維持されています。

アムネスティ・インターナショナルが得た公式情報によると、モルディブでは一〇月一二日に殺人罪で一件の死刑判決が下され、死刑囚の総数は女性一人を含む一九人となりました。うち三人は法的手段を使い果たしていました。二〇一九年一一月に制定され、二〇二〇年二月に施行された子どもの権利保護法は、一八歳未満に対する死刑の適用を禁止し、死刑判決の減刑を義務づけていますが、実際には、一八歳未満の五人が年末時点で死刑判決を受けたままとなっています。

ミャンマーでは、抗議者やジャーナリストに対する国軍の弾圧、脅し、嫌がらせ、暴力が続いています。特に、死刑を弾圧の手段として利用したことで、死刑判決数が急増しました。二〇二一年二月以前は、主に殺人罪に適用されていた死刑は大規模恩赦で減刑されることが通例となっていました。しかし、二〇二一年の死刑判決件数（八六件）は、二〇一七年（一〇件以下）から二〇二〇年までの年間平均と比べると驚くべき増加となりました。ミャンマーで最後に確認された死刑執行は一九八八年に行われました。

国軍が二月一日のクーデターで権力を掌握した直後、国家行政評議会議長となったミンアウンフライン国軍司令官の権限で非常事態が敷かれ、三月一六日には戒厳令が発令されました。とりわけ懸念されるのは、この戒厳令により民間人の裁判が軍事法廷に移管されたことです。裁判の対象は死刑になる犯罪も含む幅広い犯罪であり、略式手続で控訴権なしに裁判にかけられることになります。ただ、死刑判決を受けた場合は、国家行政評議会議長に判決の取り消しを求めることができます。

アムネスティ・インターナショナルは、二月以降に下された八六人の死刑判決に関する報道や限られた情報を収集しましたが、得られた情報の大半は国軍管理下のメディアからの発表でした。これらの死刑判決は軍事法廷で言い渡されましたが、一件は軍事法廷から委託された少年裁判所での判決でした。少なくとも二六人が出廷しないまま裁判にかけられ、有罪判決を受けています。また、少なくとも二人が犯行当時一〇代でした。さらに、一人の男性は重い精神障がいを負っていました。入手した情報によると、法手続きは略式で、被告人は法定代理人を依頼することができませんでした。

北朝鮮（朝鮮民主主義人民共和国）に

ついては、当局や独立系メディアに接触することができないため、アムネスティ・インターナショナルは同国の死刑に関して得た限られた報告や報道、情報を検証することができませんでしたが、二〇二一年も一定の割合で死刑判決が宣告され、死刑執行が行われているとみており、略式裁判で下される死刑判決が国際基準に反している可能性が高いと考えられます。また、同国で犯罪とみなされる行為が、国際法が死刑の適用を限定する「特に重大な犯罪」に該当しない、あるいは国際人権法の要件に適合する罪状だとみなされない可能性も高いと考えています。

　パキスタンでは二年間、死刑執行の報告がありませんでした。アムネスティ・インターナショナルが得た情報では、年間で新たに下された死刑判決は確認できただけでも一二九件で、二〇二〇年の四九件に比べ大幅に増加しました。実際の件数はさらに多いと考えられます。急増の要因としては、二〇二〇年には新型コロナウイルス感染拡大の影響で先送りされていた審理が再開したことが挙げられます。死刑判決の対象となった一二九件の犯罪のうち、一〇二件が殺人、一八件が強かん、七件が「冒涜罪」、二件が薬物関連でした。さらに、二五人が反テロ法廷で、二七人が未決事件に対処するために設置された特別法廷のモデル刑事裁判所などで判決を下されています。

　二月一〇日、最高裁は重い精神障がいを持つと診断された三人の死刑判決を減刑しました。パキスタンでは「死刑判決の背後にある根拠と理由を理解する精神機能」を持たない者に対する死刑の適用が禁じられているためです。また三月、最高裁は、犯行当時一七歳だった男性に対して一九九八年に下された死刑判決を減刑しました。六月三日、ラホール高等裁判所は、シャフカト・エマニュエルとシャグフタ・カウサルに無罪を言い渡し、釈放を命じました。この二人は、シャグフタ名義で登録されていたＳＩＭカードが入った携帯電話から「冒涜的な」メッセージをモスクの聖職者に送ったとして起訴され、二〇一四年四月に有罪判決を受けており、処刑されるおそれがありました。しかし、二人は一貫して容疑を否定していました。本事案の控訴審は、判決の六年後の二〇二〇年四月に行われる予定でしたが、新型コロナ感染拡大の影響で延期されていました。二〇二一年初頭に裁判官は、その日の開廷時刻が終了したことを理由に二度にわたり審議を先送りしていました。

　パプアニューギニア最高裁は七月三〇日、憲法と国際法が保障する恩赦請求の権利を行使する仕組みが機能していないとして、死刑執行の一時停止を定めた二〇一七年の国家裁判所の決定を破棄しました。下級審である国家裁判所のこの決定を再検討した最高裁判所は、これが司法手続きではなく、国家裁判所令二三六条八項に基づく調査を経て誤って導き出されたものであること、また「行政的・政治的理由」による遅れはあったものの恩赦権限諮問委員会の機能化に向けた取り組みが二〇一七年までにすでに実施されていたことの二点から、死刑囚の人権は侵害されていないと判断したのです。決定が取り下げられ、死刑が確定した一四人には、死刑執行前に恩赦を請求できる可能性が残されています。二〇二一年の初めに政府は、二〇二二年の議会第一一会期で見直しを行うことに先立ち、死刑制度の是非を国民的協議にかけると発表しました。

フィリピンでは一一月、以前は死刑の再導入を支持していた上院議員ら三人が立場を変え、再導入に反対すると発表しました。パンフィロ・ラクソン上院議員は一一月八日付の上院書記に宛てた書簡で、上院法案の「フィリピンに死刑を再導入する決議」の起草者であることを取り下げるとした上で、同法案を正義・人権委員会と憲法・法改正委員会での審議に付さないよう要請しました。

シンガポールでは、訴訟が係争中であることや新型コロナ対策に伴う規制や制限により、二年間にわたり死刑執行がありませんでした。マレーシア人のナガエンスラン・ダーマリンガムは、一一月一〇日に処刑される予定でしたが、その前日に新型コロナの陽性反応が出たため執行は中止となりました。彼の上告審も中断されたままとなっています。

新たに一〇人に対し絶対的法定刑としての死刑判決が下されましたが、八人が薬物取引によるもので、うち二人は減刑の余地がある運び屋でした。二〇一二年の改正薬物乱用法（二〇一三年一部施行）により、被告人の役割が薬物運搬（運び屋）だけであり、被告が麻薬取引阻止に実質的に助力したことを示す証明書を検察が発行している場合、または、精神障がいや知的障がいにより犯罪に関わる行為や不作為に対する責任能力が損なわれている場合、裁判官はある程度の量刑裁量を持つようになっていますが、この二人は、検察の証明書を受け取っていませんでした。ただし、ここの条文は、推定無罪の原則や公正な裁判のための国際基準に違反するものです。薬物取引で死刑判決を下された八人のうち、一人は外国籍（マレーシア人）でした。

韓国では、二〇二一年末の時点で、中国人二人を含む男性五九人が死刑判決を受けています。全員が殺人罪に問われ、うち四人は軍事法廷で裁かれました。国会は二月二六日、児童虐待の加害者に対する処罰を厳格化する法改正を採択しましたが、この改正法では、死刑、無期懲役、または七年以上の刑になる児童虐待殺人罪が加わりました。一〇月七日、国会議員三〇人が死刑廃止特別法案を共同提案しましたが、国会の法制・司法委員会の審議は年内には行われませんでした。

スリランカでは、薬物関連の犯罪一件を含む八件の新たな死刑判決が二〇二一年に言い渡されましたが、実際の数字ははるかに多いとみられます。最高裁は、二〇一九年六月にマイトリーパーラ・シリセーナ大統領（当時）が発令した死刑執行再開停止命令の期限を二〇二二年七月まで延長しました。この延長が発表されたことで、死刑囚四人の執行順位の恣意的な決定や、死刑執行命令と執行準備をめぐる秘密主義が、死刑執行が差し迫った死刑囚の人権を侵害したとして執行決定の見直しを求める請願を検討することが可能になりました。また一〇月には、犯行当時一八歳未満だった容疑者を死刑判決の対象から除外する刑法改正案を議会が採択しました。

台湾では、殺人罪で新たに二人に死刑判決が下されました（二〇二〇年は五人）。死刑判決を受けている四五人のうち、死刑が確定しているのは女性一人を含む三八人でしたが、この一年間で六人の死刑が減刑されました。一一月一一日、台湾高等法院は、前年に死刑を宣告されていた女性に対し、犯行当時重度のうつ病を患っていたとして減刑措置をとりました。また、暫定司法委員会は、一九七〇年の戒厳令発令中に略式裁判で死刑判決を受け、後に処刑された男性五人を死後再審で無罪としました。

タイでは、国王が二度の恩赦を与えたことにより、死刑囚の人数が三年連続で大幅に減少しました。二〇二一年七月二七日に王室恩赦令が発布され、薬物取引に関わった者を含む男性三七人（うち一五人が薬物売買）と女性四人（いずれも薬物売買）の死刑が減刑されました。二〇二一年一二月には前国王の誕生日を記念した勅令が発布され、さらに死刑囚二三人が減刑の対象となりました。矯正局によると年末時点での死刑囚は一五八人で、前年末の二三五人の三分の一減となっています。

トンガの立法議会は八月二六日、違法薬物管理改正法案を審議し、法案の採決前には特定の犯罪に絶対的法定刑としての死刑を科す条項が削除されました。

ベトナムは依然として死刑判決や執行の件数を国家機密扱いとしていますが、二〇二〇年一〇月一日から二〇二一年七月三一日までの国会司法委員会への報告書によると、死刑囚の数がこの間およそ三〇%も増加しており、他施設から移送された死刑囚が一一カ所の致死薬注射施設で死刑を執行されました。この報告書によると、死刑囚一人が新型コロナウイルスに感染して死亡しています。

この報告書からは、通常非公開とされている死刑制度について多少の知見を得ることができますが、公開された情報を第三者が検証することはできず、この年を含め過去の死刑判決と執行、そして現在の死刑囚について正確な数を把握することもできません。

アムネスティ・インターナショナルは死刑に関して公表される数字を毎年追跡していますが、二〇二一年に公表されたのは、新たに一一九件（前年から増加したもよう）の死刑判決があったということだけでした。死刑囚のうち九三人が薬物関連の犯罪で死刑を言い渡されています。

前年の一二月三〇日に採択された最高人民法院法務審議会の決議が二〇二一年二月一五日に発効しました。この決議により人民法院は、経済犯罪を裁く際に裁判官が死刑より軽い判決を下すことができる場合の指針を示しています。被告人が横領した資産の少なくとも四分の三を自主的に返還し、犯罪の摘発と調査に積極的に協力した場合に適用されるとしています。

■欧州・中央アジア

カザフスタンでは、大統領がすべての犯罪に対して死刑を廃止する法案に署名し、死刑廃止が立法化されました。

アルメニアは、死刑の廃止を目的とした「市民的および政治的権利に関する国際規約（自由権規約）第二選択議定書」を批准しました。

ベラルーシは、この年もこの地域で死刑を執行した唯一の国でした。

ロシア連邦とタジキスタンでは、死刑執行停止が継続されました。

欧州・中央アジアの特筆すべき動き

一二月二九日、カザフスタンのトカエフ大統領は、刑法と関連法の刑罰一覧から死刑を削除する法案に署名し、事実上すべての犯罪で死刑を廃止する法律が発効しました。同法の施行を受け、最後の一人だった死刑囚の刑が減刑されています。

■中東・北アフリカ

この地域で確認された死刑執行数は前年比で一九%上昇し、イランが地域全体の執行数の六〇%を占めました。

イラン、サウジアラビア、イエメンでの執行数が急増した一方で、イラクでは減少し、エジプトでは大幅減となりました。

死刑判決数がエジプト、イラク、レバノンで急増したため、全体では三二%も死刑判決が増えました。

中東・北アフリカの特筆すべき動き

二〇二一年の中東・北アフリカ地域での死刑適用数は増加に転じ、死刑執行は、前年の四三七件から五二〇件と一九%増え、死刑判決は六三二件から八三四件と三二%増加しました。

アムネスティ・インターナショナルは、エジプト、イラン、イラク、サウジアラビア、シリア、アラブ首長国連邦、イエメンの七カ国で死刑執行があったことを確認しました。イランでは三一四件と前年の二四六件から二八%増え、サウジアラビアでは六五件と二七件から二倍以上増加しています。イランにおける執行数は地域全体の六〇%に達し、フーシ派が事実上支配するイエメンでの死刑執行数は一四件で、前年の五件からほぼ三倍となりました。また、シリアでは二四人の集団処刑が行われたことが確認されたのですが、情報不足のため同国における明確な年間執行数を示すことはできませんでした。一方で執行数が減った国もあり、エジプトでは八三件と前年の一〇七件から二二%減であり、イラクでは一七件と前年の四五件から六二%の大幅減でした。

　二〇二〇年に執行がなかったアラブ首長国連邦で少なくとも一件の執行が確認された一方で、前年一件の執行があったカタールでは死刑執行がありませんでした。

　死刑判決は、バーレーンと通常の犯罪に対しては死刑を廃止しているイスラエルを除くこの地域のすべての国で言い渡されています。前年と比較して、死刑存置国のほぼすべてで死刑判決数が増加しており、その中で特に増えたのは、エジプト（二六四→三五六）、イラク（二七→九一）、レバノン（一→一二）、わずかに増えたのはイエメン（二六九→二九八）、逆に減ったのは、チュニジア（八→三）でした。

5 おわりに

　二〇二一年に死刑執行を再開した日本では、引き続き再審請求中の死刑執行が行われています。

　刑事司法手続きのひとつである再審請求の手続きが完了していないのに死刑を執行してしまうことは、公正な刑事司法手続きを完了することを妨げ、手続きを完了させないままに人を殺してしまうことです。法治国家を標榜するのであれば、決して許されない所業だと言わざるを得ません。

　死刑制度を廃止することが世界の潮流であり、国連をはじめとする国際機関を中心にそのための国際法の整備が進められ、国連決議の採択が繰り返し行われています。そのうちのひとつである「死刑に直面する者の権利の保護の保障に関する決議」（一九八四年五月二五日国連経済社会理事会決議）および「死刑に直面している者の権利の保護の保障の履行に関する国連決議」（一九八九年第四四回国連総会決議）は、死刑をまだ廃止できずにいる死刑存置国に対して、死刑執行を停止して死刑制度を廃止するまでの間に「死刑に直面する者」（死刑確定後執行に至るまでの死刑確定者だけでなく、死刑が規定されている罪で捜査の対象とされた被疑者、裁判の対象とされた被告人をも含む）の人権を保障するよう求めています。

　日本は「死刑に直面している者の権利の保護の保障の履行に関する国連決議」の採択の際に賛成票を投じました。しかし日本が賛成して採択された国連決議であるにも関わらず、この国連決議が求めている「死刑に直面している者の権利保障」を日本政府は制度化していません。そればかりか、この決議が遵守しなければならないと定めている多くの権利保障のひとつである「再審理を受ける権利」

を日本政府は積極的に処刑を行うことにより奪っているのです。

「市民的及び政治的権利に関する国際規約」（所謂「自由権規約」）六条は「この条のいかなる規定も、この規約の締約国により死刑の廃止を遅らせ又は妨げるために援用されてはならない。」と定めています。また、日本政府は、世論の動向に関わらず死刑の廃止に向けた措置を講ずるよう、国連人権機関から再三にわたる勧告を受けています。しかし、日本政府はその勧告を無視し続けており、死刑廃止に向けた措置を講ずる気配もありません。

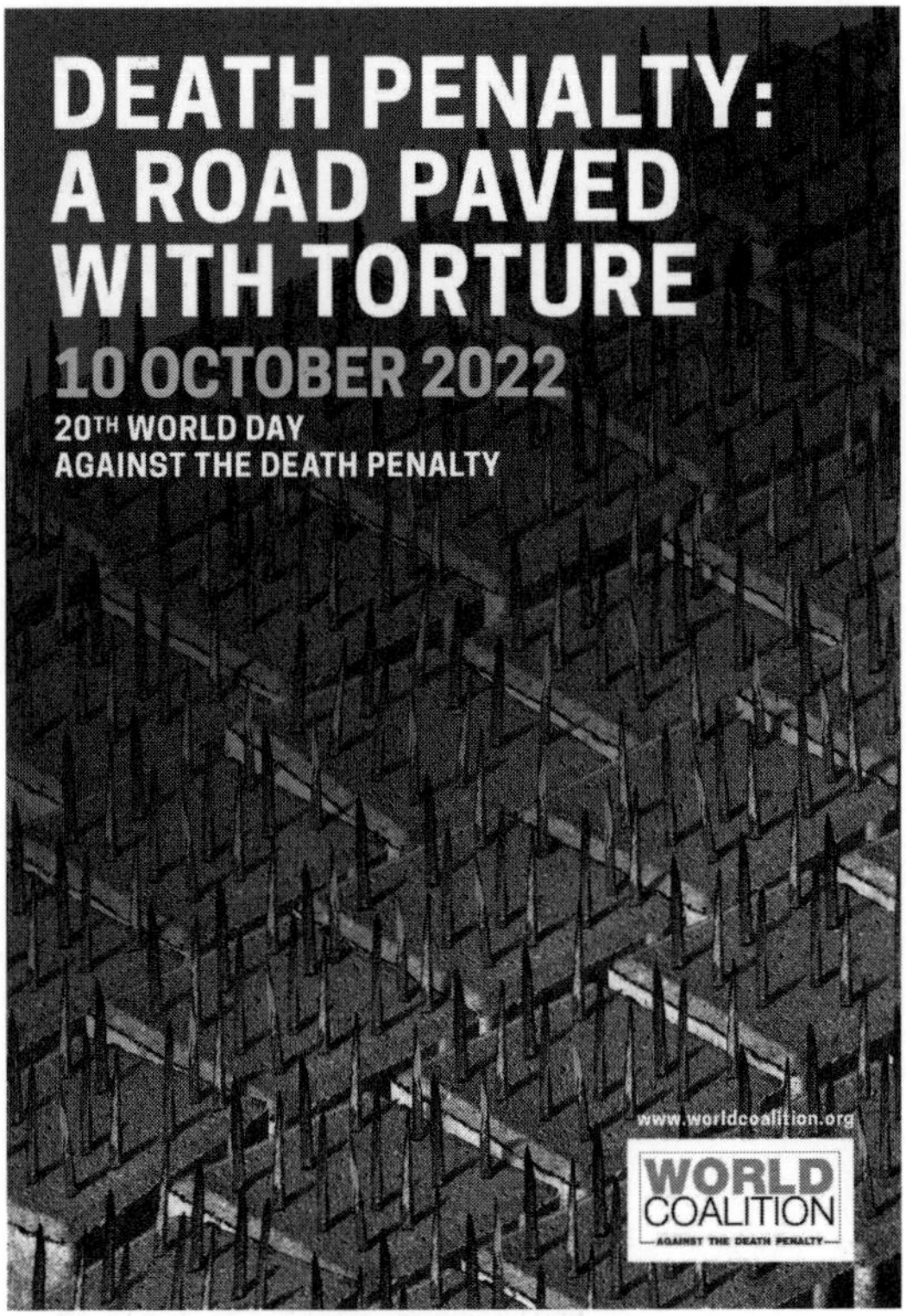

2022年のWCADP（死刑廃止国際連盟）の死刑廃止デーポスター

世界の潮流に逆らって死刑制度を維持し、毎年少なくとも数件の死刑執行を行うことに固執する日本政府。日本政府は、死刑制度という手段によって何を目指しているのでしょうか。日本政府が目指すことについて、有権者の支持や合意はあるのでしょうか。

死刑制度だけに限ったことではありませんが、日本政府が人権保障を遵守する政府となるためには、国際法や国際基準に則って国内法や刑事司法手続きの規定を整備し、運用していくことが必要です。これからも、このことを多くの人々に知っていただくための努力と、議員や為政者に対する効果的なはたらきかけを、粘り強く続けていきたいと考えています。

（図表はアムネスティ・インターナショナル日本からの提供によるものです。この論稿は筆者個人の意見を記したものであり、その所属する組織の方針やポリシーを必ずしも代弁するものではありません。）

死刑をめぐる状況

2021—2022

□は死刑判決
▽は無期懲役判決（死刑求刑）
△は有期刑判決（死刑求刑）
◇はその他の判決

死刑判決・無期懲役判決（死刑求刑）一覧

菊池さよ子
救援連絡センター

▽一月二〇日最高裁第三小法廷（林景一裁判長）

淡路五人刺殺事件で無期確定

兵庫県の淡路島で二〇一五年に五人を刺殺したとして、殺人などの罪に問われた平野達彦さん（四六歳）の上告を棄却する決定をした。一審神戸地裁の裁判員裁判では死刑判決が言い渡されたが、二審大阪高裁は死刑判決を破棄し、心神耗弱状態だったとして無期懲役を言い渡した。〇九年の裁判員制度開始以降、一審の死刑を破棄した二審判決が最高裁で確定するのは七件目。弁護側は心神喪失による無罪を主張していたが、決定は上告理由に当たらないとした。検察側は上告せず、死刑の可能性はなくなっていた。

刑事責任能力の有無が争点だった。一七年三月の一審判決は、精神鑑定結果を基に、被告は向精神薬の乱用歴による精神疾患があったと認定。その上で「疾患は被告の意思決定と行動に大きな影響を与えていない」とし、完全責任能力を認めた。

二審は、死刑事件のため責任能力の判断に万全を期す必要があるとして新たに精神鑑定を実施。「被告は妄想性障害に罹患し、犯行時、妄想が非常に活発だった」との鑑定結果を踏まえ、犯行を思いとどまる力が著しく減退していたと結論付けた。

一、二審判決によると、被告は一五年三月九日午前四～七時ごろ、兵庫県洲本市の自宅近くの住宅二軒を襲い、男女五人をサバイバルナイフで刺殺したとされる。

▽一月二八日大阪高裁（和田真裁判長）

元暴力団員ら三人殺人事件で控訴棄却・無期懲役判決

元暴力団組員の男性ら三人の死亡に関与したとして殺人二件と逮捕監禁致死などの罪に問われた韓国籍の陳春根さん

（四九歳）の控訴審判決で、無期懲役とした一審神戸地裁姫路支部の裁判員裁判判決を支持し、検察側、弁護側双方の控訴を棄却した。

　判決によると、被告は二〇一〇年に無職男性（当時五七歳）を監禁して死亡させ、一一年には元組員男性（当時三七歳）を窒息させて殺害したとされる。

　判決は、殺人二件のうち広告会社の男性役員（当時五〇歳）に対する殺人罪は証拠が乏しく、成立しないとして、無罪とした一八年一一月の一審判決を追認。元組員に対する殺人罪は「強固な殺意があるが、殺害方法は残忍ではない」などとして一審の量刑判断に誤りはないと結論付けた。

　検察側は上告しなかった。被告の裁判員裁判の実審理期間は二〇七日で過去最長（当時）となった。

　事件では共犯の実行役として殺人罪などに問われた上村隆さん（五四歳）は、三人の死亡への関与を同支部に認定され一九年に死刑判決を受け、二一年に控訴棄却され、上告中である。

□一月二八日最高裁第一小法廷（深山卓也裁判長）

干物店強盗殺人事件で上告棄却・死刑確定

　静岡県伊東市の干物店で二人を殺害し、現金を奪ったとして強盗殺人罪に問われた元従業員肥田公明さん（六八歳）に対し、上告を棄却。一、二審の死刑判決が確定した。裁判官五人全員一致の結論。

　凶器や直接の目撃証言はなく、被告は一貫して無罪を主張していたが、判決は「種々の客観的証拠に基づき犯人と認めた一、二審の判断は相当だ」とした。

　量刑については「殺害態様は冷酷かつ残忍で、強固な殺意が認められる。何の落ち度もない二人の命を奪った結果は重大だ」とし、当初から計

2021年死刑判決

判決日	裁判所	裁判長	被告	現在
1月28日	最高裁第1小法廷	深山卓也	肥田公明	確定
5月19日	大阪高裁	宮崎英一	上村　隆	上告審
6月24日	福島地裁郡山支部	小野寺健太	盛藤吉高	控訴審
6月29日	最高裁第3小法廷	宮崎裕子	筧千佐子	確定
6月30日	水戸地裁	結城剛行	小松博文	控訴審
8月24日	福岡地裁	足立勉	野村　悟	控訴審
9月15日	福岡高裁	辻川靖夫	中田　充	上告審

画していたとは認められないが、死刑はやむを得ないとした。

二審判決によると、二〇一二年一二月一八日夜、干物販売店で社長（当時五九歳）と従業員（当時七一歳）を刃物で刺し、店の業務用冷凍庫に閉じ込めて出血性ショックで殺害、店内にあった売上金など約二九万円を奪ったとされる。

二審判決は、金銭に困っていた被告が事件直後、金融機関に預けた硬貨の種類と額が被害の一部と類似しており、被害者が殺害された時間帯と近接した時間帯に被告が店内にいたなどとして、犯人と結論付けた。

一審静岡地裁沼津支部の裁判員裁判判決は一六年に死刑を言い渡し、二審東京高裁も支持した。

▽三月五日富山地裁（大村泰平裁判長）
交番襲撃二人殺人事件で無期懲役判決

富山市の交番で警察官を刺殺し、奪った拳銃で警備員を射殺したとして強盗殺人や殺人罪などに問われた元陸上自衛官島津慧大さん（二四歳）の裁判員裁判で、「拳銃強奪の意思は警察官殺害後に生じた疑いがある」と強盗殺人罪の成立を認めず、計画性が高いとは言えないとして無期懲役(求刑死刑)の判決を言い渡した。

判決理由で、被告の自閉症スペクトラム障害（ＡＳＤ）が動機形成に影響したと指摘。他人の気持ちを想像することが苦手という特性があったが、事件前に診断を受けられなかったため気付けず、社会からの孤立感を強めたとして「一定程度、酌むべき事情だ。死刑がやむを得ないとは言えない」と死刑を回避した。

逮捕後の取り調べで襲撃を「武器を奪う目的もあった」などと述べていたが、大村裁判長は「供述が揺れており、内心を表現したものかは疑問を持たざるを得ない」として殺人と窃盗罪を適用。現行犯逮捕に至るまでは行き当たりばったりな面があり、犯行の計画性は高くないとした。

一方で「警察官を狙った無差別殺人で社会的影響は大きく、複数の模倣犯を発生させた」とした。

被告は初公判での起訴内容認否や被告人質問、最終意見陳述を通して黙秘を続けた。

判決によると二〇一八年六月二六日、富山中央署奥田交番で、所長の警部補（当時四六歳）を刺殺し拳銃を窃取、近くの市立奥田小の正門付近にいた警備員（当時六八歳）の頭をこの拳銃で撃ち殺害したとされる。

検察側は控訴した。

▽三月二三日東京高裁（平木正洋裁判長）
千葉女児殺人事件で控訴棄却・無期懲役判決

千葉県松戸市で小学三年だったベトナム国籍の女児（当時九歳）を殺害したとして、殺人や強制わいせつ致死などの罪に問われた小学校の元保護者会会長渋谷恭正さん（四九歳）の控訴審判決で、「殺害の計画性は認められない」として、無期懲役とした一審千葉地裁の裁判員裁判判決を支持し、検察、弁護側双方の控訴を棄却した。

控訴審で検察側は「被告は口封じのために殺害した。犯行は計画的だ」と改めて死刑を求めた。これに対し、判決は「犯行様態は冷酷非情だが、被告の行動は場当たり的なものが多い」とし、殺害の計画性を否定した。弁護側は「被告は犯人ではない」と無罪を主張しており、判決を不服として上告した。

一審判決は、遺体の付着物から被告と一致するＤＮＡ型が検出されたことなどを根拠に、被告を犯人と認定。控訴審では、被告のＤＮＡ型試料を得るため、

最近の死刑判決と執行数

年	地裁判決数	高裁判決数	最高裁判決数	新確定数	執行数	病死等	確定者総数
1992	1	4	4	5	0	0	56
1993	4	1	5	7	7	0	56
1994	8	4	2	3	2	0	57
1995	11	4	3	3	6	0	54
1996	1	3	4	3	6	0	51
1997	3	2	4	4	4	0	51
1998	7	7	5	7	6	0	52
1999	8	4	4	4	5	1	50
2000	14	6	3	6	3	0	53
2001	10	16	4	5	2	0	56
2002	18	4	2	3	2	0	57
2003	13	17	0	2	1	2	56
2004	14	15	13	15	2	1	68
2005	13	15	10	11	1	0	78
2006	13	15	16	20	4	0	94
2007	14	14	18	23	9	1	107
2008	5	14	8	10	15	2	100
2009	9	9	16	18	7	4	107
2010	4	3	7	8	2	2	111
2011	9	2	22	24	0	3	132
2012	3	4	9	10	7	0	135
2013	4	3	6	7	8	3	131
2014	2	8	6	6	3	5	129
2015	4	1	3	3	3	1	128
2016	3	4	6	6	3	2	129
2017	3	0	3	3	4	4	124
2018	4	2	2	2	15	0	111
2019	2	3	3	3	3	0	111
2020	3	0	1	3	0	4	110
2021	3	2	2	4	3	3	108

12月末現在。確定者数は確定判決時。上訴取下げの場合は取下げ時。執行停止中を含む。

マンション敷地内のごみ集積場に侵入し、被告が捨てたたばこの吸い殻を採取した捜査の適法性も争われた。

判決は「違法な差し押さえ」と認定し、安易に令状なしで採取可能と考えたのは「厳しい非難に値する」とした一方、捜査対象者だった被告のＤＮＡ型試料を入手する必要性は高く、第三者への実質的な権利侵害はなかったと判断。違法の程度は重大ではないとし、吸い殻を証拠と認めた。

判決によると、二〇一七年三月二四日、登校中の女児を軽乗用車に乗せて連れ去り、わいせつな行為をした上、首を圧迫して死亡させ、千葉県我孫子市の排水路脇に遺棄したとされる。

◇四月二一日最高裁第一小法廷

（小池裕裁判長）

飯塚事件再審請求の特別抗告を棄却

福岡県飯塚市で一九九二年、小学一年の女児二人が誘拐、殺害された「飯塚事件」で死刑が確定し、二〇〇八年に刑が執行された久間三千年元死刑囚（執行時七〇歳）の再審請求の特別抗告を棄却した。福岡地裁、高裁の決定を支持し、裁判のやり直しを認めない判断が確定した。

五人の裁判官全員一致の結論。「犯人であることについて合理的な疑いを超えた高度の立証がされているとした、地裁、高裁の判断は正当だ」とした。

久間元死刑囚は捜査段階から一貫して無実を主張した。一審判決は、被害者の所持品が見つかった現場近くで「元死刑囚の車と特徴が似た不審な車が止まっていた」とする目撃証言などの状況証拠から犯人と認め、〇六年に死刑が確定した。〇八年一〇月に死刑が執行され、妻が再審請求していた。

再審請求審では、被害者の遺体に付着した血液と、元死刑囚のＤＮＡ型が一致したとする警察庁科学警察研究所の鑑定結果の信用性が争われた。弁護側は、再審無罪となった「足利事件」と同じ検査法で犯人の型とは一致しないと訴えた。

福岡地裁は、弁護側が提出した新証拠により、ＤＮＡ型鑑定の証明力や信用性が減じたとする一方、他の複数の証拠から高度の立証がされているとして請求を退けた。福岡高裁も支持した。

□五月一九日大阪高裁

（宮崎英一裁判長）

元暴力団組員ら三人殺人事件で控訴棄却・死刑判決

元暴力団組員ら男性三人の死亡に関与したとして二件の殺人と逮捕監禁致死の罪に問われた上村隆さん（五四歳）の控訴審で、死刑とした神戸地裁姫路支部の裁判員裁判判決を支持、弁護側の控訴を棄却した。弁護側は上告した。

殺人罪に関し弁護側は、韓国籍の共犯（一、二審無期懲役判決で上告中）に指示されたとして「被告は従属的な関与だった」と死刑回避を求めていた。

判決では「強固な殺意が認められ、自

らの意思で犯行に関与した」とされ、共犯被告とは関係証拠や犯罪事実などの前提条件が異なるとして死刑が相当とされた。

　判決によると、二〇一〇～一一年に広告会社の男性役員（当時五〇歳）を射殺し、元組員の男性（当時三七歳）を窒息死させ、無職男性（当時五七歳）を監禁して死亡させたとされる。

▽五月一九日最高裁第一小法廷

（木沢克之裁判長）

強盗殺人で上告棄却・無期懲役確定

　山梨県で二〇一六年に貴金属買い取り店店長を殺害したほか、金品を奪う目的で会社役員を襲い死亡させたとして、強盗殺人や強盗致死などの罪に問われた無職武井北斗さん（二七歳）の上告を棄却する決定をした。無期懲役とした一、二審判決が確定した。

　判決によると、仲間の男と共謀し、一六年八月一七日、甲府市の不動産会社役員（当時七三歳）宅に侵入、金品を奪おうと暴行を加えて死なせた。一一月二六日には甲州市の貴金属買い取り店店長（当時三六歳）宅に侵入して殺害、店の鍵と乗用車を奪ったとされる。

　一審甲府地裁の裁判員裁判で検察側は死刑を求刑、一九年一一月の判決は「共犯者を誘い、主導的に関わった」とする一方、計画性は高くないとして死刑を回避した。検察、弁護側双方が控訴したが、二審東京高裁は二〇年一二月にいずれも棄却した。

□六月二四日福島地裁郡山支部

（小野寺健太裁判長）

二人ひき逃げ殺人で死刑判決

　福島県三春町で刑務所に入ろうと考え、面識のない男女二人をトラックではねて殺害したとして、殺人や道交法違反などの罪に問われた住所不定、無職盛藤吉高さん(五一歳)に対する裁判員裁判で、「無差別で人命軽視が甚だしい。動機は身勝手で厳しい非難を免れない」として求刑通り死刑判決を言い渡した。

　判決は、「被告は福島刑務所を満期出所し、解体土木業の従業員寮に入居した。新しい人間関係、なじみのない土地、未経験の解体土木作業などへの不安が募り、罪を犯して刑務所に戻りたいと考えるようになった」と指摘した。

　トラックを加速させ被害者に突っ込んだ行為から「殺意は明白」と認める一方で「事件を起こすことに関心があり、生死には無関心だった可能性も否定できない」と判断。殺害の意欲があったとする検察側、死んでも構わないという程度の認識だったとする弁護側、双方の主張を退けた。

「殺害の意欲がなかったことを踏まえても、強固な意思に基づいて実行している。二人は清掃ボランティアに参加して道路を歩いていただけで何の落ち度もなく、突然理不尽に命を奪われ結果は重大だ。遺族が厳しい処罰感情を抱いていることは当然だ。高度の計画性までは認められないことを踏まえても、刑事責任は誠に重い。被告が罪を認めて遺族に謝罪していることなどを最大限考慮しても、死刑を選択することは真にやむを得ない」とした。

　判決によると、被告は刑務所を出所して二日後の二〇二〇年五月三一日朝、同県郡山市でトラックを盗み無免許で運転。三春町の国道二八八号の脇で清掃ボランティアをしていた男女（当時五五歳と五二歳）を時速六〇〜七〇キロではねて殺害し、救護せずに逃げたとされる。

□六月二九日最高裁第三小法廷

（宮崎裕子裁判長）

連続青酸殺人で上告棄却・死刑確定判決

　近畿三府県で夫や内縁関係にあった男性計四人に青酸化合物を飲ませ、うち三人を殺害したとして殺人と強盗殺人未遂の罪に問われた筧千佐子さん（七四歳）に対し、「計画的で冷酷。刑事責任は極めて重大だ」として上告を棄却。弁護人は被告は認知症のため判断能力がないと主張し、判決訂正申立をしたが棄却されて、死刑判決が確定した。

　判決は結婚相談所で次々と高齢の被害者と知り合い、将来を共にする相手として自身を信頼させ、青酸入りカプセルを服用させたと指摘。「計画的かつ巧妙で、強固な殺意に基づき冷酷だ。同種の事件を六年間に四回繰り返し、人命軽視の態度は顕著だ」とした。

　その上で「被告が高齢であることなどを考慮しても、死刑はやむを得ない」と結論づけた。

　死刑は残虐な刑罰を禁ずる憲法に反するとした弁護側の主張について、判決は「理由がない」と否定。被告が認知症で心神喪失状態なのに一、二審で公判を止めなかったのは違法だとする訴えも退けた。

　判決によると、二〇一二年三月〜一三年一二月、遺産取得の目的で夫（当時七五歳）や内縁関係だった二人の男性（当時七一歳と当時七五歳）に青酸入りのカプセルを飲ませて殺害した。〇七年一二月には、約四千万円の返済を免れるため神戸市の知人を殺害しようとし、知人は一命を取り留めたが二〇〇九年に七九歳で死亡したとされる。

□六月三〇日水戸地裁

（結城剛行裁判長）

妻子六人殺人で死刑判決

　茨城県日立市で妻子六人を殺害し、自宅アパートに火を付けたとして、殺人と非現住建造物等放火などの罪に問われた無職小松博文さん（三六歳）の裁判員裁判で、「強い殺意に基づく残虐かつ悪質な犯行。死刑を回避すべき事情は見いだせない」として、求刑通り死刑判決を言い渡した。

　弁護側は、被告が起訴後の勾留中に心不全などで倒れ、後遺症で事件の記憶を失ったため、訴訟能力がないとして初公判から公訴棄却を求めた上で、「事件当時も心神喪失または心神耗弱状態で、殺害の故意もなかった」と無罪を主張していた。

判決は記憶喪失を認めたが、「裁判について理解し、意思疎通を図ることは十分可能で心神喪失に当たらない」と弁護側の主張を退けた。

また、精神鑑定の結果などから「事件当時に精神障害だったと認められない。犯行の違法性や重大性を十分理解していた」として完全責任能力があったと認定。さらに「事前に購入した包丁で被害者の胸や腹を突き刺しており、殺意があったことは明らか」とした。

その上で、妻と懇意にしている男性に家族を取られたくないという動機は「被害者らの人格を全く無視した身勝手かつ自己中心的な考えに基づくもの」とし、「自首しているなどの事情を考慮しても、死刑はやむを得ない」とした。

判決によると、被告は二〇一七年一〇月六日未明、自宅で当時三～一一歳の子ども五人と妻（当時三三歳）を包丁で複数回刺した上で、玄関付近にガソリンをまいて放火して殺害したとされる。

□八月二四日福岡地裁　（足立勉裁判長）

工藤会総裁に死刑判決、会長に無期懲役判決

一般市民襲撃四事件で工藤会トップの総裁野村悟さん（七四歳）に死刑、会長田上不美夫さん（六五歳）に無期懲役を言い渡した。なおこの事件の裁判は裁判員裁判ではなかった。

【判決要旨から】

①工藤会と被告の関係

野村被告は一九八六年ごろ、工藤連合の二次団体の田中組組長となり、九〇年に工藤連合（二代目）が発足した際、田上被告を序列二位に抜てきした。二〇一一年七月に五代目工藤会が発足して、野村被告が総裁、田上被告が会長となった。

工藤会が厳格な序列の定められた暴力団組織であることを踏まえれば、田上被告が実権を握り、重要事項について意思決定をしていたことが優に推認できる。野村被告は最上位の特別な存在として見られていることも考えると、工藤会内で実質的にも最上位の立場にあり、重要事項についての意思決定に関与していたことが推認できる。

工藤会の執行部が田上被告や野村被告の意向を無視して判断し、実行するなどということは組織のありように照らし考え難い。

②元漁協組合長射殺事件

両被告は一九九八年二月一八日、実行犯二人らと共謀し、漁協の元組合長に拳銃で至近距離から銃弾五発を発射して殺害した。実行犯の一人は田中組の幹部だった。

犯行車両の調達や事件後に車の処理などに関して田中組幹部の協議が行われた

とうかがわれる。工藤会幹部が実行犯のアリバイに関する口裏合わせを関係者に依頼し、工藤会が本件で服役した組員らのために現金を積み立てたことなども踏まえると、本件が組織的に敢行された犯行であることは明らかだ。事件は、両被告が被害者一族の利権に重大な関心を抱き、工藤連合の組員らが被害者らに対し執拗に利権交際を求め、拒絶される中で起きた。実行犯らに犯行を指示できる組織の上位者としては、野村被告とその意向を受けた田上被告がまず想定される。両被告人の関与がなかったとは考えられず、両名が本件犯行を共謀した事実が優に認められる。弁護人は、本件の起訴は公訴権を乱用した極めて不当かつ違法で無効と主張するが、失当だ。

③元福岡県警警部銃撃事件

二〇一二年四月一九日、田中組が組織的に退職した警察官を拳銃で銃撃した。長年工藤会の捜査に従事し最高幹部と直接話のできる数少ない捜査員であった被害者を拳銃で襲撃すれば、工藤会組員の関与が疑われて警察の工藤会に対する取り締まりがより一層強化され、工藤会にとって重大なリスクがあることは容易に想定できる。

このような事件を両被告に無断で起こすとは到底考え難い。両被告と被害者の間には犯行の動機となり得る事情も複数認められる。両被告が意思疎通をしながら、最終的には野村被告の意思により決定されたと推認される。

④看護師襲撃事件

一三年一月二八日、田中組組員やその出身の工藤会幹部が組織的に、美容形成クリニックの看護師を刃物で襲撃した。野村被告はクリニックでの施術結果が思わしくなかった上、担当看護師である被害者の対応が悪いと感じ、強い不満を抱いており、襲撃に及ぶ動機があった。本件犯行に関与した組員らは被害者と一切接点がない。田中組の組織的犯行であることが発覚すれば野村被告に強い嫌疑が及ぶことになる犯行について、両被告が意思疎通をした上で野村被告が最終的な意思決定をしたものと推認できる。

⑤歯科医襲撃事件

一四年五月二六日、田中組が組織的に歯科医師を刃物で襲撃した。田上被告は北九州地区の港湾建設工事などに強い影響力を有するとみられていた被害者一族の利権に注目し、被害者の父親に対して工藤会との利権交際に応じるよう執拗に要求したが、父親はこれに応じなかった。田上被告は事件後、父親のいとこに、要求に応じないから被害者を見せしめに襲撃したと説明した。事件に関与した組員は被害者や父親と面識はなく、田上被告が指示して実行させたものと推認できる。田上被告が野村被告の関与なしに指示するとは到底考え難い。意思決定には田上被告のみならず野村被告も関与しており、本件犯行は両被告が意思を相通じた上で、最終的には野村被告が意思決定したものと推認できる。

⑥量刑の理由

当時、工藤連合若頭兼田中組組長だった野村被告は、工藤連合と距離を置こうとする被害者一族を屈服させ、巨額の利益を継続的に得ようと、田中組組員らと共謀して、元組合長を殺害した。

利益のため、暴力団が市民を襲撃して殺害するという犯行は極めて悪質だ。目的のために手段を選ばない卑劣で反社会的な発想に基づいて実行され、暴力団との関わりを断とうとしていた被害者に落ち度はない。

拳銃二丁や逃走用の車両を調達し、二人がかりで銃撃するという組織的・計画的で大胆な犯行だ。実行犯は拳銃を発射し、路上に転倒した被害者にさらに発射した。強固な殺意に基づいており、執拗で極めて残虐だ。

地方の有力者とされた被害者が繁華街の路上で殺害された事件が、地域住民や社会に与えた衝撃は計り知れない。

野村被告は、工藤連合田中組の組織力や指揮命令系統を利用して犯行を実行し、首謀者として関与し、その刑責は誠に重大だ。被害者一人の殺人事件の量刑では、保険金や身代金目的の殺人事件で死刑が選択される傾向があるが、巨額の利権を継続的に得ることをもくろんで市民を殺害したこの事件は、利欲性が一層高く、反社会集団の暴力団が計画的に実行している点で、はるかに厳しい非難が妥当で、極刑を選択するべきだ。

ほかの三事件について検討すると、元警察官銃撃事件は直接の動機は不明だが、看護師襲撃事件は野村被告が施術を担当した看護師の態度に強い不満を抱いたことが契機で、歯科医師襲撃事件は、被害者の親族が有する地元の港湾建設工事に関する利権への介入が目的だった。何の落ち度もない市民を襲撃した経緯に酌むべき余地は皆無だ。

各犯行で一般社会、特に北九州地区において体感治安が著しく悪化するなど、甚大な社会的影響が生じた。野村被告は、工藤会総裁として、田中組の組織力や指揮命令系統を利用し、三事件を実行し、いずれも首謀者として関与した。

野村被告は、元組合長事件だけでも極刑を選択すべきで、その他の三事件を併せて考えれば、組織的犯罪としての重大性・悪質性は一層顕著で、極刑を選択すべき必然性は高まる。各犯行への関与を否認しており、反省の情を見て取れない。

田上被告は元組合長射殺事件当時、田中組若頭で、被害者一族の利権に重大な関心を抱き、関与した。野村被告とともに、犯行に至る意思決定に深く関与し、犯行を指示したと認められる。

刑責は野村被告にこそ及ばないが、無期懲役になった実行役を下回るべきではない。ほかの三事件も、野村被告と通じるなどして意思決定に関与し、不可欠で重要な役割を果たし、刑責は野村被告に次いで重い。関与をいずれも否認し、有期の懲役刑では軽すぎる。

検察は、元警部銃撃事件で経済的利益獲得に資するという目的も併せ持っていたとして罰金刑も主張したが、飛躍があり、科すことはしない。（以上は判決要旨）

直接証拠がなくても、間接証拠の積み重ねと推論だけで上層部の関与が認定できると判示した点で問題のある判決だ。

暴力団トップと組員との共謀を巡っては、ボディーガードの拳銃所持を「確定的に認識し、認容していた」とした二〇〇五年の最高裁決定や、最高幹部を含む複数の組員が指揮命令系統に従った組織的犯行の場合「経験則上、トップの命令に基づくと推認できる」として共謀を認めた一四年の大阪高裁判決がある。

共謀罪の成立もあり、組織的犯行と断定されれば、事実関係の実証抜きにトップの責任を認める傾向が強まる危険性がある。

□九月一五日福岡高裁（辻川靖夫裁判長）

警官による妻子三人殺人事件で控訴棄却・死刑判決

福岡県小郡市の住宅で妻子三人を殺害したとして殺人罪に問われた元県警警察官中田充さん（四三歳）の控訴審判決は一審福岡地裁の死刑判決を支持し、被告側控訴を棄却した。被告・弁護側は一審から無罪を主張していた。

直接証拠はなく、弁護側は「被告が朝出勤した後に三人が死亡した可能性もあり、外部による犯行の可能性を排除できない」と主張した。

判決は、遺体の状態から、被告が出勤する前の時間帯に三人が死亡していたとする法医学者の証言を信用できるとし「外部犯の可能性を否定した一審判決は不合理ではない」と指摘。三人の生命を奪った結果は重大だとし、一審の死刑判決に誤りはないとした。

一、二審判決によると、被告は通信指令課の巡査部長だった二〇一七年六月五日深夜～六日朝、自宅で妻（当時三八歳）、長男（当時九歳）、長女（当時六歳）の首を絞めるなどして、いずれも窒息死させたとされる。

▽一一月九日横浜地裁（家令和典裁判長）

看護師による三人点滴死事件で無期懲役判決

横浜市の旧大口病院で二〇一六年に起きた点滴中毒死事件の判決で、横浜地裁は殺人罪に問われた元看護師久保木愛弓さん（三四歳）に無期懲役（求刑死刑）を言い渡した。

三人を殺害した被告の完全刑事責任能力を認めた上で死刑を避けるのは極めて異例。被害者の数と被告の精神状態とのバランスを考慮した。一般的に殺人事件の被害者が三人以上で被告の責任能力に問題がなければ「死刑回避は難しい」とされている。

判決は「何よりも三人の生命が失われたという結果が重要である」と指摘。さらに「生命軽視の度合いも強い」「動機も身勝手極まりない」と断じた。

一方、被告の経歴や殺害に至る経緯に言及。問題解決の視野が狭い自閉スペクトラム症の特性を持っていることから「動機形成過程には、被告の努力ではいかんともし難い事情が色濃く影響している」と判断し「更生の道」を選択した。

裁判長は「苦しい評議でしたが、生涯をかけて償ってほしいというのが裁判所が出した結論です」と被告に説明した。

【判決要旨から】

検察側は被告には自閉スペクトラム症の特性があるものの、事件の実行への影響は極めて小さく、完全責任能力があったと主張。弁護側は、殺害という手段を選択した点に統合失調症が強く影響しており、心神耗弱だったと主張していた。

被告はうつ状態ではあったが看護師業務をこなすなど、統合失調症を発症したとは認め難い。患者が急変して死亡し、看護師が家族から責められる場面に遭遇して強い恐怖を感じたため、自分の勤務時間中に対応を迫られることがないようにとの犯行動機は、根本的解決にならないことを考慮しても了解可能。目的に沿った殺害手段を選び、発覚しないよう注意して違法性も認識していた。うつ状態だとしても行動制御能力が著しく減退しておらず、完全責任能力が認められる。

被告は看護師としての知見と立場を利用し、発覚しないよう工夫しながら犯行に及んだ。計画性が認められ、生命軽視の度合いも強く、悪質だ。動機は自分が患者の家族対応をしなくていいようにするためで身勝手極まりない。刑事責任は重大である。

被告は問題解決の視野が狭いなどの自閉スペクトラム症の特性があり、臨機応変に対応するといった看護師に求められる資質に恵まれなかった。うつ状態となり、退職を考えたものの仕事を続けてストレスをため込み、不安軽減のために患者を殺害するという短絡的な発想に至った。動機形成過程には被告の努力ではいかんともし難い事情もあった。

逮捕後に全て認め、公判でも自身に不利なことも素直に供述している。事件の重大性を認識し、遺族らに謝罪、更生の可能性も認められる。

以上を考慮すると、被告に死刑を選択することはちゅうちょせざるを得ず、死刑がやむを得ないとは言えない。被告には無期懲役を科し、生涯をかけて罪の重さと向き合わせることで償いをさせるとともに、更生の道を歩ませるのが相当だ。

(以上は判決要旨)

判決の事実認定によると、一六年九月、入院患者三人(当時七八歳、八八歳、八八歳)の点滴に消毒液「ヂアミトール」を混入し殺害。殺害目的で点滴袋五個に消毒液を入れたとされる。

◉二〇二一年の判決をふりかえって

地裁での死刑判決は三人に、高裁での死刑判決は二人に、最高裁での死刑確定判決が二人に対して言い渡された。

自ら控訴または上告を取り下げて死刑が確定した人が二人いたことから、新確定者は四人となった。被告自らが控訴・上告を取り下げて死刑を確定させてしまうケースは、死刑制度によるストレスと裁判への絶望がもたらした結果であり、刑務官のいじめを受けて取り下げた人もいる。

病死者は三人で、近年死刑確定者の病死が増えているが、獄中医療の改善が急務の課題と言える。

死刑判決の数はこの一〇年間で減少傾向にある。地裁での死刑判決が高裁で破棄され無期懲役になる判決は二一年にはなかったが、高裁で無期懲役となった事例で検察側が上告しても最高裁で上告棄却されるケースが続いたことから検察が上告を断念するようになったことは歓迎すべきことである。

また地裁で死刑を回避し無期懲役とした判決で、被告の自閉症スペクトラム障害（ASD）が動機となったと認定した判決が二件あったことは注目される。

二一年の判決で特筆すべきは福岡地裁での工藤会事件での判決である。この裁判は裁判員裁判から例外的にはずされた。直接証拠に基づかず推論だけで、トップの命令がなければ組員が実行するはずがないという論理で工藤会総裁に死刑判決を言い渡すという極めて異例の判決である。今後高裁で審理されるが、注目していかねばならない。

これ以上の死刑判決と死刑執行を許さないためにさらに死刑廃止の声をあげていこう。

死刑をめぐる状況 2021—2022

死刑廃止運動にアクセスする

廃止運動団体・フォーラム・ネットワークなど

新たに寄せられた自己紹介文を掲載しています。団体の自己紹介のないものに関しては前号あるいは前々号を参照して下さい。今後も全国各地の情報をお寄せ下さいますようにお願いいたします。

救援連絡センター

機関紙➡『救援』月刊。年間購読料＝開封四五〇〇円、密封五〇〇〇円。協力会費＝月一口一〇〇〇円（一口以上）

住所➡〒105-0004 東京都港区新橋二—八—一六 石田ビル五階（JR新橋駅日比谷口SL広場から徒歩三分）

TEL➡03-3591-1301 FAX➡03-3591-3583

E-mail➡kyuen2013@gmail.com

HP➡http://kyuen.jp/

郵便振替➡00100-3-105440

アムネスティ・インターナショナル日本 死刑廃止ネットワーク東京

アムネスティ・インターナショナル（AI）は、一九六一年に発足した世界規模の国際人権NGOであり、すべての人が世界人権宣言や国際人権規約にうたわれている人権を享受できるよう活動しています。現在、世界二〇〇カ国で一〇〇〇万人以上がアムネスティの運動（人権問題の調査と発表、人権侵害の糾弾、人権教育、キャンペーン、政策提言等）に取り組んでいます。

アムネスティ日本は、一九七〇年に設立され、世界中の人権侵害の存在を国内に伝えるとともに、国内における人権の状況を内外に伝え、様々な人権擁護活動に携わっています。具体的には、政治的意見や信念、人種、宗教などを理由に逮捕・拘禁されている人々の釈放、あらゆる差別の廃止、難民・移民の保護、表現・結社・平和的集会の自由、紛争下の人権侵害、拷問撲滅など多岐に渡ります。

その中で、「生きる権利」を否定する死刑制度の廃止は、アムネスティ日本にとって最も重要なテーマのひとつです。毎年、国際事務局が死刑に関する世界統計を発表し、国内では、ボランティアが中心となり、「死刑廃止を考える」入門セミナー、死刑執行時の抗議活動、死刑廃止啓発イベント等を実施しています。二〇二一年は、入門セミナーを七回（内一回はオンライン）、そして、「死刑判決は正義か？―コロナ禍における国際人権法の観点から読み解く、最新死刑統計2020」と題するオンライン・イベントを開催し、寺中誠さん（東京経済大学等講師）にご講演いただきました。

連絡先➡公益社団法人アムネスティ・インターナショナル日本　東京事務所
住所➡〒101-0052　東京都千代田区神田小川町二―一二―一四　晴花ビル七階
TEL➡03-3518-6777　FAX➡03-3518-6778

死刑廃止国際条約の批准を求めるフォーラム90（フォーラム90）

一九九〇年春、前年国連で「死刑廃止国際条約」が採択されたのを機に、アムネスティ・インターナショナル、死刑執行停止連絡会議、ＪＣＣＤの三団体が、条約批准を求める運動を通して全国の廃止論者を顕在化させるフォーラム運動を呼びかけた。賛同人は全国で約五〇〇〇人。

二〇二一年は以下の行動を行った。

二月一三～一九日、第10回死刑映画週間（ユーロスペース）。

二月二三日、大谷洋子さんとの情報交換「バイデン政権で米国は死刑廃止へ」

七月一一日「死刑廃止国際条約発効」30周年企画　死刑廃止のために国際社会の連携を求めて　オンライン集会

第1部　アムネスティ・インターナショナルからキアラ・サンジョルジョさん　第2部　政治の場から見た死刑廃止活動　保坂展人さん・小熊慎司さん・平岡秀夫さん　第3部　トークライブ　青木理さん／木村草太さん

一〇月九日　響かせあおう死刑廃止の声２０２１「司法が作る差別、司法がただす差別」ＳＵＧＩＺＯ、徳田靖之、青木理（角筈区民ホール）

一一月五日～七日　死刑囚表現展２０２１　松本治一郎記念会館

一二月五日、オンライン集会「免田栄さんを偲ぶ会」

一二月二一日　死刑執行抗議の記者会見

フォーラム90のニュースレターは隔月で毎号四〇〇〇部発行、二〇二二年九月末で一八三号。年間五、六号刊行している。なおＰＤＦ版配信も始めた。

ホームページ内にある死刑廃止チャンネルには集会、映画週間のトークショーなどの動画を掲載している。また二〇二〇年七月以降の集会はネットで同時配信をしている。

住所➡〒107-0052　東京都港区赤坂二―一四―一三　港合同法律事務所気付
TEL➡03-3585-2331　FAX➡03-3585-2330
HP➡http://www.jca.apc.org/stop-shikei/index.html
死刑廃止チャンネル➡http://forum90.net/

ユニテ

一、今後の方針

死刑確定者の生命を救えないようでは、「ユニテ」の存在価値はなく、そこで「ユニテ」では、せめて執行まで「死刑囚の自由拡大を！」を基本理念とし、今後の活動に邁進していく所存である。

郵便振替➡00190-0-77306「ユニテ」

被拘禁者更生支援ネットワーク 麦の会

住所➡〒359-0023　埼玉県所沢市東所沢和田一—二六—三一　聖ペトロ・パウロ労働宣教会内　麦の会事務局

TEL・FAX➡04-2945-0510

E-mail➡wakainet@gmail.com

都高教・死刑に反対する会

住所➡〒224-0007　横浜市都筑区荏田南一—二〇—一—四〇六　小笠原博綜

監獄人権センター（CPR）

刑事施設などの人権状況を国際水準に合致するよう改善していくこと、死刑制度の廃止などを目的に一九九五年に設立。

中心的事業である被収容者からの手紙相談は、二〇二一年中、約一二〇〇件が寄せられ、ボランティアが随時対応しています。

各地の刑事施設で新型コロナウイルスの感染がさらに拡大したことを受け、二月八日に「刑事施設等における新型コロナウイルス感染症（COVID-19）のさらなる感染拡大防止を求める声明」を発表し、司法記者クラブ（東京・霞が関）で記者会見を行いました。

七月七日、埼玉弁護士会主催による映画上映会『免田栄　獄中の生』（埼玉・浦和コミュニティセンター）において、代表の海渡雄一弁護士が解説を行いました。

CPR Center for Prisoners' Rights　監獄の中で自由を奪われた人々の人権に関心を寄せるすべての人へ　2022/8/10

CPR News Letter No.111
監獄人権センター（Center for Prisoners' Rights）通信

〒160-0022　東京都新宿区新宿2-3-16 ライオンズマンション御苑前703
TEL&FAX 03-5379-5055　E-mail info@prisonersrights.org　URL https://prisonersrights.org
年会費（1口）：一般5000円／学生3000円　郵便振替口座：00100-5-771629　監獄人権センター

2021年10月1日より監獄人権センターのホームページアドレス、メールアドレスが変わりました
URL: https://prisonersrights.org　E-mail: info@prisonersrights.org

2022年7月26日の死刑執行に抗議し、7団体（監獄人権センター、死刑をなくそう市民会議、死刑廃止国際条約の批准を求めるフォーラム90、死刑廃止のための大道寺幸子・赤堀政夫基金、被害者と司法を考える会、「死刑を止めよう」宗教者ネットワーク、アムネスティ・インターナショナル日本）共同で死刑執行抗議会見を行いました（8頁に抗議声明掲載）

No.111
◎拘禁刑の創設が矯正処遇に与える影響／大野鉄平　2
◎報告◆日弁連主催サイドイベント「国民世論と死刑廃止のプロセス」～第31会期国連犯罪防止刑事司法委員会の報告～／大野鉄平　4
◎ポルトガルの刑罰制度～死刑も終身刑も廃止された国～／大野鉄平　6

十二月二十一日の古川禎久法務大臣による死刑執行に対しては抗議声明を発表し、六団体共同で抗議記者会見を行いました。

年四回発行の機関誌「CPRニュースレター」は、死刑確定者から要望があれば、親族、代理人等を通じて毎号送付しています。

郵便送付先➡〒160-0022　東京都新宿区新宿二-三-十六　ライオンズマンション御苑前七〇三　TEL・FAX➡03-5379-5055

HP➡prisonersrights.org（※二〇二一年一〇月より新URL）

東京拘置所のそばで死刑について考える会（そばの会）

そばの会が綾瀬駅前で「死刑について考えてみませんか」というビラをまき始めて二五年、毎月ほぼ休みなしに配ってきたビラは、今年（二〇二二年）一二月で三〇〇号になります。受け取りは、依然として決して良いとは言えません。でも駅前を通り過ぎる人、改札口から出てくる人びとの表情やしぐさを眺めながらビラを差し出すのは、なかなか想像力をそそるものがあります。以下は、一年ほど前からそばの会に参加するようになった仲間の感想です。（そばの会・HPより）

【今日はビラを今までより多く受け取ってもらえました。そんな中、若いお母さんがビラをもらいに寄ってきて、小さい子供の手を引きながら、ビラを見つつ歩いて行きました。若い人は受け取らないオーラを貼り付けている人が多いからとても嬉しかったです。ビラをまいていて良かった！】

残念ながら、死刑執行は昨年一二月に3人、今年七月に1人（いずれも古川禎久法相＝当時による）と、今もやむことなく続いています。とりわけ七月に執行された加藤智大さんは「(死刑囚)表現展への応募が唯一の生きがい」と吐露し、今年も六月に八一点もの絵画作品を提出していたというのですから、死刑制度の理不尽さをこの上なく示したものと言わざるを得ません。そばの会は、死刑制度をなくすまで、死刑にまつわるさまざまな問題点を訴え続けていきます。

毎月のビラは二〇二一年六月まで昨年度の『年報・死刑廃止』に掲載したので、それ以降、現在までのビラのタイトルを紹介します（なお、二〇二一年一月と二月のビラのタイトルが重複しており、二月は「コロナ禍で考える　被害者の命・死刑囚の命」だったので、ここに訂正しておきます）。

二〇二一年七月「アメリカ・韓国・日本の状況　執行停止から死刑廃止への道」／八月「自殺防止という理由で使用禁止　トイレットペーパーも鉛筆も」／九月「10月10日は世界死刑廃止デー　司法がつくる差別、司法がただす差別」／一〇月『事実上の死刑廃止国』死刑があっても執行しないという選択」／一一月「最高裁判所裁判官の国民審査　死刑制度の存廃を問われたら…」／一二月「日本で最初の再審無罪となった死刑囚　免田栄さんの一周忌」／二〇二二年一月「古川禎久法務大臣による　3名の死刑執行に抗議する」／二月「良くも悪くも人は変わる　『死刑』は何で決まるのか」／三月「冤罪で死刑になる人はいない　本当にそうでしょうか…」／四月「人を殺すのが公務員の仕事　死刑制度のある日本」／五月「人生をリセットしたくなるとき　18歳・19歳という『特定少年』」／六月「死刑について考えてみませんか」／七月「生きて償う道があるはず」／八月「加藤智大さんの死刑執行に抗議します」／九月「死刑制度はだれのため、何のためにあるのでしょう?」。

住所➡〒116-0003　東京都荒川区南千住一—五九—六—三〇二
HP➡http://sobanokai.my.coocan.jp/

❍死刑をなくそう市民会議

「死刑をなくそう市民会議」は、「国の内外を問わずあらゆる分野の市民が死刑廃止の意味と目的についての理解を深め、すべての人間の生命権を重視する死刑のない民主主義社会の即時実現に向けて」（設立趣意書）、二〇一九年六月一日に設立されました。

各政党への死刑制度へのアンケート結果についての会見
(2021 年 10 月 29 日 司法記者クラブ)

現在の活動としましては、月に一回運営委員会を開催（オンラインとの併用）。その運営委員会の下に各種の小委員会を設置し、二〇二一年八月からの活動としては、「市民会議ニュースの発行」、「死刑制度についての各政党へのアンケート」、「市民会議セミナー」、また死刑執行に対し各団体と連携した抗議声明などを実施してきました。その他、市民会議のTwitterを活用し、アメリカの死刑に関する状況など死刑問題に関する各種の情報を発信しています。

二〇二二年八月にはオンラインでセミナーを実施しました。このようなセミナーなどの活動を通じさらにみなさまと一緒に活動を広げていきたいと思っております。

主な活動

毎月一回運営会議

二〇二一年八月　日豪両政府間で現在協議されている、自衛隊と豪軍が相互の国に滞在している間の法的地位などを規定する「日豪円滑化協定」について、内容の調査報告

一一月　市民会議ニュース5号

一〇月　死刑制度についての各政党へのアンケートの実施

一二月　死刑執行に対する抗議声明

二〇二二年四月　市民会議ニュース6号

七月　市民会議ニュース7号

七月　死刑執行に対する抗議声明

八月　市民会議セミナー「私たちが望むのは死刑のない社会」（オンラインで実施）

住所：〒101-0052 東京都千代田区神田小川町三―二八―一三―八〇七

Email：siminkaigi@ccacp.jp

ホームページ：http://ccacp.jp/

twitter：https://twitter.com/ccacp_japan

口座記号番号：00250-0-89868

❍日本カトリック正義と平和協議会「死刑廃止を求める部会」

日本カトリック正義と平和協議会（正

平協）は、キリストの教えにもとづいて社会問題に取り組むカトリック教会の組織です。その一部会として「死刑廃止を求める部会」は、死刑廃止運動にかかわる方々をつなぐネットワークをめざし、死刑廃止運動を促進する活動（祈りの集い・講演会・小冊子の作成・ニュースレターの発行）をしています。

現代のカトリック教会は福音の光のもとに、死刑は許容できない刑罰であるということをはっきりと教えています。二〇一八年に改訂された『カトリック教会のカテキズム』（2267参照）を受け、二〇二〇年に発表された教皇フランシスコの回勅『兄弟の皆さん』でも（263-270参照）、全世界で死刑を廃止するためにカトリック教会を挙げて取り組む決意が明確に記されています。

二〇二一年も引き続きコロナの影響が大きく、予定していた多くの活動が延期・縮小になりましたが、それでも小規模もしくはオンラインでの勉強会をいくつか実施しました。特に、一一月二二日-二三日に行われた第四一回日本カトリック正義と平和全国集会では、第二七分科会として、死刑囚たちと長年関わってこられた方々を招いたシンポジウム「私が牢にいたときに訪ねてくれた（マタイ25・36）～死刑囚のいのちも守ろう～」を開催しました。

一〇月にはニュースレター第17号を発行しました。また、一〇月一〇日の世界死刑廃止デーに際し、古川禎久法務大臣に対して死刑執行停止を求める要請文を発出しました。一二月二一日の執行時には、正平協会長（司教）による抗議声明を発表しました。

当部会への参加を希望される方は、正義と平和協議会までご連絡ください。会費等は不要、カトリック信者でない方の参加も歓迎です。。

住所➡135-8585 東京都江東区潮見2-10-10
Tel➡03-5632-4444　Fax➡03-5632-7920
HP➡https://www.jccjp.org/
E-mail➡jccjp@cbcj.catholic.jp
郵便振替➡00190-8-100347「カトリック正義と平和協議会」

真宗大谷派死刑廃止を願う会

住所➡「願う会」事務局　〒432-8021　浜松市佐鳴台五―一七―二二―A一〇六　楯《たて》泰也気付

死刑廃止フォーラム・金沢

住所➡〒921-8111　金沢市若草町一五―八　志村恵
TEL・FAX➡076-280-3421

死刑廃止フォーラム・イン静岡

住所➡〒432-8021　浜松市佐鳴台五―一七―二二―A一〇六　笹原方　死刑廃止フォーラム・イン静岡事務局

死刑廃止フォーラムinなごや

死刑廃止フォーラムinなごやを立ち上げてからほぼ三〇年になりま

す。活動メンバーもかなり入れ替わりましたが、メーリングリストに登録する現在のメンバーは一六人です。

各年のほぼ定期的な活動として、高校生を主たる受講生とする七月のサマーセミナーでの講座開設（講師派遣）と春期あるいは秋期に講演会などを開催してきました。また、死刑の執行があれば、その都度、法務大臣、総理大臣に対して抗議声明を発することも続けてきました。

しかし、コロナ禍となって、二〇二〇年三月以降はメンバー参集の例会開催ができなくなり、メーリングリストによる情報・意見の交換はありますが、会場の設営が必要な対外的な活動は停止状態となっております。

なお、二〇二一年一二月二一日と二〇二二年七月二六日の死刑執行に対しては、メーリングリストでの意見交換を経て法務大臣、総理大臣に対して抗議声明を発しました。

住所➡〒461-0023　名古屋市東区徳川町一三一〇　稲垣法律事務所

「死刑を止めよう」宗教者ネットワーク

発足の経緯

イタリアの聖エジディオ共同体が主催した死刑廃止セミナー『生命のために連帯を』（二〇〇三年五月、東京・四谷）に参加した宗教者が、「死刑の執行を停止させ、死刑についての議論を広く行い、命について考える機会をできるだけ多く設けよう」という目的のもと、①情報交換や共同行動を行う、②一年に数回集会を行うことを目指して、二〇〇三年六月、超教派のネットワークを発足しました。

私たちの考え

私たちは各宗教に共通する「命を大切にする価値観」に基づき、死刑に関わるさまざまな方々（死刑囚、被害者遺族、刑務官、教誨師など）のお話から学んで、死刑について次のように考えています。

・どんな人の命も人の手で奪うことは許されないと考えます。
・どんな罪を犯した人であっても、悔い改める可能性があり、その機会を奪うことはできないと考えます。
・被害者の癒しは応報的な刑罰によってではなく、被害者への心理的・社会的支援に向けた努力によってなされるべきだと考えます。
・犯罪は、力によって押さえ込むのではなく、罪を犯した背景を考え、更生を社会全体で支えていくことによってこそ、抑止できると考えます。

◇

マスコミによって連日のように凶悪犯罪が報道され、死刑判決が激増し、死刑の大量執行が定着しようとしている今こそ立ち止まって、死刑について、罪とゆるし、癒しと和解について共に考える機会を提供できればと考え活動しています。

◇

二〇二一年度活動報告

「第31回死刑廃止セミナー」開催。（八月二四日、オンライン配信・録画配信、京都市・京都府部落解放センター。テーマ：悲しみとともにどう生きるか。講師：入江杏氏〈世田谷一家殺人事件遺族〉）

「死刑執行停止を求める諸宗教の祈りの集い二〇二二」開催。（一二月一〇日、オンライン配信、京都亀岡市・大本万祥殿。各宗派、団体からの祈りのメッセージ。ミニコンサート：八雲琴奏者三名による演奏）

住所➡〒600-8164　京都市下京区上柳町199　しんらん交流館　真宗大谷派（東本願寺）解放運動推進本部　死刑を止めよう宗教者ネットワーク事務局／阪本仁、近藤恵美子

メールアドレス　kaiho@higashihonganji.or.jp

sdpreligion@googlegroups.com　フリーメール配信希望の方は、上記のメールアドレスまでご連絡を。

死刑廃止を求める京都にんじんの会

京都にんじんの会は、二〇二〇年五月に三回目の死刑映画週間を開催する予定でしたが、新型ウイルス感染拡大が懸念されたため、直前に中止・延期しました。その後も状況は変わらず、まだ実施できる目途が立っていません。

（京都にんじんの会　大道寺ちはる）

キリスト者死刑廃止ネットワーク

二〇二〇年一〇月に、キリスト教界内へ向けて死刑制度の情報を共有し、話し合い、考えるためのネットワークを開設し、歩みを進めています。

カトリック教会が、二〇一八年に死刑廃止を明言し、プロテスタント各教派も以前の死刑制度異議を思い起こすためのネットワークでもあります。十字架という処刑具を救いのしるしと掲げているキリスト者として、「死刑執行」されたイエスを救い主と言い表す信仰者として、誠実に歩むことを目指し、活動しています。

活動は、メーリングリストを基本とした死刑制度関連の情報共有（ウェブ参加講演会、各国のニュース等）。昨年度から始められたZoomミーティングでの地域を越えた月一回の話し合いでは、深く、熱を帯びた話し合いをしています。また今年度中には、パネルディスカッションを実施の計画もしています。

それぞれの場で活動されている方々（支援活動の方々や関係諸団体の皆さま）の想いを受け、刺激されながら、なおキリスト教界内にも〝いのちと回復のムーヴメント〟の掘り起こしを目指しています。

参加登録は、ウェブサイトのフォームから。またはメールに、「氏名」、「所属」、「お名前公表の可否」を記していただいてお申込みを。

住所➡〒602-8024 京都市上京区大門町270

（浅野献一）

HP➡https://tinyurl.com/awtk2ujc
E-mail➡coro01mie@gmail.com

◉日本キリスト教団 京都教区「教会と社会」特設委員会「死刑廃止を求める小委員会」

二〇一六年に組織され、年一回の京都教区社会セミナーとして死刑廃止関連のセミナーを実施しています。一九八二年、日本基督教団総会の決議「日本基督教団は、日本国家による死刑執行の中止を求め、死刑制度の廃止を訴え、裁判所は死刑判決を下すことのないよう求める」の再びの実質化のために活動しています。

二〇二一年、コロナ感染症拡大の中であったが、無期刑受刑者支援プロジェクト「山帰来」、龍谷大学犯罪学センターとの共催によって、「PRISON CIRCLE プリズン・サークル」上映＋対談（坂上香監督・石塚伸一龍谷大学教授）を、龍谷大学深草キャンパス成就館において行いました。まことの回復、いのちにつながる道筋を考える良き機会となりました。

カトリック教会はもちろん、「死刑を止めよう」宗教者ネットワーク、キリスト者死刑廃止ネットワーク、アムネスティ、京都弁護士会、京都にんじんの会など様々なつながりを得て、地の底からの盛り上がりの一助となりたいと望んでいます。

住所➡〒602-0917 京都市上京区東日野殿町394-2 日本基督教団京都教区事務所
Tel➡075-451-3556
E-mail➡info @ uccj-kyoto.com

◉かたつむりの会

かたつむりの会は一九七九年、「死刑廃止関西連絡センター」を前身として発足。一九八九年芝居仕立ての集会「絞められて殺されて」、一九九一年「寒中死刑大会」、一九九二年からの連続講座が『殺すこと殺されること』『死刑の文化を問いなおす』としてインパクト出版会から書籍化。二〇〇八年「死刑廃止！殺すな！一〇五人デモ」等、獄中者と社会を繋ぐ「死刑と人権」という冊子も発行しています。大阪拘置所で死刑が執行された日の夜は正門前にて緊急抗議を行う。毎年四月には大拘前公園にて死刑廃止のお花見、それからマイクと太鼓でアピールします。毎年八月、少数ながら向井さんとふうさんの墓参りにも。

八月某日、二人と死刑囚の墓前に参った後、寺の多目的スペースにて参加者と懇親会。二人の思い出から色々な話題が出る。その中で「死刑と人権」元編集人のSさんが色々と資料をコピーし参加者に配布してくれた。そのうちの一枚のアンダーラインが引かれ指摘された箇所には、朗報としてとある議員の参院選での当選が報じられ加えて、「この議員と事務所があってこそ死刑廃止運動はここまでやってこられたのである」と個人的な感想が述べられていた。議員頼みでしか死刑廃止運動は成し得ないのか。対して別のコピーは既刊『殺すこと殺されること』からふうさんが書いた「後記にかえて」であった。連続講座のうたい文句は「何よりも死刑は、国家の制度としてだけでなく、それを支え、むしろ望んでいるわたしら、民衆側の問題」とされ、大切なポイントとして「死刑が国家の手で廃止されるのと、わたしら民衆の手によって廃止されるのとでは、月とスッポン、天国と地獄ほどの意味にちがいがあるということ」とあり、政治の力で民衆が意味も分からず死刑廃止になってしまうのと、民衆が死刑制度の意味を正しく理解して死刑廃止に向かうのとでは全くその質において意味が異なり、死刑廃止運動は民衆側の無限の追求運動だとしている。政治に頼り過ぎるのは、なんだか市民運動の根っこをバッサリ切ることになっていないか心配になる。ほらほら、投票に行く暇あったら酒喰らう。

「死刑と人権」購読料➡年間二千円（年五回発行）
郵便振替➡00900-3-315753
連絡先➡日本郵便（株）大阪北郵便局　私書箱室一九三号
E-mail➡saitoon@sea.plala.or.jp（齋藤）

死刑廃止フォーラムinおおさか

二〇二一年の死刑廃止フォーラムinおおさかは、昨年と同様で、コロナ以前は毎月一回していた定例会を極力減らし、とはいえ獄中の方々のお楽しみの越年カンパとメンバーからの夏の御中元の発送はコロナ感染のマシな頃を見計らい行えました。大阪拘置所前のお花見も、少し前に出所された方も参加され天候にも恵

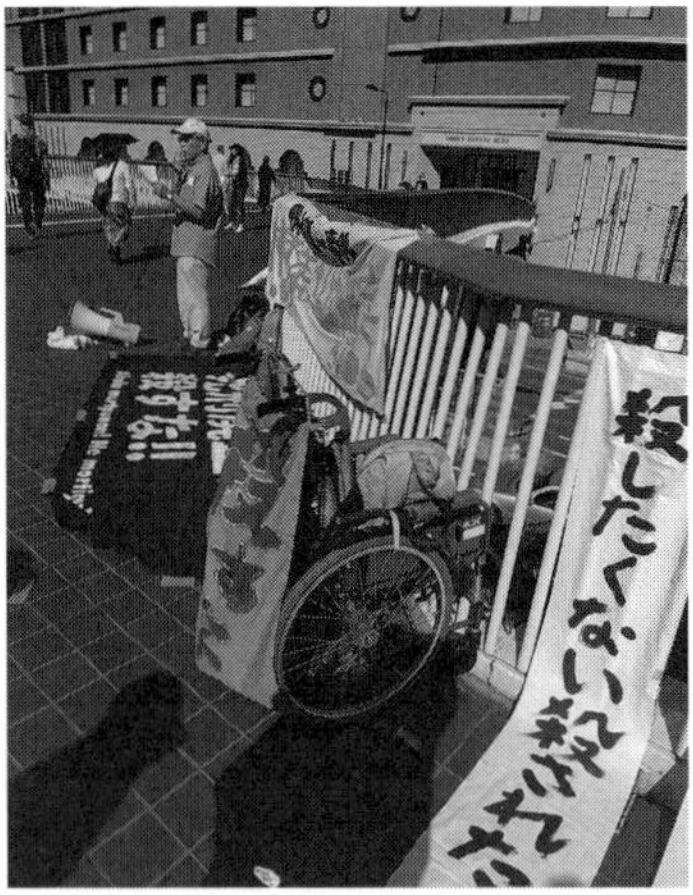

まれ、夕方のラジオが止まる時に死刑確定者の方々に向けて激励行動しました。コロナ禍で人との関わりがしづらい中毎月メンバーのカンパで現在二〇人居る死刑囚にハガキの便りをしています。ハガキそのものは彼等の手に渡らない現状ですが、そのうちそれも可能になるように働きかけて行きたいと思っています。新メンバーは歓迎します。

住所➡〒530-0047　大阪市北区西天満一―一一―二〇　イトーピア西天満ソアーズタワー九〇四　中道法律事務所気付

公益社団法人アムネスティ・インターナショナル日本・死刑廃止ネットワークセンター大阪

アムネスティ大阪事務所を拠点にして、日本と世界の死刑廃止を目指して活動しているチームです。主な活動内容は月1回の定例会。チームのメンバーで死刑問題を中心に情報を交換し、勉強会を行っています。また、毎月第三木曜日と土曜日には「死刑廃止を考える入門セミナー」を実施し、死刑問題に関心をもっていただいた方々に死刑廃止を訴えるセミナーを実施しています。最近は高校生や大学生の参加者も増えてきました。五月と十一月には「死刑廃止ニューススペシャル」を発行し、日本における死刑廃止活動の報告、世界の死刑に関する情報、死刑についての本や映画の紹介を行っています。また東京チームや死刑問題に関心のある方々からの寄稿文も掲載しています。昨年一二月には同志社大学神学部教授の小原克博先生を講師に、大本教誨師会幹事長の高木日出喜先生をゲストスピーカーにお招きして、「死刑制度と良心—良心はいかにかかわるのか—」と題された講演会をオンラインで実施しました。この講演会を通じて、日本が未だ死刑廃止国になれない要因として何が問題であるのか、そして私たちはどうするべきなのか等々について考える機会が持てました。残念ながら日本は、世界の死刑廃止への大きな潮流からは全く逆行していると言っても過言ではありません。日本および世界の存置国の執行停止のため、そして死刑廃止のために一体私たちにができるのかと常に模索しています。死刑問題に関心のある方、ぜひ一度ご連絡ください。

死刑廃止 NEWS スペシャル
アムネスティ・インターナショナル日本
No.64 May 2022

・表紙・キャプション　チッチ松戸 …… 2
・イベント報告：小原克博オンライン講演会「死刑制度と良心‐良心はいかに関わるのか‐」 3
・死刑廃止活動 ともに歩んだ 30 年！ ～罪を犯した人の命・人権・尊厳にもっと光を～ …… 5
・「高校生が死刑制度について考える」～大阪弁護士会の取り組みの紹介～ …… 10
・大逆事件に償う 司法はどう対応したのか …… 12
・死刑を見る 『白い牛のバラッド』 …… 15
・死刑を読む 『死刑制度と刑罰理論』 …… 17
・アムネスティ死刑関連ニュースリリース（2021 年 11 月～2022 年 4 月） …… 21

連絡先➡公益社団法人　アムネスティ・インターナショナル日本　大阪事務所・死刑廃止ネットワークセンター大阪
〒541-0045　大阪市中央区道修町三—三—一〇　日宝道修町ビル三〇二
TEL➡06-6227-8991　FAX➡06-6227-8992
E-mail➡shihaiamnesty@yahoo.co.jp

死刑廃止国際条約の批准を求める四国フォーラム

住所➡〒791-0129　愛媛県松山市川の郷町今治谷
TEL・FAX➡089-977-5340
E-mail➡imabaridani@river.ocn.ne.jp

死刑廃止・タンポポの会

こんにちは、死刑廃止・タンポポの会です。福岡で何とか死刑廃止に向けた活動を継続しています。
毎月の例会では福岡拘置所の死刑確定者についてを中心に検討、「わたげ通信」の発行、世界死刑廃止デーの取り組み、一一月の福岡の死刑確定者全員へのカンパ差し入れなどです。

二〇二一年一二月二一日に死刑執行がありました。新型コロナの影響で刑務官の確保が難しく死刑執行もできないのではと勝手に思っていましたが、三人も執行されました。以前のように「執行だ」「抗議行動だ！」と行動しにくくなっているのはわたしたちのほうでした。

二〇二二年二月一九日に福岡県弁護士会主催で、長塚洋監督の「望むのは死刑ですか　オウム「「大執行」と私」の上映会がありました。タンポポの会で映画製作カンパをしていましたので、久しぶりに長塚監督に挨拶しました。翌日はタンポポメンバーが呼びかけていた上映会が北九州でもあり、盛況でした。

福岡拘置所の奥本章寛さんが色鉛筆訴訟をしていますが、東京での裁判で、カンパくらいしかできていません。福岡拘置所の倉吉政隆さんの再審請求支援をしていますが、直接交流ができていなくて、再審請求代理人の山崎吉男弁護士に手紙が届きます。手紙には、拘置所の物品販売が世間とかけ離れて高価でなんとかならないかとよく書かれています。他の拘置所はどうでしょうか？

二〇二一年の世界死刑廃止デーは、一〇月九日に天神で「世界死刑廃止デーサイレント・スタンディング」と、正に新型コロナに対応したイベントになりましたが、大分県からの参加者もあり、賑やかなアピールとなりました。二〇二二年は、「飯塚事件30年」ということで、講演会を準備中です。

死刑執行は七月二六日にもありましたが、今後も地道に活動を続けていきます。

住所➡〒812-0024　福岡市博多区綱場町
九―二八―七〇三　山崎方
TEL➡070-5488-1765

◉個人救援会は除いています。今後も各地の情報をお寄せください。

死刑廃止国際条約の批准を求める

FORUM90

地球が決めた死刑廃止

〒107-0052 東京都港区赤坂 2-14-13 港合同法律事務所気付
TEL：03-3585-2331　FAX：03-3585-2330
振替口座：郵便振替 00180-1-80456
加入者名：フォーラム 90

死刑廃止国際条約の批准を求める
FORUM90
地球が決めた死刑廃止
VOL.183　頒価 300円
2022年9月15日発行
フォーラム90実行委員会
TEL03-3585-2331 FAX03-3585-2330
加入者名：フォーラム90

加藤智大さんの執行
古川禎久法相、辞めぎわに二度目の死刑執行

加藤さんを執行してもなに一つ変わらない
安田好弘（フォーラム90、弁護士）

響かせあおう死刑廃止の声 2022
死刑囚最期の声を聴く
10月9日（日）13時（開会）星陵会館

死刑囚表現展 2022
10月14日（金）～16日（日）松本治一郎記念会館

1

183 号（2022.9.15）

加藤さんを執行してもなに一つ変わらない　安田好弘
ロスジェネ世代の死刑執行　雨宮処凛
あまりにも無意味な死刑執行　香山リカ
死刑確定者の独居拘禁と監視カメラによる撮影を廃止せよ　NPO 法人監獄人権センター（CPR）／国際人権連盟（FIDH）
10 月集会・死刑囚表現展予告／死刑日録
インフォメーション

182 号（2022.7.30）

死刑廃止国際条約の批准を求める請願署名運動を始めます
議員とともに、死刑廃止へ！「死刑制度を考える議員と市民の対話集会」報告
stop!　再審請求中の死刑執行／即日告知・即日執行
死刑囚の絵展　カフェ・テアトロ・アビエルト報告
ブックレビュー／死刑日録／インフォメーション

181 号（2022.4.25）

死刑制度を考える議員と市民の対話集会
無法状態下の死刑をなくそう　安田好弘
執行された藤城さんとの交流　片岡健
私の関わった死刑裁判　村木一郎
奪われる、いのちを守る権利　岩井信
死刑日録
第 11 回死刑映画週間『免田栄さんを知っていますか』報告　アンケートから
インフォメーション

180 号（2022.1.15）

死刑制度維持のため 3 人の命を奪う 法務省は頽廃の極みにある！
死刑日録
第 11 回死刑映画週間プログラム
司法がつくる差別、司法がただす差別　SUGIZO、徳田靖之、青木理、ジョー横溝
「告知当日の死刑執行は違憲」 国賠と「受忍義務不存在確認」を提訴
オンライン集会　免田栄さんを偲ぶ会　報告　石川顕
死刑囚表現展 2021　入場者アンケートから
2022 年、パリの展覧会で、日本の死刑囚 14 人の作品を展示　太田昌国
インフォメーション

179 号（2021.10.30）

年末の死刑執行を阻止し 2021 年を執行ゼロの年に！
惜別　免田栄さん、志賀節さん、江田五月さん、左藤恵さん
死刑日録
コロナ禍のなかの死刑囚の表現　香山リカ・嶋田美子・中村一成・太田昌国
フランスで死刑制度廃止 40 周年の式典　及川健二
ロベール・バダンテール元司法相インタビュー「死刑廃止という信念が私にはありました」
インフォメーション

178 号（2021.9.15）

響かせあおう死刑廃止の声 2021「司法が作る差別、司法がただす差別」
死刑廃止のために国際社会の連携を求めて「死刑廃止国際条約発効」30 周年記念企画
死刑廃止議員連盟を振り返って　保坂展人
ブックレビュー／死刑日録
〔資料〕「死刑廃止を推進する議員連盟」のあゆみ
インフォメーション

＊＊＊＊＊＊＊＊＊＊＊＊＊＊

本誌のお申し込みはホームページからどうぞ。ご希望の方にはメール配信も行なっております。QR コードもご利用ください。

93年3月26日以降の死刑確定囚（アミは被執行者及び獄死者）（作成・フォーラム90）

氏名　拘置先 判決日	事件名（事件発生日） 生年月日	備考
尾田　信夫　福岡 70.11.12 最高裁 70. 3.20 福岡高裁 68.12.24 福岡地裁	川端町事件 (66.12.5) 1946年9月19日生まれ	死因の一つとされる放火を否認して再審請求中。98年10月29日最高裁は再審請求棄却に対する特別抗告を棄却、その中で「一部無罪」も再審請求は可能と判断。
奥西　勝（享年89歳） 15.10. 4 八王子医療刑務所で病死 72. 6.15 最高裁 69. 9.10 名古屋高裁　死刑 64.12.23 津地裁　無罪	名張毒ぶどう酒事件 (61.3.28) 1926年1月1日生まれ	一審無罪、高裁で逆転死刑に。05年4月、7次再審が認められたが、検察の異議申立で06年12月再審開始取消決定。10年4月最高裁、名古屋高裁へ差戻決定。12年5月名古屋高裁、再審開始取消決定。13年10月最高裁特別抗告棄却。15年第9次再審請求中に病死。同年11月6日、妹が第10次再審請求。
冨山　常喜（享年86歳） 03. 9. 3 東京拘置所で病死 76. 4. 1 最高裁（藤林益三） 73. 7. 6 東京高裁（堀義次） 71.12.24 水戸地裁土浦支部 （田上輝彦）	波崎事件 (63.8.26) 1917年4月26日生まれ	物証も自白も一切なし。 再審請求中に病死。
大濱　松三　東京 77. 4.16 控訴取下げ 75.10.20 横浜地裁小田原支部	ピアノ殺人事件 (74.8.28) 1928年6月4日生まれ	精神鑑定次第で減刑もありえた。本人控訴取下げで死刑確定。
近藤　清吉（享年55歳） 93. 3.26 仙台拘置支所にて執行 80. 4.25 最高裁（栗木一夫） 77. 6.28 仙台高裁 74. 3.29 福島地裁白河支部	山林売買強殺事件等 (70.7/71.5)	1件を否認、4回にわたって自力で再審請求。
袴田　巖　釈放 80.11.19 最高裁（宮崎梧一） 76. 5.18 東京高裁（横川敏雄） 68. 9.11 静岡地裁（石見勝四）	袴田事件 (66.6.30) 1936年3月10日生まれ	一審以来無実を主張。14年3月27日静岡地裁再審開始決定。同日釈放。18年6月11日、東京高裁、再審開始決定取り消し。20年12月22日、最高裁、高裁へ差し戻す決定。ニュースとして「さいしん」「無罪」「袴田ネット通信」などがある。
小島　忠夫（享年61歳） 93.11.26 札幌拘置支所にて執行 81. 3.19 最高裁（藤崎万里） 77. 8.23 札幌高裁 75. 9. 釧路地裁	釧路一家殺人事件 (74.8.7)	責任能力の認定等で再審請求、棄却。
小野　照男（享年62歳） 99.12.17 福岡拘置所にて執行 81. 6.16 最高裁（環昌一） 79. 9. 福岡高裁 78. 9. 長崎地裁	長崎雨宿り殺人事件 (77.9.24)	最高裁から無実を主張、自力で18年にわたり再審請求。初めて弁護人がつき、再審請求を申し立てた4日後に執行。

立川修二郎（享年62歳） 93. 3.26 大阪拘置所にて執行 81. 6.26 最高裁（木下忠良） 79.12.18 高松高裁 76. 2.18 松山地裁	保険金目当実母殺人事件等 (71.1/72.7)	一部無実を主張。
関　幸生（享年47歳） 93.11.26 東京拘置所にて執行 82. 9. 東京高裁（内藤丈夫） 79. 5.17 東京地裁（金隆史）	世田谷老女強殺事件 (77.12.3)	上告せず確定。
藤岡　英次（享年40歳） 95. 5.26 大阪拘置所にて執行 83. 4.14 徳島地裁（山田真也）	徳島老人殺人事件等 (78.11/12.16)	控訴せず確定。
出口　秀夫（享年70歳） 93.11.26 大阪拘置所にて執行 84. 4.27 最高裁（牧圭次） 80.11.28 大阪高裁 78. 2.23 大阪地裁（浅野芳朗）	大阪電解事件 (74.7.10/10.3)	
坂口　徹（享年56歳） 93.11.26 大阪拘置所にて執行 84. 4.27 最高裁（牧圭次） 80.11.18 大阪高裁 78. 2.23 大阪地裁（浅野芳朗）	大阪電解事件 (74.7.10/10.3)	
川中　鉄夫（享年48歳） 93. 3.26 大阪拘置所にて執行 84. 9.13 最高裁（矢口洪一） 82. 5.26 大阪高裁（八木直道） 80. 9.13 神戸地裁（高橋通延）	広域連続殺人事件 (75.4.3 ～)	精神病の疑いがあるにもかかわらず執行。
安島　幸雄（享年44歳） 94.12. 1 東京拘置所にて執行 85. 4.26 最高裁（牧圭次） 80. 2.20 東京高裁（岡村治信） 78. 3. 8 前橋地裁（浅野達男）	群馬3女性殺人事件 (77.4.16)	養父母との接見交通禁止に対しての国賠訴訟中の処刑。
佐々木和三（享年65歳） 94.12. 1 仙台拘置支所にて執行 85. 6.17 青森地裁	青森旅館主人他殺人事件 (84.9.9)	弁護人控訴の翌日、本人取下げで確定。
須田　房雄（享年64歳） 95. 5.26 東京拘置所にて執行 87. 1 控訴取下げ確定 86.12.22 東京地裁（高島英世）	裕士ちゃん誘拐殺人事件 (86.5.9)	本人の控訴取下げで確定。
大道寺将司（享年68歳） 17. 5.24 東京拘置所にて病死 87. 3.24 最高裁（伊藤正己） 82.10.29 東京高裁（内藤丈夫） 79.11.12 東京地裁（簑原茂広）	連続企業爆破事件 (71.12 ～ 75.5) 1948年6月5日生まれ	「共犯」は「超法規的措置」により国外へ。交流誌「キタコブシ」が出ていた。著書『死刑確定中』、句集『鴉の目』『棺一基』『残の月』などがある。
益永　利明　東京 87. 3.24 最高裁（伊藤正己） 82.10.29 東京高裁（内藤丈夫） 79.11.12 東京地裁（簑原茂広）	連続企業爆破事件 (71.12 ～ 75.5) 1948年6月1日生まれ	旧姓片岡。「共犯」は「超法規的措置」により国外へ。国賠多数提訴。交流誌「ごましお通信」が出ていた。著書『爆弾世代の証言』がある。
井田　正道（享年56歳） 98.11.19 名古屋拘置所にて執行 87. 4.15 上告せず確定 87. 3.31 名古屋高裁（山本卓） 85.12. 5 名古屋地裁（鈴木雄八郎）	名古屋保険金殺人事件 (79.11 ～ 83.12) 1942年6月27日生まれ	上告せず確定。「共犯」の長谷川は93年に確定。

木村　修治（享年 45 歳） 95.12.21 名古屋拘置所にて執行 87. 7. 9 最高裁（大内恒夫） 83. 1.26 名古屋高裁（村上悦夫） 82. 3.23 名古屋地裁（塩見秀則）	女子大生誘拐殺人事件 （80.12.2） 1950 年 2 月 5 日生まれ	恩赦出願したが、その決定が代理人に通知されないままの処刑。著書に『本当の自分を生きたい』がある。
秋山　芳光（享年 77 歳） 06.12.25 東京拘置所にて執行 87. 7.17 最高裁（香川保一） 80. 3.27 東京高裁（千葉和郎） 76.12.16 東京地裁	秋山兄弟事件 （75.8.25）	殺人未遂等を否認して再審請求。棄却。
田中　重穂（享年 69 歳） 95. 5.26 東京拘置所にて執行 87.10.23 最高裁（香川保一） 81. 7. 7 東京高裁（市川郁雄） 77.11.18 東京地裁八王子支部	東村山署警察官殺人事件 （76.10.18） 1929 年 7 月 13 日生まれ	旧姓・小宅。
平田　直人（享年 63 歳） 95.12.21 福岡拘置所にて執行 87.12.18 最高裁（牧圭次） 82. 4.27 福岡高裁（平田勝雅） 80.10. 2 熊本地裁（辻原吉勝）	女子中学生誘拐殺人事件 （79.3.28） 1932 年 1 月 1 日生まれ	事実誤認があるとして再審請求、棄却。
浜田　武重（享年 90 歳） 17. 6.26 福岡拘置所にて病死 88. 3. 8 最高裁（伊藤正己） 84. 6.19 福岡高裁（山本茂） 82. 3.29 福岡地裁（秋吉重臣）	3 連続保険金殺人事件 （78.3 ～ 79.5） 1927 年 3 月 10 日生まれ	3 件中 2 件については無実を主張。
杉本　嘉昭（享年 45 歳） 96. 7.11 福岡拘置所にて執行 88. 4.15 最高裁（香川保一） 84. 3.14 福岡高裁（緒方誠哉） 82. 3.16 福岡地裁小倉支部 （佐野精孝）	福岡病院長殺人事件 （79.11.4）	被害者 1 人で 2 名に死刑判決。自力で再審請求をしていたらしいが、詳細は不明。
横山　一美（享年 59 歳） 96. 7.11 福岡拘置所にて執行 88. 4.15 最高裁（香川保一） 84. 3.14 福岡高裁（緒方誠哉） 82. 3.16 福岡地裁小倉支部 （佐野精孝）	福岡病院長殺人事件 （79.11.4）	被害者 1 人で 2 名に死刑判決。再審請求を準備していた。
綿引　　誠（享年 74 歳） 13. 6.23 東京拘置所にて病死 88. 4.28 最高裁（角田礼次郎） 83. 3.15 東京高裁（萱野英男） 80. 2. 8 水戸地裁（大関隆夫）	日立女子中学生誘拐殺人事件 （78.10.16） 1939 年 3 月 25 日生まれ	再審請求中に病死。
篠原徳次郎（享年 68 歳） 95.12.21 東京拘置所にて執行 88. 6.20 最高裁（奥野久之） 85. 1.17 東京高裁（小野慶二） 83.12.26 前橋地裁（小林宣雄）	群馬 2 女性殺人事件 （81.10、82.7）	無期刑の仮釈放中の事件。
渡辺　　清　　　　大阪 88. 6. 2 最高裁（高島益郎） 78. 5.30 大阪高裁　死刑 （西村哲夫） 75. 8.29 大阪地裁　無期 （大政正一）	4 件殺人事件 （67.4.24 ～ 73.3） 1948 年 3 月 17 日生まれ	一審は無期懲役判決。4 件中 2 件は無実と主張。

石田三樹男（享年 48 歳） 96. 7.11 東京拘置所にて執行 88. 7. 1 最高裁（奥野久之） 84. 3.15 東京高裁（寺沢栄） 82.12. 7 東京地裁（大関規雄）	神田ビル放火殺人事件 （81.7.6）	起訴から高裁判決まで 1 年半というスピード裁判。
日高　安政（享年 54 歳） 97. 8. 1 札幌拘置支所にて執行 88.10.11 控訴取下げ 87. 3. 9 札幌地裁（鈴木勝利）	保険金目当て放火殺人事件 （84.5.5） 1944 年生まれ	恩赦を期待して控訴を取り下げた。放火は認めているが、殺意は否認。
日高　信子（享年 51 歳） 97. 8. 1 札幌拘置支所にて執行 88.10.11 控訴取下げ 87. 3. 9 札幌地裁（鈴木勝利）	保険金目当て放火殺人事件 （84.5.5） 1947 年生まれ	恩赦を期待して控訴を取り下げた。放火は認めているが、殺意は否認。
平田　光成（享年 60 歳） 96.12.20 東京拘置所にて執行 88.10.22 上告取下げ 82. 1.21 東京高裁（市川郁雄） 80. 1.18 東京地裁（小野幹雄）	銀座ママ殺人事件他 （78.5.21/6.10）	恩赦を期待して上告を取下げ、死刑確定。「共犯」の野口は 90 年 2 月死刑確定。
今井　義人（享年 55 歳） 96.12.20 東京拘置所にて執行 88.10.22 上告取下げ 85.11.29 東京高裁（内藤丈夫） 84. 6. 5 東京地裁（佐藤文哉）	元昭石重役一家殺人事件 （83.1.29）	事件から二審判決まで 2 年。恩赦を期待してか上告取下げ、死刑確定。
西尾　立昭（享年 61 歳） 98.11.19 名古屋拘置所にて執行 89. 3.28 最高裁（安岡満彦） 81. 9.10 名古屋高裁 80. 7. 8 名古屋地裁	日建土木事件 （77.1.7） 1936 年 12 月 18 日生まれ	「共犯」とされる山根は無実を主張したが、最高裁で異例の無期懲役に減刑判決。
石田　富蔵（享年 92 歳） 14. 4.19 東京拘置所にて病死 89. 6.13 最高裁（坂上寿夫） 82.12.23 東京高裁（菅間英男） 80. 1.30 浦和地裁（杉山英巳）	2 女性殺人事件 （73.8.4/74.9.13） 1921 年 11 月 13 日生まれ	1 件の強盗殺人事件の取り調べ中に他の傷害致死事件を自ら告白、これが殺人とされた。前者の強殺事件は冤罪を主張。再審請求中に病死。
藤井　政安　　　　東京 89.10.13 最高裁（貞家克己） 82. 7. 1 東京高裁（船田三雄） 77. 3.31 東京地裁（林修）	関口事件 （70.10 ～ 73.4） 1942 年 2 月 23 日生まれ	旧姓関口。
神田　英樹（享年 43 歳） 97. 8. 1 東京拘置所にて執行 89.11.20 最高裁（香川保一） 86.12.22 東京高裁（萩原太郎） 86. 5.20 浦和地裁（杉山忠雄）	父親等 3 人殺人事件 （85.3.8）	控訴から二審判決まで半年、上告後 3 年で死刑確定。
宇治川　正（享年 62 歳） 13.11.15 東京拘置所にて病死 89.12. 8 最高裁（島谷六郎） 83.11.17 東京高裁（山本茂） 79. 3.15 前橋地裁（浅野達男）	2 女子中学生殺人事件等 （76.4.1） 1951 年 6 月 29 日生まれ	旧姓田村。覚醒剤の影響下での事件。再審請求中に病死。交流誌「ひよどり通信」が出ていた。
野口　　悟（享年 50 歳） 96.12.20 東京拘置所にて執行 90. 2. 1 最高裁（四ツ谷巌） 82. 1.21 東京高裁（市川郁雄） 80. 1.18 東京地裁（小野幹雄）	銀座ママ殺人事件他 （78.5.21/6.10）	「共犯」の平田光成は上告取下げで 88 年に確定。

金川　一　福岡 90. 4. 3 最高裁（安岡満彦） 83. 3.17 福岡高裁 死刑（緒方誠哉） 82. 6.14 熊本地裁八代支部 無期（河上元康）	主婦殺人事件 (79.9.11) 1950年7月7日生まれ	一審途中から無実を主張、一審は無期懲役判決。客観的証拠なし。
永山　則夫（享年48歳） 97. 8. 1 東京拘置所にて執行 90. 4.17 最高裁（安岡満彦） 87. 3.18 東京高裁　死刑 （石田穣一） 83. 7. 8 最高裁　無期破棄差戻 （大橋進） 81. 8.21 東京高裁　無期 （船田三雄） 79. 7.10 東京地裁　死刑	連続射殺事件 (68.10.11 ～ 11.5) 1949年6月27日生まれ	犯行時19歳。『無知の涙』『人民をわすれたカナリアたち』『愛か無か』『動揺記』『反—寺山修司論』『木橋』『ソオ連の旅芸人』『捨て子ごっこ』『死刑の涙』『なぜか、海』『異水』『日本』『華』など多数の著作がある。没後永山子ども基金設立。ペルーの貧しい子どもたちに支援をつづける。
村竹　正博（享年54歳） 98. 6.25 福岡拘置所にて執行 90. 4.27 最高裁（藤島昭） 85.10.18 福岡高裁　死刑 （桑原宗朝） 83. 3.30 長崎地裁佐世保支部 無期（亀井義朗）	長崎3人殺人事件等 (78.3.21) 1944年3月30日生まれ	一審の情状をくんだ無期判決が高裁で逆転、死刑判決に。
晴山　広元（享年70歳） 04. 6. 4 札幌刑務所で病死 90. 9.13 最高裁（角田礼次郎） 79. 4.12 札幌高裁　死刑 76. 6.24 札幌地裁岩見沢支部 無期	空知2女性殺人事件等 (72.5 ～ 74.5) 1934年5月8日生まれ	自白のみで物証もなく、違法捜査による自白として無実を主張。一審は無期懲役判決。再審請求中に病死。
荒井　政男（享年82歳） 09. 9. 3 東京拘置所にて病死 90.10.16 最高裁（坂上寿夫） 84.12.18 東京高裁（小野慶二） 76. 9.25 横浜地裁横須賀支部 （秦不二雄）	三崎事件 (71.12.21) 1927年2月4日生まれ	一審以来無実を主張。再審請求中に病死。家族が再審を引きつぐ。救援会の機関誌「潮風」。
武安　幸久（享年66歳） 98. 6.25 福岡拘置所にて執行 90.12.14 最高裁（中島敏次郎） 86.12. 2 福岡高裁 （永井登志彦）	直方強盗女性殺人事件 (80.4.23) 1932年6月20日生まれ	無期刑の仮釈放中の事件。
諸橋　昭江（享年75歳） 07. 7.17 東京拘置所にて病死 91. 1.31 最高裁（四ツ谷巌） 86. 6. 5 東京高裁（寺沢栄） 80. 5. 6 東京地裁（小林充）	夫殺人事件他 (74.8.8/78.4.24) 1932年3月10日生まれ	夫殺しは無実を主張。再審請求中に病死。
島津　新治（享年66歳） 98. 6.25 東京拘置所にて執行 91. 2. 5 最高裁（可部恒雄） 85. 7. 8 東京高裁（柳瀬隆治） 84. 1.23 東京地裁（田尾勇）	パチンコ景品商殺人事件 (83.1.16) 1931年12月28日生まれ	無期刑の仮釈放中の事件。

津田　暎（享年59歳） 98.11.19 広島拘置所にて執行 91. 6.11 最高裁（園部逸夫） 86.10.21 広島高裁（久安弘一） 85. 7.17 広島地裁福山支部（雑賀飛龍）	学童誘拐殺人事件 (84.2.13) 1939年8月15日生まれ	刑確定後、俳句の投稿を禁止された。
佐川　和男（享年48歳） 99.12.17 東京拘置所にて執行 91.11.29 最高裁（藤島昭） 87. 6.23 東京高裁（小野慶二） 82. 3.30 浦和地裁（米沢敏雄）	大宮母子殺人事件 (81.4.4) 1951年3月21日生まれ	「共犯」者は逃亡中に病死。
佐々木哲也　東京 92. 1.31 最高裁（大堀誠一） 86. 8.29 東京高裁（石丸俊彦） 84. 3.15 千葉地裁（太田浩）	両親殺人事件 (74.10.30) 1952年9月14日生まれ	無実を主張。
佐藤　真志（享年62歳） 99. 9.10 東京拘置所にて執行 92. 2.18 最高裁（可部恒雄） 85. 9.17 東京高裁（寺沢栄） 81. 3.16 東京地裁（松本時夫）	幼女殺人事件 (79.7.28) 1937年3月12日生まれ	無期刑の仮釈放中の事件。
高田　勝利（享年61歳） 99. 9.10 仙台拘置支所にて執行 92. 7　控訴せず確定 92. 6.18 福島地裁郡山支部（慶田康男）	飲食店女性経営者殺人事件 (90.5.2) 1938年4月27日生まれ	無期刑の仮釈放中の事件。控訴せず確定。
森川　哲行（享年69歳） 99. 9.10 福岡拘置所にて執行 92. 9.24 最高裁（大堀誠一） 87. 6.22 福岡高裁（浅野芳朗） 86. 8. 5 熊本地裁（荒木勝己）	熊本母娘殺人事件 (85.7.24) 1930年4月10日生まれ	無期刑の仮釈放中の事件。
名田　幸作（享年56歳） 07. 4.27 大阪拘置所にて執行 92. 9.29 最高裁（貞家克己） 87. 1.23 大阪高裁（家村繁治） 84. 7.10 神戸地裁姫路支部（藤原寛）	赤穂同僚妻子殺人事件 (83.1.19) 1950年6月17日生まれ	
坂口　弘　東京 93. 2.19 最高裁（坂上寿夫） 86. 9.26 東京高裁（山本茂） 82. 6.18 東京地裁（中野武男）	連合赤軍事件 (71 ～ 72.2) 1946年11月12日生まれ	「共犯」は「超法規的措置」により国外へ。著書『坂口弘歌稿』『あさま山荘 1972』、歌集『常しへの道』『暗黒世紀』など。
永田　洋子（享年65歳） 11. 2. 6 東京拘置所にて病死 93. 2.19 最高裁（坂上寿夫） 86. 9.26 東京高裁（山本茂） 82. 6.18 東京地裁（中野武男）	連合赤軍事件 (71 ～ 72.2) 1945年2月8日生まれ	「共犯」は「超法規的措置」により国外へ。著書『十六の墓標』『私生きてます』など多数。再審請求中に病死。
澤地　和夫（享年69歳） 08.12.16 東京拘置所にて病死 93. 7　上告取下げ 89. 3.31 東京高裁（内藤丈夫） 87.10.30 東京地裁（中山善房）	山中湖連続殺人事件 (84.10) 1939年4月15日生まれ	上告を取下げて、確定。再審請求中に病死。『殺意の時』『東京拘置所　死刑囚物語』『なぜ死刑なのですか』など著書多数。「共犯」の猪熊は95年7月確定。
藤波　芳夫（享年75歳） 06.12.25 東京拘置所にて執行 93. 9. 9 最高裁（味村治） 87.11.11 東京高裁（岡田満了） 82. 2.19 宇都宮地裁（竹田央）	覚醒剤殺人事件 (81.3.29) 1931年5月15日生まれ	覚醒剤と飲酒の影響下で、元妻の家族を殺害。

長谷川敏彦（享年 51 歳） 01.12.27 名古屋拘置所にて執行 93. 9.21 最高裁（園部逸夫） 87. 3.31 名古屋高裁（山本卓） 85.12. 5 名古屋地裁 （鈴木雄八郎）	名古屋保険金殺人事件 （79.11 〜 83.12）	旧姓竹内。「共犯」の井田は上告せず 87 年確定。最高裁判決で大野正男裁判官の補足意見が出る。事件の被害者遺族が死刑執行をしないでと上申書を提出して恩赦出願したが、98 年に不相当。
牧野　　正（享年 58 歳） 09. 1.29 福岡拘置所にて執行 93.11.16 控訴取下げ 93.10.27 福岡地裁小倉支部 （森田富人）	北九州母娘殺人事件 （90.3） 1950 年 3 月 18 日生まれ	無期刑の仮釈放中の事件。一審弁護人控訴を本人が取下げ、確定。二審弁護人不在のまま本人が取り下げたことが問題。公判再開請求が最高裁で棄却。
太田　勝憲（享年 55 歳） 99.11. 8 札幌拘置支所で自殺 93.12.10 最高裁（大野正男） 87. 5.19 札幌高裁（水谷富茂人） 84. 3.23 札幌地裁（安藤正博）	平取猟銃一家殺人事件 （79.7.18）	自殺。
藤原　清孝（享年 52 歳） 00.11.30 名古屋拘置所にて執行 94. 1.17 最高裁（小野幹雄） 88. 5.19 名古屋高裁 （吉田誠吾） 86. 3.24 名古屋地裁（橋本享典）	連続殺人 113 号事件 （72.9 〜 82.10） 1948 年 8 月 29 日生まれ	旧姓勝田。著書に『冥晦に潜みし日々』がある。
宮脇　　喬（享年 57 歳） 00.11.30 名古屋拘置所にて執行 94. 3.18 上告取下げ 90. 7.16 名古屋高裁 （吉田誠吾） 89.12.14 岐阜地裁（橋本達彦）	先妻家族 3 人殺人事件 （89.2.14） 1943 年 7 月 26 日生まれ	事件から二審判決まで 1 年 4 か月というスピード判決。3 人のうち 2 人は傷害致死を主張。上告を取下げ確定。
大森　勝久　　　　札幌 94. 7.15 最高裁（大西勝也） 88. 1.21 札幌高裁 （水谷富茂人） 83. 3.29 札幌地裁（生島三則）	北海道庁爆破事件 （76.3.2） 1949 年 9 月 7 日生まれ	一貫して無実を主張。
大石　国勝（享年 55 歳） 00.11.30 福岡拘置所にて執行 95. 4.21 最高裁（中島敏次郎） 89.10.24 福岡高裁（丸山明） 87. 3.12 佐賀地裁（早船嘉一）	隣家親子 3 人殺人事件 （82.5.16） 1945 年 1 月 10 日生まれ	事件当時「精神障害」だったとして責任能力について争ったが認められず。
藤島　光雄（享年 55 歳） 13.12.12 東京拘置所にて執行 95. 6. 8 最高裁（高橋久子） 88.12.15 東京高裁（石丸俊彦） 87. 7. 6 甲府地裁（古口満）	2 連続殺人事件 （86.3.6/3.11） 1958 年 4 月 22 日生まれ	事件から 1 年数か月で一審判決という拙速裁判。
猪熊　武夫　　　　東京 95. 7. 3 最高裁（大西勝也） 89. 3.31 東京高裁（内藤丈夫） 87.10.30 東京地裁（中山善房）	山中湖連続殺人事件 （84.10） 1949 年 7 月 2 日生まれ	「共犯」澤地は上告取下げで、93年7月に死刑確定、08年病死。
池本　　登（享年 75 歳） 07.12.07 大阪拘置所にて執行 96. 3. 4 最高裁（河合伸一） 89.11.28 高松高裁　死刑 （村田晃） 88.3.22 徳島地裁　無期 （山田真也）	猟銃近隣 3 人殺人事件 （86.6.3） 1932 年 12 月 22 日生まれ	一審は無期懲役判決、高裁で死刑判決。

山野静二郎　　　　大阪 96.10.25 最高裁（福田博） 89.10.11 大阪高裁（西村清治） 85. 7.22 大阪地裁（池田良兼）	不動産会社連続殺人事件 (82.3) 1938 年 7 月 31 日生まれ	重大な事実誤認を主張。著書『死刑囚の祈り』『死刑囚の叫び』。支援会誌「オリーブ通信」。
朝倉幸治郎（享年 66 歳） 01.12.27 東京拘置所にて執行 96.11.14 最高裁（高橋久子） 90. 1.23 東京高裁（高木典雄） 85.12.20 東京地裁（柴田孝夫）	練馬一家 5 人殺人事件 (83.6.28)	
向井　伸二（享年 42 歳） 03. 9.12 大阪拘置所にて執行 96.12.17 最高裁（尾崎行信） 90.10. 3 大阪高裁（池田良兼） 88. 2.26 神戸地裁（加藤光康）	母子等 3 人殺人事件 (85.11.29/12.3) 1961 年 8 月 17 日生まれ	
中元　勝義（享年 64 歳） 08. 4.10 大阪拘置所にて執行 97. 1.28 最高裁（可部恒雄） 91.10.27 大阪高裁（池田良兼） 85. 5.16 大阪地裁堺支部 （重富純和）	宝石商殺人事件 (82.5.20) 1943 年 12 月 24 日生まれ	殺人については無実を主張。再審請求、棄却。
松原　正彦（享年 63 歳） 08. 2. 1 大阪拘置所にて執行 97. 3. 7 最高裁（根岸重治） 92. 1.23 高松高裁（村田晃） 90. 5.22 徳島地裁（虎井寧夫）	2 主婦連続強盗殺人事件 (88.4.18/88.6.1) 1944 年 3 月 19 日生まれ	
大城　英明　　　　福岡 97. 9.11 最高裁（藤井正雄） 91.12. 9 福岡高裁（雑賀飛龍） 85. 5.31 福岡地裁飯塚支部 （松信尚章）	内妻一家 4 人殺人事件 (76.6.13) 1942 年 3 月 10 日生まれ	旧姓秋好。4 人のうち 3 人殺害は内妻の犯行と主張。島田荘司著『秋好事件』『秋好英明事件』。HP は「WS 刊島田荘司」上にある。
神宮　雅晴　　　　大阪 97.12.19 最高裁（園部逸夫） 93. 4.30 大阪高裁 （村上保之助） 88.10.25 大阪地裁（青木暢茂）	警察庁指定 115 号事件 (84.9.4 他) 1943 年 1 月 5 日生まれ	旧姓廣田。無実を主張。
春田　竜也（享年 36 歳） 02. 9.18 福岡拘置所にて執行 98. 4.23 最高裁（遠藤光男） 91. 3.26 福岡高裁（前田一昭） 88. 3.30 熊本地裁（荒木勝己）	大学生誘拐殺人事件 (87.9.14 ～ 9.25) 1966 年 4 月 18 日生まれ	旧姓田本。一審は異例のスピード審理。
浜田　美輝（享年 43 歳） 02. 9.18 名古屋拘置所にて執行 98. 6. 3 控訴取下げ 98. 5.15 岐阜地裁（沢田経夫）	一家 3 人殺人事件 (94.6.3)	本人控訴取下げで、死刑確定。
宮崎　知子　　　　名古屋 98. 9. 4 最高裁（河合伸一） 92. 3.31 名古屋高裁金沢支部 （浜田武律） 88. 2. 9 富山地裁（大山貞雄）	富山・長野 2 女性殺人事件 (80.2.23 ～ 3.6)	真犯人は別人と主張。
柴嵜　正一　　　　東京 98. 9.17 最高裁（井嶋一友） 94. 2.24 東京高裁（小林充） 91. 5.27 東京地裁（中山善房）	中村橋派出所 2 警官殺人事件 (89.5.16) 1969 年 1 月 1 日生まれ	

村松誠一郎　　　　　東京 98.10. 8 最高裁（小野幹雄） 92. 6.29 東京高裁（新谷一信） 85. 9.26 浦和地裁（林修）	宮代事件等 （80.3.21） 1956 年 5 月 17 日生まれ	宮代事件は無実を主張。
松本美佐雄　　　　　東京 98.12. 1 最高裁（元原利文） 94. 9.29 東京高裁（小林充） 93. 8.24 前橋地裁高崎支部 （佐野精孝）	2 人殺人 1 人傷害致死、死体遺棄事件 （90.12/91.7） 1965 年 2 月 20 日生まれ	1 件の殺人について否認。他の 1 件については共犯者の存在を主張。
高田和三郎（享年 88 歳） 20.10.17 東京拘置所にて病死 99. 2.25 最高裁（小野幹雄） 94. 9.14 東京高裁（小泉祐康） 86. 3.28 浦和地裁（杉山忠雄）	友人 3 人殺人事件 （72.2 ～ 74.2） 1932 年 8 月 17 日生まれ	真犯人は別人と主張。
嶋﨑　末男（享年 59 歳） 04. 9.14 福岡拘置所にて執行 99. 3. 9 最高裁（千種秀夫） 95. 3.16 福岡高裁　死刑 （池田憲義） 92. 11.30 熊本地裁　無期	熊本保険金殺人事件	一審は無期懲役判決。高裁で死刑判決。
福岡　道雄（享年 64 歳） 06.12.25 大阪拘置所にて執行 99. 6.25 最高裁（福田博） 94. 3. 8 高松高裁（米田俊昭） 88. 3. 9 高知地裁（田村秀作）	3 件殺人事件 （78.12/80.4/81.1） 1942 年 7 月 13 日生まれ	無実を主張。
松井喜代司（享年 69 歳） 17.12.19 東京拘置所にて執行 99. 9.13 最高裁（大出峻郎） 95.10. 6 東京高裁（小泉祐康） 94.11. 9 前橋地裁高崎支部 （佐野精孝）	安中親子 3 人殺人事件 （94.2.13） 1948 年 1 月 23 日生まれ	再審請求中に執行。
北川　　晋（享年 58 歳） 05. 9.16 大阪拘置所にて執行 00. 2. 4 最高裁（北川弘治） 95. 3.30 高松高裁（米田俊昭） 94. 2.23 高知地裁（隅田景一）	高知・千葉殺人事件 （83.8.16/86.2.6） 1947 年 5 月 21 日生まれ	
日高　広明（享年 44 歳） 06.12.25 広島拘置所にて執行 00. 2. 9 広島地裁（戸倉三郎）	4 女性強盗殺人事件 （96）	控訴せず確定。
小田　義勝（享年 59 歳） 07. 4.27 福岡拘置所にて執行 00. 3.15 福岡地裁（陶山博生）	2 件保険金殺人事件	弁護人の控訴を 00 年 3 月 30 日に本人が取下げ確定。
松本　健次　　　　　大阪 00. 4. 4 最高裁（奥田昌道） 96. 2.21 大阪高裁（朝岡智幸） 93. 9.17 大津地裁（土井仁臣）	2 件強盗殺人事件 （90.9/91.9） 1951 年 2 月 3 日生まれ	「主犯」の兄は事件後自殺。
田中　政弘（享年 42 歳） 07. 4.27 東京拘置所にて執行 00. 9. 8 最高裁（河合伸一） 95.12.20 東京高裁（佐藤文哉） 94. 1.27 横浜地裁（上田誠治）	4 人殺人事件 （84.11/88.3/89.6/91.3） 1964 年 9 月 12 日生まれ	旧姓宮下。4 人のうち 2 人の殺人を否認。再審請求が棄却され恩赦出願を準備中に執行。

竹澤一二三（享年69歳） 07. 8.23 東京拘置所にて執行 00.12.11 東京高裁（高橋省吾） 98. 3.24 宇都宮地裁 （山田公一）	栃木県3人殺人事件 (90.9.13/93.7.28)	嫉妬妄想による犯行と弁護側主張。上告せず死刑が確定。
瀬川　光三（享年60歳） 07. 8.23 名古屋拘置所にて執行 01. 1.30 最高裁（元原利文） 97. 3.11 名古屋高裁金沢支部 （高木實） 93. 7.15 富山地裁（下山保男）	富山夫婦射殺事件 (91.5.7)	
岩本　義雄（享年63歳） 07. 8.23 東京拘置所にて執行 01. 2. 1 東京地裁（木村烈）	2件強盗殺人事件 (96.6/97.7)	弁護人が控訴したが、本人が控訴を取下げ、死刑確定。
上田　　大（享年33歳） 03. 2.28 名古屋拘置所で病死 01. 9.20 最高裁（藤井正雄） 96. 7. 2 名古屋高裁 （松本光雄） 94. 5.25 名古屋地裁一宮支部 （伊藤邦晴）	愛知2件殺人事件 (93.2.16/3.3)	
S・T（享年44歳） 17.12.19 東京拘置所にて執行 01.12. 3 最高裁（亀山継夫） 96. 7. 2 東京高裁（神田忠治） 94. 8. 8 千葉地裁（神作良二）	市川一家4人殺人事件 (92.3.5) 1973年1月30日生まれ	犯行時19歳の少年。再審請求中に執行。
萬谷　義幸（享年68歳） 08. 9.11 大阪拘置所にて執行 01.12. 6 最高裁（深沢武久） 97. 4.10 大阪高裁（内匠和彦） 91. 2. 7 大阪地裁（米田俊昭）	地下鉄駅短大生殺人事件 (88.1.15) 1940年1月24日生まれ	無期刑の仮釈放中の事件。
陳　代　偉　　　　東京 02. 6.11 最高裁（金谷利広） 98. 1.29 東京高裁（米沢敏雄） 95.12.15 東京地裁八王子支部 （豊田建）	パチンコ店強盗殺人事件 (92.5.30) 1961年2月13日生まれ	中国国籍。定住以外の外国人の死刑確定は戦後初めて。主犯格国外逃亡中。取調べ時拷問を受け、自白を強要された。強盗殺人の共謀と殺意の不在を主張。通訳の不備が問題となる。
何　　　力　　　　東京 02. 6.11 最高裁（金谷利広） 98. 1.29 東京高裁（米沢敏雄） 95.12.15 東京地裁八王子支部 （豊田建）	パチンコ店強盗殺人事件 (92.5.30) 1964年10月3日生まれ	同上。
横田　謙二　　　　東京 02.10. 5 上告取下げ 02. 9.30 東京高裁　死刑 （高橋省吾） 01. 6.28 さいたま地裁　無期	知人女性殺人事件 (99.1) 1949年5月23日生まれ	無期刑の仮釈放中の事件。一審は無期懲役判決。弁護人の上告を本人が取下げ。
府川　博樹（享年42歳） 07.12. 7 東京拘置所にて執行 03. 1. 5 上告取下げ 01.12.19 東京高裁（高橋省吾） 01. 3.21 東京地裁（木村烈）	江戸川老母子強盗殺人事件 (99.4) 1965年6月6日生まれ	異例のスピード裁判。上告を取下げ死刑確定。

宅間　　守（享年40歳） 04. 9.14 大阪拘置所にて執行 03. 9.26 控訴取下げ 03. 8.28 大阪地裁（川合昌幸）	池田小児童殺傷事件 （01.6.8）	一審弁護人の控訴を本人が取下げて、死刑確定。確定から執行までわずか1年。
黄　奕　善　　　　東京 04. 4.19 最高裁（島田仁郎） 98. 3.26 東京高裁（松本時夫） 96. 7.19 東京地裁（阿部文洋）	警視庁指定121号事件 （93.10.27 〜 12.20） 1968年12月14日生まれ	中国系のマレーシア国籍。「共犯」の松沢は05年9月確定。強盗殺人の共謀と殺意の不存在を主張。
石橋　栄治（享年72歳） 09.10.27 東京拘置所にて病死 04. 4.27 最高裁（藤田宙靖） 99. 4.28 東京高裁　死刑 （佐藤文哉） 96. 3. 8 横浜地裁小田原支部 無期　（萩原孟）	神奈川2件強盗殺人事件 （88.12.28/89.1.1） 1937年10月25日生まれ	一審では、2件のうち1件を無罪として無期懲役判決。再審請求中に病死。
藤間　静波（享年47歳） 07.12. 7 東京拘置所にて執行 04. 6.15 最高裁（浜田邦夫） 00. 1.24 東京高裁（荒木友雄） 88. 3.10 横浜地裁（和田保）	母娘他5人殺人事件 （81.5/82.5/82.6） 1960年8月21日生まれ	本人が控訴を取下げたが弁護人が異議申立。特別抗告が認められ「控訴取下は無効」とされ、控訴審が再開された。
岡﨑　茂男（享年60歳） 14. 6.24 東京拘置所にて病死 04. 6.25 最高裁（北川弘治） 98. 3.17 仙台高裁（泉山禎治） 95. 1.27 福島地裁 （井野場明子）	警察庁指定118号事件 （86.7/89.7/91.5） 1953年6月30日生まれ	殺人の被害者2人で3人に死刑判決。再審請求中に病死。
迫　　康裕（享年73歳） 13. 8.15 仙台拘置支所にて病死 04. 6.25 最高裁（北川弘治） 98. 3.17 仙台高裁（泉山禎治） 95. 1.27 福島地裁 （井野場明子）	警察庁指定118号事件 （86.7/89.7/91.5） 1940年7月25日生まれ	殺人の被害者2人で3人に死刑判決。殺人に関しては無罪主張。再審請求中に病死。
熊谷　昭孝（享年67歳） 11. 1.29 入院先の病院で病死 04. 6.25 最高裁（北川弘治） 98. 3.17 仙台高裁（泉山禎治） 95. 1.27 福島地裁 （井野場明子）	警察庁指定118号事件 （86.7/89.7/91.5） 1943年2月10日生まれ	殺人の被害者2人で3人に死刑判決。再審請求中に病死。
名古　圭志（享年37歳） 08. 2. 1 福岡拘置所にて執行 04. 8.26 控訴取下げ 04. 6.18 鹿児島地裁（大原英雄）	伊仙母子殺傷事件 （02.8.16） 1970年5月7日生まれ	本人控訴取下げで死刑確定。
中村　正春（享年61歳） 08. 4.10 大阪拘置所にて執行 04. 9. 9 最高裁（島田仁郎） 99.12.22 大阪高裁（河上元康） 95. 5.19 大津地裁（中川隆司）	元同僚ら2人殺人事件 （89.10.10/12.26） 1947年3月11日生まれ	
岡本　啓三　（享年60歳） 18. 12.27 大阪拘置所にて執行 04. 9.13 最高裁（福田博） 99. 3. 5 大阪高裁（西田元彦） 95. 3.23 大阪地裁（谷村充祐）	コスモ・リサーチ殺人事件 （88.1.29） 1958年9月3日生まれ	旧姓河村。著書に『こんな僕でも生きてていいの』『生きる』『落伍者』がある。再審請求中の執行。

末森　博也（享年67歳） 18. 12.27 大阪拘置所にて執行 04. 9.13 最高裁（福田博） 99. 3. 5 大阪高裁（西田元彦） 95. 3.23 大阪地裁（谷村充祐）	コスモ・リサーチ殺人事件 （88.1.29） 1951年9月16日生まれ	
持田　孝（享年65歳） 08. 2. 1 東京拘置所にて執行 04.10.13 最高裁（滝井繁男） 00. 2.28 東京高裁　死刑 （仁田陸郎） 99. 5.27 東京地裁　無期 （山室恵）	前刑出所後、被害届を出した女性への逆恨み殺人事件 （97.4） 1942年5月15日生まれ	一審は無期懲役判決。
坂本　正人（享年41歳） 08. 4.10 東京拘置所にて執行 04.11.13 上告せず確定 04.10.29 東京高裁 死刑（白木勇） 03.10.09 前橋地裁　無期 （久我泰博）	群馬女子高生誘拐殺人事件 （02.7.19） 1966年5月19日生まれ	一審は無期懲役判決。上告せず、死刑確定。被害者は1名。
坂本　春野（享年83歳） 11. 1.27 大阪医療刑務所にて病死 04.11.19 最高裁（津野修） 00. 9.28 高松高裁（島敏男） 98. 7.29 高知地裁（竹田隆）	2件保険金殺人事件 （87.1.17/92.8.19） 1927年6月21日生まれ	確定判決時77歳。無実を主張。病死。
倉吉　政隆　　　　福岡 04.12. 2 最高裁（泉徳治） 00. 6.29 福岡高裁（小出錞一） 99. 3.25 福岡地裁（仲家暢彦）	福岡・大牟田男女2人殺人事件他 （95.4） 1951年7月2日生まれ	
森本　信之　　　　名古屋 04.12.14 最高裁（金谷利広） 01. 5.14 名古屋高裁 （堀内信明） 00. 3. 1 津地裁（柴田秀樹）	フィリピン人2女性殺人事件 （98.12）	2人の共犯のうち、1人は公判途中で死亡。もう1人は二審で無期懲役に減刑。
山崎　義雄（享年73歳） 08. 6.17 大阪拘置所にて執行 05. 1.25 最高裁（上田豊三） 00.10.26 高松高裁死刑（島敏男） 97. 2.18 高松地裁　無期 （重古孝郎）	保険金殺人事件（仙台・高松） （85.11/90.3） 1935年6月10日生まれ	一審は無期懲役判決。
間中　博巳　　　　東京 05. 1.27 最高裁（才口千晴） 01. 5. 1 東京高裁（河辺義正） 94. 7. 6 水戸地裁下妻支部 （小田部米彦）	同級生2人殺人事件 （89.8/9.13） 1967年12月6日生まれ	
秋永　　香（享年61歳） 08. 4.10 東京拘置所にて執行 05. 3. 3 最高裁（泉徳治） 01. 5.17 東京高裁　死刑 （吉本徹也） 99. 3.11 東京地裁　無期 （山崎学）	資産家老女ら2人殺人事件 （89.10） 1946年12月14日生まれ	旧姓岡下。一審は無期懲役判決。1件については否認。歌集に『終わりの始まり』がある。
宮前　一明（享年57歳） 18. 7.26 名古屋拘置所にて執行 05. 4. 7 最高裁（島田仁郎） 01.12.13 東京高裁（河辺義正） 98.10.23 東京地裁（山室恵）	坂本弁護士一家殺人事件等 （89.11.4 他） 1960年10月8日生まれ	旧姓佐伯→岡崎。自首は認めたが減刑せず。2018年3月、名古屋へ移送。

西川　正勝（享年 61 歳） 17. 7.13 大阪拘置所にて執行 05. 6. 7 最高裁（浜田邦夫） 01. 6.20 大阪高裁（河上元康） 95. 9.12 大阪地裁（松本芳希）	警察庁指定 119 号事件 (91.11.13 ～ 92.1.5) 1956 年 1 月 14 日生まれ	強盗殺人は否認、強盗殺人未遂は殺意を否認。再審請求中の執行。
鎌田　安利（享年 75 歳） 16. 3.25 大阪拘置所にて執行 05. 7. 8 最高裁（福田博） 01. 3.27 大阪高裁（福島裕） 99. 3.24 大阪地裁（横田伸之）	警察庁指定 122 号事件 5 人女性殺人 (85 ～ 94) 1940 年 7 月 10 日生まれ	2 件に分けてそれぞれに死刑判決。一部無実を主張。
高根沢智明（享年 44 歳） 21. 12.21 東京拘置所にて執行 05. 7.13 控訴取下げ 04. 3.26 さいたま地裁 （川上拓一）	パチンコ店員連続殺人事件 (03.2.23/4.1)	「共犯」の小野川は 09 年 6 月確定。本人の控訴取下げに弁護人が異議申立。05 年 11 月 30 日に確定。
松沢　信一　　　東京 05. 9.16 最高裁（中川了滋） 01. 5.30 東京高裁（龍岡資晃） 98. 5.26 東京地裁（阿部文洋）	警視庁指定 121 号事件 (93.10.27 ～ 12.20)	旧姓下山。判決では主導的役割を認定された。「共犯」の黄は 04 年 4 月確定。
堀江　守男　　　仙台 05. 9.26 最高裁（今井功） 91. 3.29 仙台高裁（小島達彦） 88. 9.12 仙台地裁（渡辺建夫）	老夫婦殺人事件 (86.2.20) 1950 年 12 月 29 日生まれ	被告が心神喪失状態にあるか否かが争点となり、5 年の公判停止後、訴訟能力ありとして公判が再開された。
陸田　真志（享年 37 歳） 08. 6.17 東京拘置所にて執行 05.10.17 最高裁（泉徳治） 01. 9.11 東京高裁（高木俊夫） 98. 6. 5 東京地裁（岩瀬徹）	ＳＭクラブ連続殺人事件 (95.12.21) 1970 年 9 月 24 日生まれ	著書に『死と生きる―獄中哲学対話』(池田晶子と共著)がある。
上田　宜範　　　大阪 05.12.15 最高裁（横尾和子） 01. 3.15 大阪高裁（栗原宏武） 98. 3.20 大阪地裁（湯川哲嗣）	愛犬家ら 5 人連続殺人事件 (92 ～ 93) 1954 年 8 月 14 日生まれ	無実を主張。
宮崎　　勤（享年 45 歳） 08. 6.17 東京拘置所にて執行 06. 1.17 最高裁（藤田宙靖） 01. 6.28 東京高裁（河辺義正） 97. 4.14 東京地裁（田尾健二郎）	埼玉東京連続幼女殺人事件 (88.8 ～ 89.6) 1962 年 8 月 21 日生まれ	著書に『夢のなか』『夢のなか、いまも』がある。
田中　毅彦　　　大阪 06. 2.14 最高裁（上田豊三） 01.12.25 大阪高裁　死刑 （池田真一） 00. 3.16 大阪地裁　無期 （古川博）	右翼幹部らと 2 人殺人事件 (92.2/94.4) 1963 年 7 月 13 日生まれ	一審は無期懲役判決。旧姓久堀。
山口　益生　　　名古屋 06. 2.24 最高裁（今井功） 01. 6.14 名古屋高裁　死刑 （小島裕史） 99. 6.23 津地裁差戻審　無期 （柴田秀樹） 97. 9.25 名古屋高裁（土川孝二） 死刑判決破棄差戻し 97. 3.28 津地裁四日市支部 死刑（柄多貞介）	古美術商ら 2 人殺人事件 (94.3 ～ 95.3) 1949 年 11 月 16 日生まれ	「共犯」は、02 年、上告中に病死。第 1 次名古屋高裁判決は、利害の反する 2 人の被告に 1 人の弁護人では訴訟手続上不備として、支部判決を破棄、差戻審は無期懲役判決。その後第 2 次名古屋高裁判決で 2 人に死刑判決。

豊田　義己　　　　名古屋 06. 3. 2 最高裁（横尾和子） 02. 2.28 名古屋高裁（堀内信明） 00. 7.19 名古屋地裁（山本哲一）	静岡、愛知 2 女性殺害事件 (96.8/97.9) 1944 年 1 月 31 日生まれ	静岡の事件は否認。
山本　峰照（享年 68 歳） 08. 9.11 大阪拘置所にて執行 06. 3.21 控訴取下げ 06. 3.20 神戸地裁（笹野明義）	老夫婦強盗殺人事件 (04.7.22) 1940 年 4 月 2 日生まれ	期日間整理手続きが適用され 4 回の公判で死刑判決。弁護人が控訴したが、翌日本人が取下げ。06 年 4 月 4 日に確定。
高橋　和利（享年 87 歳） 21. 10. 8 東京拘置所にて病死 06. 3.28 最高裁（堀籠幸男） 02.10.30 東京高裁（中西武夫） 95. 9. 7 横浜地裁（上田誠治）	横浜金融業夫婦殺人事件 (88.6.20) 1934 年 4 月 28 日生まれ	無罪を主張。「死刑から高橋和利さんを取り戻す会」の会報がある。著書に『「鶴見事件」抹殺された真実』がある。
川村　幸也（享年 44 歳） 09. 1.29 名古屋拘置所にて執行 06. 6. 9 最高裁（今井功） 03. 3.12 名古屋高裁（川原誠） 02. 2.21 名古屋地裁（片山俊雄）	2 女性ドラム缶焼殺事件 (00.4.4) 1964 年 3 月 23 日生まれ	4 人に死刑求刑、2 名は無期懲役。再審請求、棄却。
佐藤　哲也（享年 39 歳） 09. 1.29 名古屋拘置所にて執行 06. 6. 9 最高裁（今井功） 03. 3.12 名古屋高裁（川原誠） 02. 2.21 名古屋地裁（片山俊雄）	2 女性ドラム缶焼殺事件 (00.4.4) 1969 年 10 月 17 日生まれ	旧姓野村。4 人に死刑求刑、2 名は無期懲役。08 年 7 月、再審請求取下げ。
中山　　進（享年 66 歳） 14. 5.15 大阪拘置所にて病死 06. 6.13 最高裁（堀籠幸男） 03.10.27 大阪高裁（浜井一夫） 01.11.20 大阪地裁（氷室真）	豊中 2 人殺人事件 (98.2.19) 1948 年 1 月 13 日生まれ	無期刑の仮釈放中の事件。再審請求中に病死。
陳　　徳通（享年 40 歳） 09. 7.28 東京拘置所にて執行 06. 6.27 最高裁（藤田宙靖） 03. 2.20 東京高裁（須田賢） 01. 9.17 横浜地裁川崎支部 （羽渕清司）	川崎中国人 3 人殺人事件 (99.5.25) 1968 年 4 月 20 日生まれ	中国国籍。重大な事実誤認があり、強盗殺人の殺意の不在を主張。
平野　　勇（享年 61 歳） 08. 9.11 東京拘置所にて執行 06. 9. 1 最高裁（中川了滋） 02. 7. 4 東京高裁（安弘文夫） 00. 2.17 宇都宮地裁 （肥留間健一）	夫婦殺人放火事件 (94.12) 1948 年 2 月 10 日生まれ	放火と殺意について否認。
江東　　恒　　　　大阪 06. 9. 7 最高裁（甲斐中辰夫） 03. 1.20 大阪高裁（那須彰） 01. 3.22 大阪地裁堺支部 （湯川哲嗣）	堺夫婦殺人事件 (97.10.30) 1942 年 7 月 21 日生まれ	
久間三千年（享年 70 歳） 08. 10.28 福岡拘置所にて執行 06. 9. 8 最高裁（滝井繁男） 01.10.10 福岡高裁（小出錞一） 99. 9.29 福岡地裁（陶山博生）	飯塚 2 女児殺人事件 (92.2) 1938 年 1 月 9 日生まれ	一貫して無実を主張。09 年 10 月、21 年 7 月、家族が再審請求。

松本智津夫（享年 63 歳） 18. 7. 6 東京拘置所にて執行 06. 9.15 最高裁特別抗告棄却 06. 5.29 東京高裁異議申立棄却 06. 3.27 東京高裁控訴棄却決定（須田贒） 04. 2.27 東京地裁（小川正持）	坂本事件、松本・地下鉄サリン事件等 （89.2 〜 95.3） 1955 年 3 月 2 日生まれ。	オウム真理教「教祖」麻原彰晃。弁護団の控訴趣意書の提出遅延を理由に、抜き打ちで控訴棄却決定。一審の審理のみで死刑が確定。第四次再審請求中の執行。
石川　恵子　　　　福岡 06. 9.21 最高裁（甲斐中辰夫） 03. 3.27 福岡高裁宮崎支部（岩垂正起） 01. 6.20 宮崎地裁（小松平内）	宮崎 2 女性殺人事件 （96.8/97.6） 1958 年 5 月 23 日生まれ	一部無罪を主張。
小林　　薫（享年 44 歳） 13. 2. 21 大阪拘置所にて執行 06.10.10 控訴取下げ 06. 9.26 奈良地裁（奥田哲也）	奈良市女児誘拐殺人事件 （04.11.17） 1968 年 11 月 30 日生まれ	本人控訴取下げ。弁護人が 07 年 6 月 16 日控訴取下げ無効の申立。08 年 4 月棄却。恩赦不相当の 2 週間後の執行。
長　　勝久　　　　東京 06.10.12 最高裁（才口千晴） 03. 9.10 東京高裁（白木勇） 01.12.18 宇都宮地裁（比留間健一）	栃木・妻と知人殺人事件 （88.10 〜 89.11） 1966 年 9 月 11 日生まれ	無実を主張。
高橋　義博（享年 71 歳） 21. 2. 3 東京拘置所で病死 06.10.26 最高裁（島田仁郎） 03. 4.15 東京高裁（須田贒） 00. 8.29 横浜地裁（矢村宏）	医師ら 2 人強盗殺人事件 （92.7） 1949 年 9 月 16 日生まれ	殺人に関しては無罪を主張。実行犯 3 人は無期懲役。
朴　　日光（享年 61 歳） 09. 1. 4 福岡拘置所にて病死 06.11.24 最高裁（中川了滋） 03. 3.28 福岡高裁（虎井寧夫） 99. 6.14 福岡地裁（仲家暢彦）	タクシー運転手殺人事件他 （95.1.12/1.28） 1946 年 12 月 7 日生まれ	名古屋の事件は知人の犯行、福岡の事件は薬物の影響による心神喪失等を主張。再審請求中に病死。
高塩　正裕（享年 55 歳） 08. 10.28 仙台拘置支所にて執行 06.12.20 上告取下げ 06.12. 5 仙台高裁（田中亮一）死刑 06. 3.22 福島地裁いわき支部（村山浩昭）無期	いわき市母娘強盗殺人事件 （04.3.18） 1953 年 6 月 21 日生まれ	一審は無期懲役判決。上告を取下げて確定。
西本正二郎（享年 32 歳） 09. 1.29 東京拘置所にて執行 07. 1.11 控訴取下げ 06. 5.17 長野地裁（土屋靖之）	愛知・長野連続殺人事件 （04.1.13 〜 9.7） 1976 年 10 月 22 日生まれ	本人控訴取下げ。
松本　和弘　　　　名古屋 07. 1.30 最高裁（上田豊三） 03. 7. 8 名古屋高裁（小出錞一） 02. 1.30 名古屋地裁一宮支部（丹羽日出夫）	マニラ連続保険金殺人事件 （94.12 〜 95.6） 1954 年 6 月 25 日生まれ	双子の兄弟と友人の 3 人が共謀したとされるが、3 人とも「病死」を主張してマニラの事件を否認。
松本　昭弘（享年 61 歳） 16. 1.22 名古屋拘置所にて病死 07. 1.30 最高裁（上田豊三） 03. 7. 8 名古屋高裁（小出錞一） 02. 1.30 名古屋地裁一宮支部（丹羽日出夫）	マニラ連続保険金殺人・長野殺人事件 （94.12 〜 96.5） 1954 年 6 月 25 日生まれ	同上。病死。

下浦　栄一　　　　大阪 07. 1.30 最高裁（上田豊三） 03. 7. 8 名古屋高裁（小出錞一） 02. 1.30 名古屋地裁一宮支部 （丹羽日出夫）	マニラ連続保険金殺人・長野殺人事件 (94.12 ～ 96.5) 1971 年 3 月 9 日生まれ	同上。
松田　康敏（享年 44 歳） 12. 3.29 福岡拘置所にて執行 07. 2. 6 最高裁（那須弘平） 04. 5.21 福岡高裁宮崎支部 （岡村稔） 03. 1.24 宮崎地裁（小松平内）	宮崎 2 女性強盗殺人事件 (01.11.25/12.7) 1968 年 2 月 23 日生まれ	
篠澤　一男（享年 59 歳） 10. 7.28 東京拘置所にて執行 07. 2.20 最高裁（那須弘平） 03. 4.23 東京高裁（高橋省吾） 02. 3.19 宇都宮地裁 （肥留間健一）	宇都宮宝石店 6 人放火殺人事件 (00.6.11) 1951 年 3 月 13 日生まれ	
加納　恵喜（享年 62 歳） 13. 2.21 名古屋拘置所にて執行 07. 3.22 最高裁（才口千晴） 04. 2. 6 名古屋高裁　死刑 （小出錞一） 03. 5.15 名古屋地裁　無期 （伊藤新一）	名古屋スナック経営者殺人事件 (02.3.14) 1950 年 3 月 12 日生まれ	旧姓武藤。一審は無期懲役判決。
小林　光弘（享年 56 歳） 14. 8.29 仙台拘置支所にて執行 07. 3.27 最高裁（上田豊三） 04. 2.19 仙台高裁（松浦繁） 03. 2.12 青森地裁（山内昭善）	弘前武富士放火殺人事件 (01.5.8) 1958 年 5 月 19 日生まれ	第三次再審特別抗告棄却の 3 週間後の執行。
西山　省三　　　　広島 07. 4.10 最高裁（堀籠幸男） 04. 4.23 広島高裁　死刑 （久保真人） 99.12.10 最高裁、検事上告を受けて高裁に差し戻し 97. 2. 4 広島高裁　無期 94. 9.30 広島地裁　無期	老女殺人事件 (92.3.29) 1953 年 1 月 13 日生まれ	無期刑の仮釈放中の事件。一・二審は無期懲役判決。97 ～ 98 年の 5 件の検察上告中、唯一高裁差し戻しとなったケース。
造田　　博　　　　東京 07. 4.19 最高裁（横尾和子） 03. 9.29 東京高裁（原田国男） 02. 1.18 東京地裁 （大野市太郎）	東京・池袋「通り魔」殺傷事件 (99.9.8)	
山地悠紀夫（享年 25 歳） 09. 7.28 大阪拘置所にて執行 07. 5.31 控訴取下げ 06.12.13 大阪地裁（並木正男）	大阪市姉妹強盗殺人事件 (05.11.17) 1983 年 8 月 21 日生まれ	本人控訴取下げ。
中原　澄男　　　　福岡 07. 6.12 最高裁（上田豊三） 05. 4.12 福岡高裁（虎井寧夫） 03. 5. 1 福岡地裁（林秀文）	暴力団抗争連続殺人事件 (97.10.6/10.13) 1947 年 6 月 3 日生まれ	無罪を主張。
薛　　松　　　　東京 07. 6.19 最高裁（藤田宙靖） 04. 1.23 東京高裁（白木勇） 02. 2.22 さいたま地裁 （川上拓一）	春日部中国人夫婦殺人事件 (00.9)	中国国籍。事実誤認あり、量刑不当を主張。

浜川　邦彦　　　　　名古屋 07. 7. 5 最高裁（甲斐中辰夫） 04. 3.22 名古屋高裁（小出一） 02.12.18 津地裁（天野登喜治）	三重男性 2 人射殺事件 (94.7.19/11.20) 1960 年 4 月 10 日生まれ	無実を主張。
前上　　博（享年 40 歳） 09. 7.28 大阪拘置所にて執行 07. 7. 5 控訴取下げ 07. 3.28 大阪地裁（水島和男）	自殺サイト利用 3 人連続殺人事件（05.2.19 ～ 6 月） 1968 年 8 月 20 日生まれ	本人控訴取下げ。
尾形　英紀（享年 33 歳） 10. 7.28 東京拘置所にて執行 07. 7.18 控訴取下げ 07. 4.26 さいたま地裁 （飯田喜信）	熊谷男女 4 人拉致殺傷事件 (03.8.18) 1977 年 7 月 20 日生まれ	本人控訴取下げ。
横山　真人（享年 54 歳） 18. 7.26 名古屋拘置所にて執行 07. 7.20 最高裁（中川了滋） 03. 5.19 東京高裁（原田国男） 99. 9.30 東京地裁（山崎学）	地下鉄サリン事件等 (95.3.20 他) 1963 年 10 月 19 日生まれ	18 年 3 月、東京から名古屋に移送。第一次再審請求即時抗告中の執行。
後藤　良次　　　　　東京 07. 9.28 最高裁（津野修） 04. 7. 6 東京高裁（山田利夫） 03. 2.24 宇都宮地裁（飯渕進）	宇都宮・水戸殺人事件 (00.7.30/8.20) 1958 年 7 月 24 日生まれ	05 年 10 月に、99 ～ 00 年に他の 3 件の殺人事件に関わったと上申書で告白。その事件では 09 年 6 月 30 日水戸地裁で懲役 20 年の判決、12 年最高裁で確定。
端本　　悟（享年 51 歳） 18. 7.26 東京拘置所にて執行 07.10.26 最高裁（津野修） 03. 9.18 東京高裁（仙波厚） 00. 7.25 東京地裁（永井敏雄）	坂本弁護士一家殺人事件 松本サリン事件等 (89.11/95.3.20 他) 1967 年 3 月 23 日生まれ	
畠山　鐵男（享年 74 歳） 17. 9.16 東京拘置所にて病死 07.11. 1 控訴取下げ 07. 3.22 千葉地裁（根本渉）	警視庁指定 124 号事件 (04.8.5 ～ 11.22) 1943 年 4 月 17 日生まれ	旧姓小田島。控訴を取下げ確定。「共犯」の守田は 11 年 11 月に死刑確定。
庄子　幸一（享年 64 歳） 19. 8. 2 東京拘置所にて執行 07.11. 6 最高裁（藤田宙靖） 04. 9. 7 東京高裁（安広文夫） 03. 4.30 横浜地裁（田中亮一）	大和連続主婦殺人事件 (01.8.29/9.19) 1954 年 10 月 28 日生まれ	共犯者は無期判決（死刑求刑）。再審請求中の執行。死後『深海魚　響野湾子短歌集』『響野湾子俳句集　千年の鯨の泪櫻貝』刊行。
古澤　友幸（享年 46 歳） 12. 3.29 東京拘置所にて執行 07.11.15 最高裁（甲斐中辰夫） 05. 5.24 東京高裁（安広文夫） 04. 3.30 横浜地裁（小倉正三）	横浜一家 3 人刺殺事件 (02.7.31) 1965 年 4 月 7 日生まれ	
宇井錂次（享年 68 歳） 08. 2. 7 大阪医療刑務所で病死 07.11.15 最高裁（甲斐中辰夫） 04. 2.25 広島高裁岡山支部 （安原浩） 03. 5.21 岡山地裁（榎本巧）	女性殺人事件 (01.8.9)	無期刑の仮釈放中の事件。病死。
外尾　計夫　　　　　福岡 08. 1.31 最高裁（涌井紀夫） 04. 5.21 福岡高裁（虎井寧夫） 03. 1.31 長崎地裁（山本恵三）	父子保険金殺人事件 (92.9.11/98.10.27) 1947 年 7 月 11 日生まれ	「共犯」は一審死刑判決だったが、高裁で無期に。

小池　泰男（享年 60 歳） 18. 7.26 仙台拘置支所にて執行 08. 2.15 最高裁（古田佑紀） 03.12. 5 東京高裁（村上光鵄） 00. 6.29 東京地裁（木村烈）	松本・地下鉄サリン事件等 (94.6.27/95.3.20 他) 1957 年 12 月 15 日生まれ	旧姓林。18 年 3 月、東京から仙台へ移送。第一次再審請求の特別抗告中に執行。
服部　純也（享年 40 歳） 12. 8. 3 東京拘置所にて執行 08. 2.29 最高裁（古田佑紀） 05. 3.29 東京高裁　死刑 （田尾健二郎） 04. 1.15 静岡地裁沼津支部 無期（高橋祥子）	三島短大生焼殺事件 (02.1.23) 1972 年 2 月 21 日生まれ	一審は無期懲役判決。
長谷川静央　　東京 08. 3.17 上告取下げ 07. 8.16 東京高裁（阿部文洋） 07. 1.23 宇都宮地裁 （池本寿美子）	宇都宮実弟殺人事件 (05.5.8) 1942 年 8 月 6 日生まれ	無期刑の仮釈放中の事件。上告を取下げ確定。
松村恭造（享年 31 歳） 12. 8. 3 大阪拘置所にて執行 08. 4. 8 控訴取下げ 08. 3.17 京都地裁（増田耕兒）	京都・神奈川親族殺人事件 (07.1.16/1.23) 1981 年 8 月 3 日生まれ	控訴を取下げ確定。
山本　開一（享年 62 歳） 10. 1. 2 東京拘置所にて病死 08. 4.24 最高裁（才口千晴） 06. 9.28 東京高裁（阿部文洋） 05. 9. 8 さいたま地裁 （福崎伸一郎）	組員 5 人射殺事件 (03.12.14) 1947 年 4 月 2 日生まれ	病死。
加賀　聖商　　東京 08. 6. 5 最高裁（才口千晴） 05. 7.19 東京高裁（須田賢） 04. 2. 4 横浜地裁（小倉正三）	伊勢原母子殺人事件 (01.8.4) 1961 年 4 月 30 日生まれ	
上部　康明（享年 48 歳） 12. 3.29 広島拘置所にて執行 08. 7.11 最高裁（今井功） 05. 6.28 広島高裁（大渕敏和） 02. 9.20 山口地裁下関支部 （並木正男）	下関駅 5 人殺害 10 人傷害事件 (99.9.29) 1964 年 3 月 6 日生まれ	一審の精神鑑定では、心神耗弱とするものと責任能力があるとするものに結果が分かれたが、判決は責任能力を認めた。
八木　茂　　東京 08. 7.17 最高裁（泉徳治） 05. 1.13 東京高裁（須田賢） 02.10. 1 さいたま地裁 （若原正樹）	埼玉保険金殺人（2 件） 同未遂事件（1 件） (95.6.3 〜 99.5.29) 1950 年 1 月 10 日生まれ	無実を主張。共犯者の調書が有罪の証拠とされた。
江藤　幸子（享年 65 歳） 12. 9. 27 仙台拘置支所にて執行 08. 9.16 最高裁（藤田宙靖） 05.11.22 仙台高裁（田中亮一） 02. 5.10 福島地裁（原啓）	福島県祈祷による信者 6 人殺人事件（94.12 〜 95.6） 1947 年 8 月 21 日生まれ	
藁科　稔（享年 56 歳） 09. 5. 2 入院先の病院で死亡 09. 1.22 最高裁（涌井紀夫） 06. 2.16 名古屋高裁金沢支部 （安江勤） 04. 3.26 富山地裁（手崎政人）	高岡組長夫婦射殺事件 (00.7.13)	旧姓伊藤。病死。「首謀者」として死刑求刑された副組長は、06 年 11 月一審で無罪判決。

幾島　賢治（享年 67 歳） 14. 7.16 名古屋拘置所にて病死 09. 3.23 最高裁（今井功） 06.10.12 名古屋高裁金沢支部 （安江勤） 05. 1.27 富山地裁（手崎政人）	高岡組長夫婦射殺事件 （00.7.13） 1947 年 3 月 15 日生まれ	旧姓大田。再審請求中に病死。「共犯」の藁科は病死。「首謀者」として死刑求刑された副組長は、06 年 11 月一審で無罪判決。
松田　幸則（享年 39 歳） 12. 9.27 福岡拘置所にて執行 09. 4. 3 上告取下げ 07.10. 3 福岡高裁（仲家暢彦） 06. 9.21 熊本地裁（松下潔）	熊本県松橋町男女強盗殺人事件（03.10.16） 1973 年 5 月 26 日生まれ	上告を取下げ確定。
神田　司（享年 44 歳） 15. 6.25 名古屋拘置所にて執行 09. 4.13 控訴取下げ 09. 3.18 名古屋地裁（近藤宏子）	名古屋闇サイト殺人事件 （07.8.24 ～ 25） 1971 年 3 月 9 日生まれ	一審では被害者 1 人で 2 人に死刑判決。控訴を取下げ確定。共犯者は 11 年 4 月無期に減刑。
林　眞須美　　　　大阪 09. 4.21 最高裁（那須弘平） 05. 6.28 大阪高裁（白井万久） 02.12.11 和歌山地裁（小川育央）	和歌山毒カレー事件等 （98.7.25 他） 1961 年 7 月 22 日生まれ	一審は黙秘。二審ではカレー事件について無実を主張。21 年 5 月新弁護人が再審請求、6 月再審請求特別抗告を本人が取下げる。著書に『死刑判決は「シルエット・ロマンス」を聴きながら』『和歌山カレー事件――獄中からの手紙』（共著）。
関根　　元（享年 75 歳） 17. 3.27 東京拘置所にて病死 09. 6. 5 最高裁（古田佑紀） 05. 7.11 東京高裁（白木勇） 01. 3.21 浦和地裁（須田賢）	埼玉連続 4 人殺人事件 （93） 1942 年 1 月 2 日生まれ	病死。
風間　博子　　　　東京 09. 6. 5 最高裁（古田佑紀） 05. 7.11 東京高裁（白木勇） 01. 3.21 浦和地裁（須田賢）	埼玉連続 4 人殺人事件 （93） 1957 年 2 月 19 日生まれ	殺人には関与していないと主張。交流誌「ふうりん通信」。
小野川光紀（享年 44 歳） 21.12.21 東京拘置所にて執行 09. 6. 9 最高裁（堀籠幸男） 06. 9.29 東京高裁（白木勇） 04. 3.26 さいたま地裁 （川上拓一）	パチンコ店員連続殺人事件 （03.2.23/4.1） 1977 年 4 月 20 日生まれ	「共犯」の高根沢は控訴を取下げ 05 年に確定。
宮城　吉英（享年 56 歳） 13. 4.26 東京拘置所にて執行 09. 6.15 最高裁（今井功） 06.10. 5 東京高裁（池田修） 05.12.12 千葉地裁（金谷暁）	市原ファミレス 2 人射殺事件 （05.4.25） 1956 年 8 月 15 日生まれ	「共犯」の濱崎は 11 年 12 月に死刑確定。
高橋　　秀　　　　仙台 09. 6.23 最高裁（堀籠幸男） 05. 7.26 仙台高裁（田中亮一） 04. 3.25 仙台地裁（本間栄一）	貸金業者ら 2 人殺人事件 （01.1.8/2.3） 1963 年 6 月 10 日生まれ	旧姓石川。
小日向将人　　　　東京 09. 7.10 最高裁（竹内行夫） 06. 3.16 東京高裁（仙波厚） 05. 3.28 前橋地裁（久我泰博）	前橋スナック乱射事件 （03.1.25） 1969 年 8 月 18 日生まれ	「共犯」の山田は 13 年 6 月、矢野は 14 年 3 月に確定。

早川紀代秀（享年68歳） 18. 7.26 福岡拘置所にて執行 09. 7.17 最高裁（中川了滋） 04. 5.14 東京高裁（中川武隆） 00. 7.28 東京地裁（金山薫）	坂本弁護士一家殺人事件等 （89.11 〜） 1949年7月14日生まれ	18年3月、東京から福岡へ移送。第三次再審請求中の執行。
豊田　亨（享年50歳） 18.7.26 東京拘置所にて執行 09.11.6 最高裁（竹内行夫） 04. 7.28 東京高裁（高橋省吾） 00. 7.18 東京地裁（山崎学）	地下鉄サリン事件等 （95.3.20 他） 1968年1月23日生まれ	第一次再審請求の即時抗告中に執行。
広瀬　健一（享年54歳） 18. 7.26 東京拘置所にて執行 09.11.6 最高裁（竹内行夫） 04. 7.28 東京高裁（高橋省吾） 00. 7.18 東京地裁（山崎学）	地下鉄サリン事件等 （95.3.20 他） 1964年6月12日生まれ	第一次再審請求中の執行。
窪田　勇次　　札幌 09.12. 4 最高裁（古田佑紀） 05.12. 1 札幌高裁（長島孝太郎） 04. 3. 2 釧路地裁北見支部 （伊東顕）	北見夫婦殺人事件 （88.10） 1945年1月1日生まれ	13年余逃亡し時効成立の10か月前に逮捕された。無罪を主張。
井上　嘉浩（享年48歳） 18. 7. 6 大阪拘置所にて執行 09.12.10 最高裁（金築誠志） 04. 5.28 東京高裁　死刑 （山田利夫） 00. 6. 6 東京地裁　無期 （井上弘道）	地下鉄サリン事件、仮谷事件等 （94.1 〜 95.3） 1969年12月28日生まれ	一審は無期懲役判決。18年3月、東京から大阪へ移送。第一次再審請求中の執行。
菅　峰夫　　福岡 09.12.11 最高裁（古田佑紀） 06. 5.24 福岡高裁（虎井寧夫） 04. 3.11 福岡地裁（林秀文）	福岡庄内連続殺人事件 （96.6.8/11.19） 1950年10月4日生まれ	
手柴　勝敏（享年66歳） 10. 4.14 福岡拘置所にて病死 09.12.11 最高裁（古田佑紀） 06. 5.24 福岡高裁　死刑 （虎井寧夫） 04. 3.11 福岡地裁　無期 （林秀文）	福岡庄内連続殺人事件 （96.6.8/11.19）	一審は無期懲役判決。病死。
金川真大（享年29歳） 13. 2.21 東京拘置所にて執行 09.12.28 控訴取下げ 09.12.18 水戸地裁（鈴嶋晋一）	土浦連続殺傷事件 （08.3.19 〜 3.23） 1983年10月13日生まれ	控訴を取下げ、確定。
新實　智光（享年54歳） 18. 7. 6 大阪拘置所にて執行 10. 1.19 最高裁（近藤崇晴） 06. 3.15 東京高裁（原田国男） 02. 6.26 東京地裁 （中谷雄二郎）	坂本弁護士一家殺人事件、松本・地下鉄サリン事件等 （89.11/94.6.27/95.3.20 他） 1964年3月9日生まれ	18年3月、東京から大阪へ移送。第二次再審請求中、恩赦申立中の執行。
大橋　健治　　大阪 10. 1.29 最高裁（竹内行夫） 07. 4.27 大阪高裁（陶山博生） 06.11. 2 大阪地裁（中川博之）	大阪・岐阜連続女性強盗殺人事件 （05.4.27/5.11） 1940年12月3日生まれ	

吉田　純子（享年56歳） 16. 3.25福岡拘置所にて執行 10. 1.29最高裁（金築誠志） 06. 5.16福岡高裁（浜崎裕） 04. 9.24福岡地裁（谷敏行）	看護師連続保険金殺人事件 (98.1.24～99.3.27) 1959年7月10日生まれ	
高尾　康司　東京 10. 9.16最高裁（横田尤孝） 06. 9.28東京高裁（須田賢） 05. 2.21千葉地裁（土屋靖之）	千葉館山連続放火事件 (03.12.18) 1963年10月3日生まれ	
藤崎　宗司　東京 10.10.14最高裁（桜井龍子） 06.12.21東京高裁（河辺義正） 05.12.22水戸地裁（林正彦）	鉾田連続強盗殺人事件 (05.1.21～1.28) 1961年8月31日生まれ	
尾崎　正芳　福岡 10.11. 8最高裁（須藤正彦） 07. 1.16福岡高裁（浜崎裕） 05. 5.16福岡地裁小倉支部（野島秀夫）	替え玉保険金等殺人事件 (02.1.8～31) 1974年5月16日生まれ	旧姓竹本。一部無罪を主張。
原　正志　福岡 10.11. 8最高裁（須藤正彦） 07. 1.16福岡高裁（浜崎裕） 05. 5.16福岡地裁小倉支部（野島秀夫）	替え玉保険金等殺人事件 (02.1.8～31) 1957年8月12日生まれ	旧姓竹本。
土谷　正実（享年53歳） 18. 7. 6東京拘置所にて執行 11. 2.15最高裁（那須弘平） 06. 8.18東京高裁（白木勇） 04. 1.30東京地裁（服部悟）	松本・地下鉄サリン事件等 (94.6～95.3) 1965年1月6日生まれ	
熊谷　徳久（享年73歳） 13. 9.12東京拘置所にて執行 11. 3. 1最高裁（田原睦夫） 07. 4.25東京高裁（高橋省吾）死刑 06. 4.17東京地裁（毛利晴光）無期	横浜中華街店主銃殺事件等 (04.5.29) 1940年5月8日生まれ （戦災孤児で、もう一つの戸籍では、1938年1月25日生まれ）	一審は無期懲役判決。著書に『奈落――ピストル強盗殺人犯の手記』がある。
鈴木　泰徳（享年50歳） 19. 8. 2福岡拘置所にて執行 11. 3. 8最高裁（岡部喜代子） 07. 2. 7福岡高裁（正木勝彦） 06.11.13福岡地裁（鈴木浩美）	福岡3女性連続強盗殺人事件(04.12.12～05.1.18) 1969年3月22日生まれ	
小林　正人　東京 11. 3.10最高裁（桜井龍子） 05.10.14名古屋高裁（川原誠） 01. 7. 9名古屋地裁（石山容示）	木曽川・長良川殺人事件 (94.9～10) 1975年3月19日生まれ	少年3人に死刑が求刑され、他の2人には一審では無期懲役判決、二審で3人に死刑判決。
黒澤　淳　名古屋 11. 3.10最高裁（桜井龍子） 05.10.14名古屋高裁　死刑（川原誠） 01. 7. 9名古屋地裁　無期（石山容示）	木曽川・長良川殺人事件 (94.9～10) 1975年7月21日生まれ	旧姓小森。一審は無期懲役、高裁で死刑判決。複数の少年に死刑が確定するのは初めて。

K・T　名古屋 11. 3.10 最高裁（桜井龍子） 05.10.14 名古屋高裁　死刑（川原誠） 01. 7. 9 名古屋地裁　無期（石山容示）	木曽川・長良川殺人事件 （94.9～10） 1975年10月23日生まれ	一審は無期懲役、高裁で死刑判決。複数の少年に死刑が確定するのは初めて。
片岡　清（享年84歳） 16. 2.14 広島拘置所にて病死 11. 3.24 最高裁（桜井龍子） 08. 2.27 広島高裁岡山支部（小川正明）死刑 06. 3.24 岡山地裁（松野勉）無期	広島・岡山強盗殺人事件 （03.9.28/04.12.10）	一審は無期懲役判決。病死。
小林　竜司　大阪 11. 3.25 最高裁（千葉勝美） 08. 5.20 大阪高裁（若原正樹） 07. 5.22 大阪地裁（和田真）	東大阪大生リンチ殺人事件 （06.6.19～20） 1984年12月22日生まれ	
大倉　修　東京 11. 4.11 最高裁（古田佑記） 08. 3.25 東京高裁（安広文夫） 07. 2.26 静岡地裁（竹花俊徳）	同僚・妻連続殺人事件 （04.9.16/05.9.9）	旧姓滝。
渕上　幸春　福岡 11. 4.19 最高裁（田原睦夫） 07. 1.23 福岡高裁宮崎支部（竹田隆） 03. 5.26 宮崎地裁（小松平内）	宮崎連続殺人事件 （99.3.25/9.20） 1969年1月23日生まれ	1件は無罪、1件は事実誤認を主張。筋ジストロフィー（両上下肢および体幹の機能障害）。
大山　清隆　広島 11. 6. 7 最高裁（大谷剛彦） 07.10.16 広島高裁（楢崎康英） 05. 4.27 広島地裁（岩倉広修）	広島連続殺人事件 （98.10/00.3.1）	
津田寿美年（享年63歳） 15.12.18 東京拘置所にて執行 11. 7. 4 控訴取下げ 11. 6.17 横浜地裁（秋山敬）	川崎アパート3人殺人事件 （09.5.30） 1952年1月2日生まれ	裁判員裁判。控訴取下げで確定。裁判員裁判での死刑確定者で初の執行。
北村　真美　福岡 11.10.3 最高裁（須藤正彦） 07.12.25 福岡高裁（正木勝彦） 06.10.17 福岡地裁久留米支部（高原正良）	大牟田市4人連続殺人事件 （04.9.16～17）	共犯の北村実雄被告、孝被告とは分離して公判。
井上　孝紘　福岡 11.10.3 最高裁（須藤正彦） 07.12.25 福岡高裁（正木勝彦） 06.10.17 福岡地裁久留米支部（高原正良）	大牟田市4人連続殺人事件 （04.9.16～17）	旧姓北村。共犯の北村実雄被告、孝被告とは分離して公判。
北村　実雄　広島 11.10.17 最高裁（白木勇） 08. 3.27 福岡高裁（正木勝彦） 07. 2.27 福岡地裁久留米支部（高原正良）	大牟田市4人連続殺人事件 （04.9.16～17）	共犯の北村真美被告、井上孝紘被告とは分離して公判。
北村　孝　大阪 11.10.17 最高裁（白木勇） 08. 3.27 福岡高裁（正木勝彦） 07. 2.27 福岡地裁久留米支部（高原正良）	大牟田市4人連続殺人事件 （04.9.16～17）	共犯の北村真美被告、井上孝紘被告とは分離して公判。

魏　巍（享年 40 歳） 19.12.26 福岡拘置所にて執行 11.10.20 最高裁（白木勇） 07. 3. 8 福岡高裁（浜崎裕） 05. 5.19 福岡地裁（川口宰護）	福岡一家 4 人殺害事件 （03.6.20） 1979 年 11 月 14 日生まれ	共犯のうち 2 名は中国で逮捕・訴追され、王亮被告は無期懲役、楊寧被告は 05 年 7 月 12 日死刑執行。
中川　智正（享年 55 歳） 18. 7. 6 広島拘置所にて執行 11.11.18. 最高裁（古田佑紀） 07. 7.13 東京高裁（植村立郎） 03.10.29 東京地裁（岡田雄一）	坂本弁護士一家殺人事件、松本・地下鉄サリン事件等（89.11 ～ 95.3） 1962 年 10 月 25 日生まれ	二審鑑定で入信直前から犯行時に解離性障害ないし祈祷性精神病と診断。判決は完全責任能力を認定。18 年 3 月東京から広島へ移送。再審請求中の執行。
遠藤　誠一（享年 58 歳） 18. 7. 6 東京拘置所にて執行 11.11.21 最高裁（金築誠志） 07. 5.31 東京高裁（池田修） 02.10.11 東京地裁（服部悟）	松本・地下鉄サリン事件等 （94.5/94.6.27/95.3.20 他） 1960 年 6 月 5 日生まれ。	再審請求中の執行。
守田　克実　東京 11.11.22 最高裁（寺田逸郎） 08. 3. 3 東京高裁（中川武隆） 06.12.19 千葉地裁（根本渉）	警視庁指定 124 号事件 （05.8.5 ～ 11.22）	「共犯」の畠山は控訴を取下げて 07 年 11 月確定。
兼岩　幸男　名古屋 11.11.29 最高裁（那須弘平） 08. 9.12 名古屋高裁（片山俊雄） 07. 2.23 岐阜地裁（土屋哲夫）	交際 2 女性バラバラ殺人事件 （99.8.15/03.5.25） 1957 年 10 月 30 日生まれ	
松永　太　福岡 11.12.12 最高裁（宮川光治） 07. 9.26 福岡高裁（虎井寧夫） 05. 9.28 福岡地裁小倉支部（若宮利信）	北九州 7 人連続殺人事件 （96.2.26 ～ 98.6.7）	「共犯」は二審で無期に減刑。
濱崎　勝次（享年 64 歳） 13. 4.26 東京拘置所にて執行 11.12.12 最高裁（横田尤孝） 08. 9.26 東京高裁（安広文夫） 07.10.26 千葉地裁（古田浩）	市原ファミレス 2 人射殺事件 （05.4.25） 1948 年 9 月 18 日生まれ	確定から執行まで 1 年 4 か月。「共犯」の宮城は 09 年 6 月に死刑確定。
若林　一行（享年 39 歳） 15.12.18 仙台拘置支所にて執行 12. 1.16 最高裁（宮川光治） 09. 2. 3 仙台高裁（志田洋） 07. 4.24 盛岡地裁（杉山慎治）	岩手県洋野町母娘強盗殺人事件（06.7.19） 1971 年 12 月 17 日生まれ	二審から無罪を主張。
F・T　広島 12. 2.20 最高裁（金築誠志） 08. 4.22 広島高裁（楢崎康英）死刑 06. 5.20 最高裁（浜田邦夫）高裁差し戻し 02. 3.14 広島高裁（重吉孝一郎）無期 00. 3.22 山口地裁（渡辺了造）無期	光市事件 （99.4.14） 1981 年 3 月 16 日生まれ	犯行当時 18 歳。一審・二審無期。検察上告により最高裁が広島高裁に差戻し。差戻し審で死刑。
岩森　稔（享年 76 歳） 21. 12.11 東京拘置所にて病死 12. 3. 2 最高裁（竹内行夫） 09. 3.25 東京高裁（若原正樹）死刑 08. 3.21 さいたま地裁（飯田喜信）無期	埼玉本庄夫婦殺害事件 （07.7.21） 1945 年 4 月 28 日生まれ	一審は無期懲役判決。病死。

川崎　政則（享年 68 歳） 14. 6.26 大阪拘置所にて執行 12. 7.12 最高裁（白木勇） 09.10.14 高松高裁（柴田秀樹） 09. 3.16 高松地裁（菊地則明）	坂出祖母孫 3 人殺人事件 （07.11.16） 1946 年 1 月 20 日生まれ	
加賀山領治（享年 63 歳） 13.12.12 大阪拘置所にて執行 12. 7.24 最高裁（寺田逸郎） 09.11.11 大阪高裁（湯川哲嗣） 09. 2.27 大阪地裁（細井正弘）	中国人留学生強盗殺人事件 ＤＤハウス事件 （00.7.29/08.2.1） 1950 年 1 月 3 日生まれ	確定から執行まで 1 年 4 か月。
池田　容之　　　　東京 12. 7　　確定 11. 6.16 控訴取下げ 10.11.16 横浜地裁（朝山芳史）	横浜沖バラバラ強殺事件他（09.6.18 ～ 19）	裁判員裁判で初の死刑判決。控訴取下げに対し弁護人による審理継続申立。2012 年 7 月確定処遇に。
田尻　賢一（享年 45 歳） 16.11.11 福岡拘置所にて執行 12. 9.10 上告取下げ確定 12. 4.11 福岡高裁（陶山博生） 11.10.25 熊本地裁（鈴木浩美）	熊本 2 人強盗殺人事件 （04. 3.13、11. 2.23） 1971 年 4 月 26 日生まれ	裁判員裁判での死刑判決。上告を取下げ死刑確定。
謝　依　俤　　　　東京 12.10.19 最高裁（須藤正彦） 08.10. 9 東京高裁（須田贒） 06.10. 2 東京地裁（成川洋司）	品川製麺所夫婦強殺事件 （02.8.31） 1977 年 9 月 7 日生まれ	中国国籍。
高見澤　勤（享年 59 歳） 14. 8.29 東京拘置所にて執行 12.10.23 最高裁（大谷剛彦） 08.12.12 東京高裁（安広文夫） 08. 2. 4 前橋地裁（久我泰博）	暴力団 3 人殺害事件 （01.11 ～ 05.9） 1955 年 4 月 20 日生まれ	
阿佐　吉廣（享年 70 歳） 20. 2.11 東京拘置所にて病死 12.12.11 最高裁（田原睦夫） 08. 4.21 東京高裁（中川武隆） 06.10.11 甲府地裁（川島利夫）	都留市従業員連続殺人事件 （97.3/00.5.14） 1949 年 5 月 21 日生まれ	無罪を主張。病死。
野崎　　浩（享年 61 歳） 20.12.13 東京拘置所にて病死 12.12.14 最高裁（小貫芳信） 10.10. 8 東京高裁（長岡哲次） 死刑 09.12.16 東京地裁（登石郁朗） 無期	フィリピン女性 2 人殺人事件 （99.4.22/08.4.3）	一審は無期懲役判決。病死。
渡辺　純一　　　　東京 13. 1.29 最高裁（岡部喜代子） 09. 3.19 東京高裁（長岡哲次） 死刑 07. 8. 7 千葉地裁（彦坂孝孔） 無期	架空請求詐欺グループ仲間割れ事件（04.10.13 ～ 16）	一審は無期懲役判決。一部無実を主張。
清水　大志　　　　東京 13. 1.29 最高裁（岡部喜代子） 09. 5.12 東京高裁（長岡哲次） 07. 8. 7 千葉地裁（彦坂孝孔）	架空請求詐欺グループ仲間割れ事件（04.10.13 ～ 16）	
伊藤　玲雄　　　　東京 13. 2.28 最高裁（桜井龍子） 09. 8.28 東京高裁（長岡哲次） 07. 5.21 千葉地裁（彦坂孝孔）	架空請求詐欺グループ仲間割れ事件（04.10.13 ～ 16）	

住田　紘一（享年 34 歳） 17. 7.13 広島拘置所にて執行 13. 3.28 控訴取下げ 13. 2.14 岡山地裁（森岡孝介）	岡山元同僚女性殺人事件（11.9.30） 1982 年 9 月 29 日生まれ	裁判員裁判。被害者 1 名。本人控訴取下げで、確定。
山田健一郎　東京 13. 6. 7 最高裁（千葉勝美） 09. 9.10 東京高裁（長岡哲次） 08. 1.21 前橋地裁（久我泰博）	前橋スナック乱射事件（03.1.25） 1966 年 8 月 23 日生まれ	「共犯」の小日向は 09 年 7 月、矢野は 14 年 3 月に死刑確定。
高柳　和也　大阪 13.11.25 最高裁（金築誠志） 10.10.15 大阪高裁（湯川哲嗣） 09. 3.17 神戸地裁姫路支部（松尾嘉倫）	姫路 2 女性殺人事件（05.1.9） 1966 年 1 月 10 日生まれ	
沖倉　和雄（享年 66 歳） 14. 7. 2 東京拘置所にて病死 13.12.17 最高裁（木内道祥） 10.11.10 東京高裁（金谷曉） 09. 5.12 東京地裁立川支部（山崎和信）	あきる野市資産家姉弟強盗殺人事件（08.4.9 ～ 13）	病死。
小川　和弘　大阪 14. 3. 6 最高裁（横田尤孝） 11. 7.26 大阪高裁（的場純男） 09.12. 2 大阪地裁（秋山敬）	大阪個室ビデオ店放火事件（08.10.2）	
矢野　治（享年 71 歳） 20. 1.26 東京拘置所にて自殺 14. 3.14 最高裁（鬼丸かおる） 09.11.10 東京高裁（山崎学） 07.12.10 東京地裁（朝山芳史）	組長射殺事件、前橋スナック乱射事件等（02.2 ～ 03.1） 1948 年 12 月 20 日生まれ	「共犯」の小日向は 09 年 7 月、山田は 13 年 6 月に死刑確定。17 年 4 月と 7 月に、それぞれ別の殺人容疑で逮捕、起訴されたが、18 年 12 月、東京地裁で無罪判決。検察は控訴せず。自殺。
小泉　毅　東京 14. 6.13 最高裁（山本庸幸） 11.12.26 東京高裁 (八木正一) 10. 3.30 さいたま地裁（伝田喜久）	元厚生次官連続殺傷事件（08.11.17 ～ 11.18） 1962 年 1 月 26 日生まれ	
松原　智浩　東京 14. 9. 2 最高裁（大橋正春） 12. 3.22 東京高裁（井上弘通） 11. 3.25 長野地裁（高木順子）	長野一家 3 人強殺事件（10. 3.24 ～ 25）	裁判員裁判で死刑判決を受け、最高裁で確定したのは初めて。
奥本　章寛　福岡 14.10.16 最高裁（山浦善樹） 12. 3.22 福岡高裁宮崎支部（榎本巧） 10.12. 7 宮崎地裁（高原正良）	宮崎家族 3 人殺人事件（10.3.1） 1988 年 2 月 13 日生まれ	裁判員裁判。
桑田　一也　東京 14.12. 2 最高裁（大谷剛彦） 12. 7.10 東京高裁（山崎学） 11. 6.21 静岡地裁沼津支部（片山隆夫）	交際女性・妻殺人事件（05.10.26、10. 2.23） 1966 年 6 月 26 日生まれ	裁判員裁判。
加藤　智大（享年 39 歳） 22. 7. 26 東京拘置所にて執行 15. 2. 2 最高裁（桜井龍子） 12. 9.12 東京高裁（飯田喜信） 11. 3.24 東京地裁（村山浩昭）	秋葉原無差別殺傷事件（08. 6. 8） 1982 年 9 月 28 日生まれ	著書に『解』『解 +』『東拘永夜抄』『殺人予防』がある。

藤城　康孝（享年65歳） 21.12.21 大阪拘置所にて執行 15. 5.25 最高裁（千葉勝美） 13. 4.26 大阪高裁（米山正明） 09. 5.29 神戸地裁（岡田信）	加古川7人殺人事件 （04.8.2）	
新井　竜太　　　　東京 15.12. 4 最高裁（鬼丸かおる） 13. 6.27 東京高裁（井上弘通） 12. 2.24 さいたま地裁（田村真）	埼玉深谷男女2人殺害事件（08.3.13/09.8. 7） 1969年6月6日生まれ	裁判員裁判。
高見　素直　　　　大阪 16. 2.23 最高裁（和田真） 13. 7.31 大阪高裁（中谷雄二郎） 11.10.31 大阪地裁（和田真）	大阪パチンコ店放火殺人事件（09.7.5） 1968年1月4日生まれ	裁判員裁判。絞首刑違憲論が争われる。
高橋　明彦　　　　仙台 16. 3. 8 最高裁（木内道祥） 14. 6. 3 仙台高裁（飯渕進） 13. 3.14 福島地裁郡山支部（有賀貞博）	会津美里夫婦殺人事件 （12.7.26） 1966年9月12日生まれ	裁判員裁判。旧姓横倉。
伊藤　和史　　　　東京 16. 5.26 最高裁（大橋正春） 14. 2.20 東京高裁（村瀬均） 11.12.27 長野地裁（高木順子）	長野一家3人殺人事件 （10.3.24 ～ 25） 1979年2月16日生まれ	裁判員裁判。
浅山　克己　　　　東京 16. 6.13 最高裁（千葉勝美） 14.10. 1 東京高裁（八木正一） 13. 6.11 東京地裁（平木正洋）	山形・東京連続放火殺人事件（10.10.2/11.11.24）	裁判員裁判。
C・Y　　　　　　仙台 16. 6.16 最高裁（大谷直人） 14. 1.31 仙台高裁（飯渕進） 10.11.25 仙台地裁（鈴木信行）	石巻3人殺傷事件 （10.2.10） 1991年7月2日生まれ	裁判員裁判。 事件当時18歳7か月。
筒井　郷太　　　　福岡 16. 7.21 最高裁（池上政幸） 14. 6.24 福岡高裁（古田浩） 13. 6.14 長崎地裁（重富朗）	長崎ストーカー殺人事件 （11.12.16） 1984年11月4日生まれ	裁判員裁判。無罪を主張。
井上　佳苗　　　　東京 17. 4.14 最高裁（大貫芳信） 14. 3.12 東京高裁（八木正一） 12. 4.13 さいたま地裁（大熊一之）	首都圏連続不審死事件等 （08. 9 ～ 09. 9） 1974年11月27日生まれ	裁判員裁判。無罪を主張。旧姓木嶋。
上田美由紀　　　　広島 17. 7.27 最高裁（小池裕） 13. 3.20 広島高裁松江支部（塚本伊平） 12.12. 4 鳥取地裁（野口卓志）	鳥取連続不審死事件 （09.4.23/10.6） 1973年12月21日生まれ	裁判員裁判。無罪を主張。
鈴木　勝明　　　　大阪 17.12. 8 最高裁（戸倉三郎） 14.12.19 大阪高裁（笹野明義） 13. 6.26 大阪地裁堺支部（畑山靖）	大阪ドラム缶遺体事件 （04.12.3） 1967年5月13日生まれ	裁判員裁判。無罪を主張。
林　振華　　　　名古屋 18. 9. 6 最高裁（木沢克之） 15.10.14 名古屋高裁（石山容示） 15.2.20 名古屋地裁（松田俊哉）	愛知県蟹江町母子殺傷事件 （09.5.1）	中国籍。裁判員裁判。

渡邉　剛　　　　　東京 18.12.21 最高裁（鬼丸かおる） 16. 3.16 東京高裁（藤井敏明） 14. 9.19 東京地裁（田辺美保子）	資産家夫婦殺人事件 （12.12.7）	裁判員裁判。殺害は否認。
西口　宗宏　　　　大阪 19. 2.12 最高裁（岡部喜代子） 16. 9.14 大阪高裁（後藤真理子） 14. 3.10 大阪地裁堺支部 （森浩史）	堺市連続強盗殺人事件 （11.11.5/12.1） 1961 年 8 月 26 日生まれ	裁判員裁判。
濤上浩二　　　　　大阪 19. 5.18 控訴取下げ 18.12.19 大阪地裁（浅香竜太）	寝屋川中 1 男女殺害事件 （15.8.13）	旧姓山田→水海。裁判員裁判。刑務官とトラブルとなり控訴を取下げるが取下げ無効を争い 19 年 12 月大阪高裁が無効決定。20 年 3 月 24 日二度目の控訴取下げ。
保見　光成　　　　広島 19.7.11 最高裁（山口厚） 16.9.13 広島高裁（多和田隆史） 15. 7.28 山口地裁（大寄淳）	周南市連続殺人放火事件 （13.7.21 ～ 22）	裁判員裁判。
堀　　慶末　　　　名古屋 19.7.19 最高裁（山本庸幸） 16.11. 8 名古屋高裁（山口裕之） 15.12.15 名古屋地裁（景山太郎）	碧南市夫婦強盗殺人事件（98.6.28）、守山強盗傷害事件（06.7.20）	裁判員裁判。闇サイト事件で無期刑受刑中に前に犯した事件が発覚。著書に『鎮魂歌』がある。
植松　聖　　　　　東京 20. 3.30 控訴取下げ 20. 3.16 横浜地裁（青沼潔）	相模原障害者殺傷事件 （16.7.26） 1990 年 1 月生まれ	弁護人の控訴を取下げ死刑確定。弁護人による取下げ無効申立ては 22 年 5 月 16 日付で却下決定。
土屋　和也　　　　東京 20. 9. 8 最高裁（林道晴） 18. 2.14 東京高裁（栃木力） 16. 7.20 前橋地裁（鈴木秀行）	前橋連続強盗殺傷事件 （14.11.10/11.16）	裁判員裁判。軽度の発達障害と計画性の不在を認めつつ、複数の凶器を用意したのは被告の意思として上告を棄却。
白石　隆浩　　　　東京 20. 12.21 控訴取下げ 20. 12.15 東京地裁立川支部（矢野直邦）	座間市アパート 9 人殺害事件 （17.8.23. ～ 10.23）	裁判員裁判。本人控訴取下げ確定。
肥田　公明　　　　東京 21. 1.28 最高裁（深山卓也） 18. 7.30 東京高裁（大島隆明） 16.11.24 静岡地裁沼津支部 （斎藤千恵）	伊東市干物店強盗殺人事件 （12.12.18）	裁判員裁判。無実を主張。
川崎　竜弥　　　　東京 21. 2.15 上告取下げ 19. 3.15 東京高裁（藤井敏明） 18. 2.23 静岡地裁（佐藤正信）	浜名湖連続殺人事件 （16.1.29 ～ 7.8）	裁判員裁判。最高裁判決の 2 日前に上告を取下げて確定。
筧 千佐子　　　　　大阪 21. 6.29 最高裁（宮崎裕子） 19. 5.24 大阪高裁（樋口裕晃） 17.11. 7 京都地裁（中川綾子）	青酸連続殺人事件 （07.12 ～ 13.12）	裁判員裁判。認知症で裁判内容を理解する訴訟能力がないと無罪主張。

最高裁係属中の死刑事件

氏名　　拘置先 判決日	事件名（事件発生日） 生年月日	備　考
岩間 俊彦　　東京 19.12.17 東京高裁（青柳勤） 17. 8.25 甲府地裁（丸山哲巳）	マニラ邦人保険金殺人事件 (14.10/15.8 ～ 9)	裁判員裁判。
上村 隆　　大阪 21. 5.19 大阪高裁（宮崎英一） 19. 3.15 神戸地裁姫路支部（藤原美弥子）	姫路連続監禁殺人事件 (09.4 ～ 11.2)	裁判員裁判。無罪を主張。共犯者は18年11月8日、死刑求刑に対し1件が無罪となり、無期懲役に。被告・検察とも控訴。
中田　充　　福岡 21. 9.15 福岡高裁（辻川靖夫） 19.12.13 福岡地裁（柴田寿宏）	妻子3人殺人事件 (17.6.5 ～ 6)	裁判員裁判。無罪を主張。現職の警察官。
今井 隼人　　東京 22. 3. 9 東京高裁（細田啓介） 18. 3.22 横浜地裁（渡辺英敬）	川崎市老人ホーム連続転落死事件 (15.11.4 ～ 12.31)	裁判員裁判。

高裁係属中の死刑事件

氏名　　拘置先 判決日	事件名（事件発生日）	備　考
岩倉知広 20.12.11 鹿児島地裁（岩田光生）	日置市男女5人殺害事件 18.3.31 ～ 4.6	裁判員裁判。
盛藤吉高 21. 6.24 福島地裁郡山支部（小野寺健太）	三春町男女2人ひき逃げ殺人事件 (20.5.31)	裁判員裁判。
小松博文 21. 6.30 水戸地裁（結城剛行）	日立妻子6人殺害事件 (17.10.6)	裁判員裁判。
野村悟 21. 8.24 福岡地裁（足立勉）	工藤会4事件（1998. 2.18 ～ 2014.5.26）	組織のトップであるとして推認のみで死刑判決。

（2022年9月27日現在）

※事件時未成年で、実名表記の了解の得られなかった方についてはイニシャルにしました。

死刑確定者の自殺者

1999年11月 8日	太田勝憲	55歳	札幌
2020年 1月26日	矢野　治	71歳	東京

死刑確定者の獄死者

死亡年月日	名前	年齢	拘置所等
2003年　2月28日	上田　大	33歳	名古屋
2003年　9月　3日	冨山常喜	86歳	東京
2004年　6月　4日	晴山広元	70歳	札幌刑務所
2007年　7月17日	諸橋昭江	75歳	東京
2008年　2月　7日	宇井鍒次	68歳	大阪医療刑務所
2008年12月16日	澤地和夫	69歳	東京
2009年　1月　4日	朴　日光	61歳	福岡
2009年　5月　2日	藁科　稔	56歳	名古屋の病院で
2009年　9月　3日	荒井政男	82歳	東京
2009年10月27日	石橋栄治	72歳	東京
2010年　1月　2日	山本開一	62歳	東京
2010年　4月14日	手柴勝敏	66歳	福岡
2011年　1月27日	坂本春野	83歳	大阪医療刑務所
2011年　1月29日	熊谷昭孝	67歳	仙台の病院で
2011年　2月　6日	永田洋子	65歳	東京
2013年　6月23日	綿引　誠	74歳	東京
2013年　8月15日	迫　康裕	73歳	仙台
2013年11月15日	宇治川正	62歳	東京
2014年　4月19日	石田富蔵	92歳	東京
2014年　5月15日	中山　進	66歳	大阪
2014年　6月24日	岡崎茂男	60歳	東京
2014年　7月　2日	沖倉和雄	66歳	東京
2014年　7月16日	幾島賢治	67歳	名古屋
2015年10月　4日	奥西　勝	89歳	八王子医療刑務所
2016年　1月22日	松本昭弘	61歳	名古屋
2016年　2月14日	片岡　清	84歳	広島
2017年　3月27日	関根　元	75歳	東京
2017年　5月24日	大道寺将司	68歳	東京
2017年　6月26日	浜田武重	90歳	福岡
2017年　9月16日	畠山鐵男	74歳	東京
2020年　2月11日	阿佐吉廣	70歳	東京
2020年10月17日	高田和三郎	88歳　肺炎	東京
2020年12月13日	野崎　浩	66歳　慢性腎不全	東京
2021年 2月3日	高橋義博	71歳　急性冠症候群	東京
2021年 10月8日	高橋和利	87歳	東京
2021年 12月11日	岩森　稔	76歳	東京

法務大臣別死刑執行記録

この表は死刑の執行がどのような政治的、社会的状況下で行われているかを分析するための資料として製作された。1993年以前の記録は不備な項目もあるが参考までに掲載した。

※法務大臣就任時に〔衆〕は衆議院議員、〔参〕は参議院議員であることを、〔民間〕は国会議員でないことを示す。

首相	法相（就任年月日）	執行年月日（曜日）	死刑囚名	年齢	拘置所	執行前後の状況	年間執行数
中曽根康弘	住 栄作〔衆〕（83・12・27）	84・10・30（火）	中山 実		東京		84年＝1人
	嶋崎 均〔参〕（84・11・1）	85・5・31（木）	大島 卓士		名古屋		85年＝3人
			古谷 惣吉		大阪		
		85・7・25（木）	阿部 利秋		福岡		
	鈴木 省吾〔参〕（85・12・28）	86・5・20（火）	木村 繁治		東京		86年＝2人
			徳永 励一		東京		
	遠藤 要〔参〕（86・7・22）	87・9・30（水）	大坪 清隆		大阪		87年＝2人
			矢部 光男		東京		
竹下 登	林田悠紀夫〔参〕（87・11・6）	88・6・16（木）	松田 吉孔		大阪		88年＝2人
			渡辺 健一		大阪		
	長谷川 峻〔衆〕（88・12・27）	―				＊リクルートからの政治献金が発覚し、在任期間4日で辞任。	
	高辻 正己〔民間〕（88・12・30）	―				＊73～80年最高裁判事。法相就任前は国家公安委員会委員。	
宇野 宗佑	谷川 和穂〔衆〕（89・6・3）	―				＊宇野内閣が69日で退陣になり、法相退任。	
海部 俊樹	後藤 正夫〔参〕（89・8・10）	89・11・10（金）	近藤 武数		福岡		89年＝1人
	長谷川 信〔参〕（90・2・28）	―				＊病気のため任期途中で辞任。10月死去。	90年＝0人
	梶山 静六〔衆〕（90・9・13）	―					91年＝0人
	左藤 恵〔衆〕（90・12・29）	―				＊第2次海部内閣の改造内閣で就任。真宗大谷派の僧侶。	92年＝0人

宮澤　喜一	田原　隆〔衆〕（91・11・5）	―					
	後藤田正晴〔衆〕（92・12・12）	93・3・26（金）	立川修二郎	62	大阪	執行再開。26年ぶりの3名同時執行。川中氏は精神分裂症。法相「このままでは法秩序が維持できない。（執行しなかった法相は）怠慢である」と発言。	93年＝7人
			川中　鉄夫	48	大阪		
			近藤　清吉	55	仙台		
細川　護熙	三ケ月　章〔民間〕（93・8・9）	93・11・26（金）	出口　秀夫	70	大阪	戦後初の4人同時執行。出口氏は70歳の高齢者。11月5日国連規約人権委員会から日本政府への勧告が出たばかり。9月21日の最高裁死刑判決で大野正男判事の補足意見。	
			坂口　徹	56	大阪		
			関　幸生	47	東京		
			小島　忠夫	61	札幌		
羽田　孜	永野　茂門〔参〕（94・4・28）	―				*「南京大虐殺はでっち上げ」発言が問題となり、在任期間11日で辞任。	
	中井　洽〔衆〕（94・5・8）	―				*羽田内閣が64日で総辞職になったため法相退任。	
村山　富市	前田　勲男〔参〕（94・6・30）	94・12・1（木）	安島　幸雄	44	東京	執行ゼロの年を回避。自社さ連立政権下の執行。11月7日国連総会で死刑廃止が議題に。11月26日に世論調査発表。	94年＝2人
			佐々木和三	65	仙台		
		95・5・26（金）	藤岡　英次	40	大阪	オウム事件を背景にした執行。	95年＝6人
			須田　房雄	64	東京		
			田中　重穂	69	東京		
	田沢　智治〔参〕（95・8・8）	―					
	宮澤　弘〔参〕（95・10・9）	95・12・21（木）	木村　修治	45	名古屋	オウム破防法手続き問題の時期。	
			平田　直人	63	福岡		
			篠原徳次郎	68	東京		
橋本龍太郎	長尾　立子〔民間〕（96・1・11）	96・7・11（木）	石田三樹男	48	東京	麻原彰晃（松本智津夫氏）全17件の事件が審理入り。オウム解散を公安審査委員会に請求。	96年＝6人
			横山　一美	59	福岡		
			杉本　嘉昭	45	福岡		
	松浦　功〔参〕（96・11・7）	96・12・20（金）	今井　義人	55	東京	法務大臣就任1カ月半後の執行。執行の有無を記者に答えると明言。ペルー大使館占拠事件（12月17日〜）。	
			平田　光成	60	東京		
			野口　悟	50	東京		

首相	法務大臣	執行日	氏名	年齢	拘置所	備考	年計
	松浦　功（参）	97・8・1（金）	日高　安政	54	札幌	執行の事実を法務大臣認める。神戸小学生殺傷事件、オウム事件を背景にした執行。奈良県月ヶ瀬村中2生徒殺害事件で被疑者供述。	97年＝4人
			日高　信子	51	札幌		
			永山　則夫	48	東京		
			神田　英樹	43	東京		
	下稲葉耕吉（参）（97・9・11）	98・6・25（木）	島津　新治	66	東京	国会終了直後。参議院選挙公示日。	98年＝6人
			村竹　正博	54	福岡		
			武安　幸久	66	福岡		
小渕　恵三	中村正三郎（衆）（98・7・30）	98・11・19（木）	津田　暎	59	広島	法務省から執行の事実・人数を公表。11月4日の記者会見で執行の事実を公表すると表明していた。	
			西尾　立昭	61	名古屋		
			井田　正道	56	名古屋		
	陣内　孝夫（参）（99・3・8）	99・9・10（金）	佐藤　真志	62	東京	法務省が記者クラブに「本日9月10日（金）死刑確定囚3名に対して死刑の執行をしました」と初めてFAX。3名とも仮釈放後の再殺人で死刑。人身保護請求を行い、8月に棄却後の執行。	99年＝5人
			高田　勝利	61	仙台		
			森川　哲行	69	福岡		
	臼井日出男（衆）（99・10・5）	99・12・17（金）	佐川　和男	48	東京	佐川氏人身保護請求中。小野氏再審請求中。法相「再審請求は重要な理由だが、幾度もやっている場合は考慮しきれない」。	
			小野　照男	62	福岡		
森　喜朗	臼井日出男（衆）（00・4・5）	―				＊小渕首相が緊急入院したための「居抜き内閣」。	00年＝3人
	保岡　興治（衆）（00・7・4）	00・11・30（木）	勝田　清孝	52	名古屋	臨時国会閉会前日の執行であり、内閣改造直前のかけ込み執行。	
			宮脇　喬	57	名古屋		
			大石　国勝	55	福岡		
	高村　正彦（衆）（00・12・5）	―					
小泉純一郎	森山　眞弓（衆）（01・4・26）	01・12・27（木）	朝倉幸治郎	66	東京	仕事納め前日の執行。宅間守被告初公判。オウム関連被告への求刑日。	01年＝2人
			長谷川敏彦	51	名古屋		
		02・9・18（水）	田本　竜也	36	福岡	小泉首相が訪朝するという大きな報道の中での執行。国会閉会中。水曜日の執行は93年3月以降、初めて。	02年＝2人
			浜田　美輝	43	名古屋		
		03・9・12（金）	向井　伸二	42	大阪	宅間守被告への死刑判決直後の執行。	03年＝1人
	野沢　太三（参）（03・9・22）	04・9・14（火）	嶋﨑　末男	59	福岡	法相引退直前。火曜日の執行は93年3月以降初めて。宅間氏、自ら控訴を取り下げ。確定後一年未満、異例の早期執行。	04年＝2人
			宅間　守	40	大阪		

小泉純一郎	南野知恵子〔参〕（04・9・27）	05・9・16（金）	北川　晋	58	大阪	退任直前、国会閉会中。異例の1人のみの執行。	05年＝1人
	杉浦　正健〔衆〕（05・10・31）	—				＊真宗大谷派の信徒であることから就任時に「死刑執行のサインはしない」と発言（直後に撤回）。	
安倍晋三	長勢　甚遠〔衆〕（06・9・26）	06・12・25（月）	秋山　芳光	77	東京	執行ゼロの年を作らぬため。確定死刑囚98人時点での4人執行。藤波氏は車椅子生活。77歳、75歳の高齢者の執行。クリスマスの執行。	06年＝4人
			藤波　芳夫	75	東京		
			福岡　道雄	64	大阪		
			日高　広明	44	広島		
		07・4・27（金）	名田　幸作	56	大阪	国会会期中の執行。	
			小田　義勝	59	福岡		
			田中　政弘	42	東京		
		07・8・23（木）	竹澤一二三	69	東京	法相退陣直前の執行。二桁執行を公言。	
			瀬川　光三	60	名古屋		
			岩本　義雄	63	東京		
	鳩山　邦夫〔衆〕（07・8・27）	—				＊第1次安倍改造内閣で就任したが約30日で内閣総辞職となり退任。	
福田康夫	鳩山　邦夫〔衆〕（07・9・26）	07・12・7（金）	池本　登	75	大阪	被執行者の氏名や事件内容を法務省が初めて発表する。法相、9月25日に「法相が署名をしなくても死刑執行できる方法を考えるべきだ」、ベルトコンベアー発言が問題に。	07年＝9人
			府川　博樹	42	東京		
			藤間　静波	47	東京		
		08・2・1（金）	松原　正彦	63	大阪	前夜に執行予定の情報が流れる。	
			名古　圭志	37	福岡		
			持田　孝	65	東京		
		08・4・10（木）	中元　勝義	64	大阪	4月22日には光市事件差戻控訴審判決。	
			中村　正春	61	大阪		
			坂本　正人	41	東京		
			秋永　香	61	東京		
		08・6・17（火）	山崎　義雄	73	大阪	7月洞爺湖サミットを前にしての執行。	
			陸田　真志	37	東京		
			宮崎　勤	45	東京		

	保岡興治〔衆〕（08・8・2）	08・9・11（木）	萬谷義幸	68	大阪	法相就任1カ月での執行。9月1日には福田首相が辞意を表明していた。	
			山本峰照	68	大阪		
			平野勇	61	東京		
麻生太郎	森英介〔衆〕（08・9・24）	08・10・28（火）	久間三千年	70	福岡	久間氏は無実主張。足利事件菅家氏がＤＮＡ鑑定で釈放直後の執行。	08年＝15人
			高塩正裕	55	仙台	一審無期、二審で死刑判決。上告取り下げ確定。	
		09・1・29（木）	牧野正	58	福岡	公判再開請求が最高裁で棄却後の執行。	
			川村幸也	44	名古屋	前年12月、再審請求棄却後の執行。	
			佐藤哲也	39	名古屋	本人が再審請求を取り下げ。	
			西本正二郎	32	東京	控訴取り下げにより確定。	
		09・7・28（火）	陳徳通	41	東京	中国国籍。政権交代直前の駆け込み執行。	
			前上博	40	大阪	控訴取り下げにより確定。	
			山地悠紀夫	25	大阪	控訴取り下げにより確定。	
鳩山由紀夫	千葉景子〔参〕（09・9・16）	―					09年＝7人
菅直人	千葉景子〔参〕（10・6・8）	10・7・28（水）	篠澤一男	59	東京	政権交代後初の執行、法相執行に立ち会う。元死刑廃止議連メンバー。	
			尾形英紀	33	東京	控訴取り下げにより確定。	
	柳田稔〔参〕（10・9・17）	―				＊「法務大臣は二つ覚えておけばいい。『個別の事案についてはお応えを差し控えます』と『法と秩序に基づいて適切にやっている』だ」と発言して辞任。	
	仙谷由人〔衆〕（10・11・22）	―					10年＝2人
	江田五月〔参〕（11・1・14）	―					
野田佳彦	平岡秀夫〔衆〕（11・9・2）	―					11年＝0人
	小川敏夫〔参〕（12・1・13）	12・3・29（木）	松田康敏	44	福岡	2011年は執行ゼロだったが、年度内ギリギリで執行。	
			上部康明	48	広島		
			古澤友幸	46	東京		
	滝実〔衆〕（12・6・4）	12・8・3（金）	服部純也	40	東京	法相就任2カ月での執行。	
			松村恭造	31	大阪		

首相	法相	執行日	氏名	年齢	拘置所	備考	年計
野田佳彦	滝 実	12・9・27(木)	松田 幸則	39	福岡	内閣改造で退任希望を表明した直後の執行。	12年＝7人
			江藤 幸子	65	仙台		
	田中 慶秋〔衆〕(12・10・1)	―				＊法相就任から3週間で「体調不良」を理由に辞任。	
	滝 実〔衆〕(12・10・24)	―					
安倍晋三	谷垣 禎一〔衆〕(12・12・26)	13・2・21(木)	金川 真大	29	東京	法相就任2カ月足らずでの執行。金川・小林氏は一審のみで死刑に。加納氏は一審無期。	13年＝8人
			小林 薫	44	大阪		
			加納 恵喜	62	名古屋		
		13・4・26(金)	宮城 吉英	56	東京	濱崎氏は確定から1年4カ月での執行。	
			濱崎 勝次	64	東京		
		13・9・12(木)	熊谷 徳久	73	東京	オリンピック東京招致決定直後の執行。	
		13・12・12(木)	藤島 光雄	55	東京		
			加賀山領治	63	大阪		
		14・6・26(木)	川崎 正則	68	大阪		14年＝3人
		14・8・29(金)	小林 光弘	56	仙台	法相退任直前の執行。再審請求準備中の二人の執行。	
			高見澤 勤	59	東京		
	松島みどり〔衆〕(14・9・3)	―				＊法相就任後「うちわ」配布が問題となり辞任。	
	上川 陽子〔衆〕(14・10・21)	15・6・25(木)	神田 司	44	名古屋		15年＝3人
	岩城 光英〔参〕(15・10・7)	15・12・18(金)	津田寿美年	63	東京	法相就任2カ月余りでの執行。裁判員裁判で死刑判決を受けた者（津田氏）への初の執行。	
			若林 一行	39	仙台		
		16・3・25(金)	鎌田 安利	75	大阪	岩城光英法相は7月の参議院選挙で落選。	16年＝3人
			吉田 純子	56	福岡		
	金田 勝年〔衆〕(16・8・3)	16・11・11(金)	田尻 賢一	45	福岡		
		17・7・13(木)	西川 正勝	61	大阪	西川氏は再審請求中の執行。法相「再審請求を行っているから執行しないという考えはとっていない」。住田氏は被害者一人、一審のみで確定。	17年＝4人
			住田 紘一	34	広島		
	上川 陽子〔衆〕(17・8・3)	17・12・19(火)	松井喜代司	69	東京	二人とも再審請求中。一人は事件当時少年。	
			関 光彦	44	東京		

法務大臣別死刑執行記録

（2022年9月20日現在）

首相	法務大臣	執行日	氏名	年齢	拘置所	備考	年計
安倍晋三	上川　陽子〔衆〕	18・7・6（金）	松本智津夫 早川紀代秀 井上　嘉浩 新實　智光 土谷　正実 中川　智正 遠藤　誠一	63 68 48 54 53 55 58	東京 福岡 大阪 大阪 東京 広島 東京	これまでにない大量執行。再審請求中、恩赦申立中など一切無視し、確定順の執行という慣例をかなぐり捨てて、元オウム真理教幹部を一挙に執行した。 松本氏は再審請求中の執行。心神喪失状態だった。 早川氏は再審請求中の執行。 井上氏は一審無期懲役であり、第一次再審請求中の執行。 新實氏、中川氏は再審請求中の執行。 遠藤氏は第一次再審請求中の執行。 土谷氏は心神喪失状態だった可能性が高い。	18年＝15人
		18・7・26（木）	宮前　一明 横山　真人 端本　悟 小池　泰男 豊田　亨 広瀬　健一	57 54 51 60 50 54	名古屋 名古屋 東京 仙台 東京 東京	前回執行から20日目に、6名を執行。オウム死刑囚13名全員が抹殺された。 横山氏、小池氏、豊田氏、広瀬氏は第一次再審請求中の執行。	
	山下　貴司〔衆〕（18・10・2）	18・12・27（木）	岡本　啓三 末森　博也	60 67	大阪 大阪	年末ぎりぎりの執行。岡本氏は再審請求中。	
		19・8・2（金）	庄子　幸一 鈴木　泰徳	64 50	東京 福岡	庄子氏は再審請求中。9月内閣改造前の執行。2日前から執行の情報が漏れていた。	19年＝3人
	河井　克行〔衆〕（19・9・11）	―				執行に積極的姿勢を見せつつ妻の選挙違反問題で就任51日で辞任。	
	森　まさこ〔衆〕（19・10・31）	19・12・26（木）	魏　巍	40	福岡	年末ぎりぎりの執行。再審請求中。	
菅　義偉	上川　陽子〔衆〕（20・9・16）					コロナ禍と東京オリンピック	20年＝0人
岸田文雄	古川禎久（21・10・4）	21・12・21（火）	高根沢智明 小野川光紀 藤城　康孝	54 44 65	東京 東京 大阪	高根沢氏、小野川氏は再審請求中	21年＝3人
		22・7・26（火）	加藤　智大	39	東京	安部元首相銃殺事件後の執行。前回の藤城氏とならび死亡被害者7人、確定順は最も最後だった。	22年＝1人

死刑をめぐる状況 2021—2022

死刑廃止年表 二〇二一

一月

死刑をめぐる動き

二日 カザフスタンが死刑制度を廃止

一四日 福岡地裁で検察は、特定危険指定暴力団工藤会トップの野村悟総裁に死刑を求刑

一六日 インディアナ州で薬物注射により執行。トランプ政権が二〇年七月、一七年ぶりに連邦レベルでの死刑執行を再開してからの死刑執行は一三人

二〇日付 最高裁第三小法廷（林景一裁判長）は、平野達彦さんの上告を棄却、無期懲役確定へ。裁判員裁判での死刑判決が無期に確定するのは7件目

二六日 菊池事件で、元患者らが検察側に再審請求をするよう要請していたが、検察が行わないとことが明らかに

二八日 最高裁第一小法廷は肥田公明さんの上告を棄却。死刑確定へ

死刑廃止への動き

二八日 永山則夫が残したものin 水道橋　鎌田慧　いのちのギャラリー

三一日 無罪判決を求める清水集会　清水テルサ　土屋源太郎　主催：袴田巖さんを救援する清水・静岡市民の会

二月

死刑をめぐる動き

三日 **高橋義博さん、東京拘置所で病死。**享年71歳

死刑廃止への動き

一三〜一九日 第10回死刑映画週間　渋谷・ユーロスペース　フォーラム90

一三日　上告中の川崎竜弥さんが上告を取り下げ死刑確定。二月一五日に上告審判決の予定だった

二二日　米南部バージニア州議会は死刑制度廃止法案を可決

二三日　大谷洋子さんとの情報交換「バイデン政権で米国は死刑廃止へ」　フォーラム90

二七日　京都弁護士会　新大統領誕生による米国の変化　大谷洋子／変化が日本の死刑制度に及ぼす影響　平岡秀夫

三月

九日　ミャンマーで一九人が軍法会議で死刑判決。うち一七人は指名手配中、本人不在のままの判決

一三日　国際シンポジウム「刑事司法の未来を展望する」日弁連

四月

一二日　刑罰制度改革の一環として死刑制度を考える　日弁連

五月

六月

二五日　福島地裁郡山支部（小野寺健太裁判長）は盛藤吉高さんに死刑判決

二九日　最高裁第三小法廷（宮崎裕子裁判長）で筧千佐子さんに死刑判決。死刑確定へ

三〇日　水戸地裁（結城剛行裁判長）で小松博文さんに死刑判決

七月

一日　ガーランド米司法長官は、司法省が死刑制度を見直す間、連邦レベルの死刑執行を停止する方針を明らかに

七日　「免田栄　獄中の生」上映会　講演・海渡雄一　埼玉弁護士会

三〇日 奥本章寛さんが、法務省の訓令の取り消しを求めて東京地裁に提訴。色鉛筆訴訟

八月

二四日 福岡地裁（足立勉裁判長）は推認のみで、野村悟さんに死刑判決、田上不美夫さんに無期懲役判決。特別危険指定暴力団・工藤会の総裁、会長であることで事件の実行行為の意思決定に関与していると推認

二五日付 最高裁第三小法廷（宇賀克也裁判長）は、大阪地裁で死刑判決を受けた山田（水海）浩二さんの控訴取り下げを有効とした大阪高裁決定を支持し、弁護側の特別抗告を棄却。大阪地裁の死刑判決が確定

九月

一五日 福岡高裁（辻川康夫裁判長）は中田充さんの控訴を棄却、死刑判決。無実主張

二一日 名古屋地裁（斎藤毅裁判長）は死刑囚への信書、不許可は違法と判決

一〇月

五日 法務大臣に古川禎久衆議院議員、就任

八日 **高橋和利さん、東京拘置所で病死、享年87歳**

二六日 福岡県弁護士会は福岡拘置所にいる死刑囚が自殺などのおそれがないのに八年にわたり監視カメラ付きの部屋に収容されているのは人権侵害だと、やめるよう警告

一一日 「死刑廃止国際条約発効」30周年企画　死刑廃止のために国際社会の連携を求めて　フォーラム90

八月

一一日 「死刑廃止へのロードマップ」シンポジウムと市民運動との意見交換会　日弁連

二四日 「悲しみとともにどう生きるか」入江杏　京都府部落解放センター・「死刑を止めよう」宗教者ネットワーク

一〇月

六日～一一月八日 第6回永山則夫が残したもの in青猫書房　いのちのギャラリー

九日 響かせあおう死刑廃止の声2021「司法が作る差別、司法がただす差別」角筈区民ホール　フォーラム90

九日 世界死刑廃止デー　サイレント・スタンディング　福岡天神　タンポポの会

一〇日　世界死刑廃止デー大阪行動

二三日～三〇日　死刑囚の絵展　広島カフェ・テアトロ・アビエルト

一一月

四日　死刑執行を当日告知する運用は憲法違反として、死刑囚二人が大阪地裁に提訴

四日　神戸地裁（飯島健太郎裁判官）は神戸五人殺傷事件、竹島叶実さんに無罪判決。事実関係は検察・弁護側とも一致、刑事責任能力をめぐって争われた

九日　横浜地裁は久保木愛弓被告に無期懲役判決（求刑死刑）

二四日　大阪高裁（樋口裕晃裁判長）は筧千佐子さんの控訴を棄却。

三〇日　山田浩二さんの弁護人が、控訴取り下げの無効を求める申し入れ書を大阪高裁に提出

五～七日　死刑囚表現展２０２１　松本治一郎記念会館

一二月

一一日　**岩森稔さん、東京拘置所で病死。享年76歳**

二一日　**古川禎久法相は高根沢智明さん、小野川光紀さん、藤城康孝さんの死刑を執行**

二四日　獄死した元死刑囚・高橋和利さんの弁護団、横浜地裁に第三次再審請求申立

五日　オンライン集会「免田栄さんを偲ぶ会」フォーラム90

一〇日　死刑執行停止を求める諸宗教の祈りの集い　大本　宗教者ネット

二一日　死刑執行抗議の記者会見

二一日　死刑制度と良心　小原克博・高木日出喜オンライン講演会　ＡＩ大阪ネットワーク

編集後記

自分の政権下で49人の死刑を執行した安倍晋三元首相が銃弾に倒れたことを契機に統一教会と自民党政治の癒着が明らかにされ、連日メディアで報じられている。自民党選挙を支え政治を裏から動かしてきた統一教会と密接な関係を持っていた安部元首相の「国葬」に、いまや世論の大多数が反対している。にもかかわらず、国葬は強行される。世論の多数が死刑存置であることを理由に死刑執行を続ける政権だが、世論の多数が国葬反対であっても国葬を強行するのだ。けっきょく世論なんて政権の都合でどうにでも使える口実に過ぎないのだろう。

軍事政権下のミャンマーで7月23日に民主派4名の死刑が執行された。それに対して28日、日本はG7外相並びにEU上級代表とともに「ミャンマーの軍政による4名の死刑執行を強く非難する」との声明を出している。ところが26日には日本では加藤智大さんの死刑を執行しているのである。日本は軍事政権ではない、政治的な意図で処刑したわけでもない、とでも言いたいのだろうが、捕らえられた無抵抗な人間を事前告知もなく突然引き摺り出し縊り殺すのは野蛮な国家のすることだ。軍事政権と変わるところはない。

加藤智大さんは死刑囚表現展に「表現展さえ居場所なし」という作品を応募したことがある。しかし「表現展への応募が唯一と言っていい生きがい」と、一年をかけて作品を制作し、選考委員や作品を見た人の批評や感想を楽しみにしていた。彼は応募を通して世間と繋がろうとしていた。そし人を孤立させないことが秋葉原事件のような事件を防ぐことだと彼は理解し、作品で主張していた。「ふざけたイラスト」を書く人間を自認しながら真面目に考え続けたのだ。彼独特の素直でない物言いを繰り返してきた人だったが、今年の応募作81点の最後の作品に「ありがとう」と書いているのは、私たちへの素直な別れの気持ちに読めて仕方がない。今回の執行で改めて死刑制度の不条理を思う。(深田卓)

加藤智大さんの死刑執行
年報・死刑廃止 2022

2022年10月10日　第1刷発行

編集委員
岩井 信
可知 亮
笹原 恵
島谷直子
高田章子
永井 迅
安田好弘
(以上50音順)
深田卓［インパクト出版会］

装幀・本文レイアウト
宗利淳一デザイン

協力
死刑廃止国際条約の批准を求めるフォーラム90
死刑廃止のための大道寺幸子・赤堀政夫基金
深瀬暢子
国分葉子
岡本真菜

宣伝ビデオ作成
可知亮

編集
年報・死刑廃止編集委員会

発行
インパクト出版会
発行人・川満昭広
113-9933 東京都文京区本郷2-5-11　服部ビル
TEL03-3818-7576　FAX03-3818-8676
E-mail：impact@jca.apc.org